编 委 会

赵卫东　杨　扬　蒋茂凝　辛广伟
孙　斌　张敦南　罗争玉

撰　稿

[法] 杰拉尔·萨雷（法国《队报》前资深记者）
[法] 万尚·劳德特（法国《队报》旗下加时出版社前社长）
赵　威（《体坛周报》资深记者）
远　足（《体坛周报》资深记者）

翻　译

田　梦　张　绚

特约编辑

杨占武　赵　阳

冬 奥 百 年

从夏蒙尼到北京

本书编写组/编著

人民出版社

策　　划：李　冰
责任编辑：冯艳玲　陈冰洁
装帧设计：段映春　汪　莹
编辑统筹：刘可扬
责任校对：白　玥

图书在版编目（CIP）数据

从夏蒙尼到北京：冬奥百年/本书编写组 编著. —北京：人民出版社，2022.1
ISBN 978 - 7 - 01 - 024164 - 7

Ⅰ.①从…　Ⅱ.①本…　Ⅲ.①冬季奥运会-介绍-1924-2022　Ⅳ.①G811.212

中国版本图书馆 CIP 数据核字（2021）第 248572 号

从夏蒙尼到北京：冬奥百年

CONG XIAMENGNI DAO BEIJING：DONG'AO BAINIAN

本书编写组　编著

人民出版社 出版发行

（100706　北京市东城区隆福寺街 99 号）

北京雅昌艺术印刷有限公司印刷　新华书店经销

2022 年 1 月第 1 版　2022 年 1 月北京第 1 次印刷
开本：787 毫米×1092 毫米 1/12　印张：29
字数：495 千字　印数：0,001-3,000 册

ISBN 978 - 7 - 01 - 024164 - 7　定价：268.00 元

邮购地址 100706　北京市东城区隆福寺街 99 号
人民东方图书销售中心　电话（010）65250042　65289539

第 1 届冬奥会——1924 年夏蒙尼..1

第 2 届冬奥会——1928 年圣莫里茨..13

第 3 届冬奥会——1932 年普莱西德湖..27

第 4 届冬奥会——1936 年加尔米施－帕滕基兴..41

第 5 届冬奥会——1948 年圣莫里茨..55

第 6 届冬奥会——1952 年奥斯陆..71

第 7 届冬奥会——1956 年科尔蒂纳丹佩佐..85

第 8 届冬奥会——1960 年斯阔谷..99

第 9 届冬奥会——1964 年因斯布鲁克..113

第 10 届冬奥会——1968 年格勒诺布尔..127

第 11 届冬奥会——1972 年札幌..141

第 12 届冬奥会——1976 年因斯布鲁克..155

目
录

第 13 届冬奥会——1980 年普莱西德湖 169

第 14 届冬奥会——1984 年萨拉热窝 183

第 15 届冬奥会——1988 年卡尔加里 199

第 16 届冬奥会——1992 年阿尔贝维尔 215

第 17 届冬奥会——1994 年利勒哈默尔 229

第 18 届冬奥会——1998 年长野 243

第 19 届冬奥会——2002 年盐湖城 257

第 20 届冬奥会——2006 年都灵 271

第 21 届冬奥会——2010 年温哥华 287

第 22 届冬奥会——2014 年索契 303

第 23 届冬奥会——2018 年平昌 317

第 24 届冬奥会——2022 年北京 331

第 1 届
I

1924
夏蒙尼

第1届冬奥会
1924年夏蒙尼

1924年夏蒙尼冬奥会会徽

概况

地点 夏蒙尼（法国）

开幕式 1924年1月25日

闭幕式 1924年2月5日

开幕式致辞人 加斯东·维达尔（法国体育部副部长）

运动员宣誓代表 卡米耶·芒德里永（法国军事巡逻运动员）

参赛国家和地区数量 16

参赛人数 258（247名男运动员和11名女运动员）

大项数量 6（雪车、冰壶、冰球、滑冰、军事巡逻、北欧滑雪）

分项数量 9（雪车、冰壶、冰球、花样滑冰、速度滑冰、军事巡逻、北欧两项、
跳台滑雪、越野滑雪）

小项数量 16

1924年夏蒙尼冬奥会奖牌

摘要

夏蒙尼"国际冬季运动周"直至两年后才正式更名为冬季奥运会。1925年国际奥委会决定举办冬季奥支会，1926年里斯本第24届国际奥委会全会决定其为第一届冬季奥运会。

1500名观众参加了开幕式。

所有参赛选手都走上小城的街道，参与奥运大游行。

16个国家派出代表团参赛：14个欧洲国家、美国和加拿大。

花样滑冰是唯一对女性运动员开放的比赛项目。花样滑冰曾是1908年伦敦奥运会和1920年安特卫普奥运会比赛项目。

芬兰选手克拉斯·图恩伯格在速度滑冰赛场上夺得5枚奖牌，其中包括3枚金牌。

凭借17枚奖牌，挪威力压芬兰（11枚）成为获得奖牌最多的国家。两个北欧国家合计包揽了首届冬奥会约五分之三的奖牌。第一届冬奥会几乎是北欧运动会的翻版。

奖牌在闭幕式结束后颁发，已经离开夏蒙尼的获奖选手由人代领奖牌。颁奖时还未设领奖台。

奖牌榜

排名	国家	金牌	银牌	铜牌	合计
1	挪威	4	7	6	17
2	芬兰	4	4	3	11
3	奥地利	2	1	0	3
4	瑞士	2	0	1	3
5	美国	1	2	1	4
6	英国	1	1	2	4
7	瑞典	1	1	0	2
8	加拿大	1	0	0	1
9	法国	0	0	3	3
10	比利时	0	0	1	1

概况

北欧国家独领风骚

开幕式上，参赛国旗手环绕
一圈进行奥运宣誓

1924年，虽然人们还没有开始探讨气候变化，但天气却表现得反复无常。前一年12月底，夏蒙尼24小时的降雪量超过了1.7米。这里不久后将举办首届"国际冬季运动周"，即后来历史上的第一届冬奥会。这场大雪对于这个位于法国阿尔卑斯山的市镇来说很不寻常，市中心的海拔为1035米。作为增援力量，军队在圣诞和新年假期被动员起来，在1月的前三周参与了清雪工作。当时的装备很简陋，铲雪还要用铁锹。

气温回升后，降下的一场大雨又扰乱了"国际冬季运动周"的前奏。第一批选手已经到达了比赛场地，但却无法开始训练。在原定于1月25日举行的开幕式前夕，偌大的滑冰场还像是一个湖泊，主办方曾认真考虑过是否需要取消几项比赛。但奇迹发生了：气温骤然下降，积水变成冰面，人们得以重新修整这些比赛场地，以确保全部比赛项目的顺利进行。冬奥会从1月25日（开幕式）到2月5日（闭幕式与颁奖仪式）持续了13天，各项比赛顺利完成，取得圆满成功。有了第一次的经验，国际奥委会决定继续举办冬奥会。

参赛情况反映出了世界各国开展冬季体育运动的现状。在参加夏蒙尼冬奥会的16个国家中，有14个是欧洲国家。本来应该有15个欧洲国家，但根据国际奥委会的决定，只有国际联盟（联合国的前身）的成员国才能参加巴黎奥运会和夏蒙尼冬季运动周。因此，发动了第一次世界大战（1914—1918年）

的德国被禁止参赛。美国与加拿大代表团的到来使这届冬奥会具有了一定的全球性。但亚洲、非洲、中美洲、南美洲和大洋洲的国家均未参赛。奥运会会旗上象征各大洲的五环在夏蒙尼其实名不副实，而几个月后在巴黎，代表五大洲的44个国家参加了夏季奥运会。

　　参赛的女性运动员非常少：只有花样滑冰女子单人滑和双人滑项目对她们开放。仅有11名女选手参加冬奥会，而巴黎夏奥会的女选手人数是前者的10倍以上。女选手的数量的确不多，但在当时，人们很难想象女性也可以从事像越野滑雪或速度滑冰那样体力消耗大的运动，像冰球那样激烈对抗的运动，像雪车和跳台滑雪那样危险的运动。

　　这是一个历史性的时刻：1924年1月25日，第一届冬奥会在夏蒙尼拉开了帷幕。夏蒙尼是一个有着3500名居民的小城，位于勃朗峰（海拔4809米）山脚下，勃朗峰是绵延1200公里的阿尔卑斯山脉的最高点。为了不引起北欧国家的抵触，这届运动会一开始并没有被称作冬季奥运会。然而，种种表现很难瞒过旁观者的眼睛：1月24日下午的开幕式，仪式流程与当时"真正"的奥运会极其相似。夏蒙尼市长让·拉韦夫尔在游行队列聚集的市政厅广场上致欢迎词。游行队列不仅包括城市中各协会的成员，还有伴着当地军乐队奏乐、穿过城市街道的各参赛代表团。16个参赛国家按照法语名称首字母排序：奥地利排在最前面，南斯拉夫在队列末尾。在每个代表团中，参赛选手按照比赛先后顺序行进：首先是速度滑冰运动员，然后是花样滑冰运动员、越野滑雪运动员、军事巡逻运动员（现役军官）、冰球运动员和冰壶运动员，最后是雪车运动员。

　　队列朝着奥林匹克体育场行

冬奥会开幕式上，各国代表队先穿过城市街道然后再进入赛场

进，由于它建在阿尔沃河畔，因此必须筑起堤坝来维持垫高的地基。这是一个总面积达36000平方米的大型场馆：内部冰场（20620平方米）是当时世界上最大的人工冰场，它的建成得益于最前沿的科技进步。冰场呈长方形，两端半圆形赛道直径为90米，长边距离为227米。此外，还增加了一条5000平方米的赛道和一个2040平方米的冰壶场地。场馆内还有一条马术滑雪赛道以及一个体育俱乐部。这些场馆设有五个看台，最豪华的看台可容纳400人，而有顶盖的大型看台可容纳1000人。当参赛代表团步入体育场时，看台上已经座无虚席。

很难不把这次"冬季运动周"看作是一场如假包换的变相奥运会。在国际奥委会成员的陪同下，法国奥委会主席朱斯蒂尼安·克拉里伯爵宣布开幕并致欢迎词。法国体育部副部长、副国务秘书加斯东·维达尔在致辞中表示："夏蒙尼冬季运动周与第八届现代奥林匹克运动会在同一年举办。"随后，各国旗手在法国旗手卡米耶·芒德里永士官身旁围成一圈，后者代表全体运动员进行了奥运宣誓。类似仪式也曾出现在四年前的安特卫普夏季奥运会上。

综述

三名花样滑冰女选手，从左到右分别是：奥地利的赫尔马·普兰克－绍博（金牌）、英国的埃塞尔·马盖尔特（铜牌）和美国的比阿特丽克斯·洛克伦（银牌）

12天后的1924年2月5日上午，在同一场馆（奥林匹克体育场又称冰上体育场）举行的闭幕式上也安排了相同的仪式，依旧是在很多观众的见证下。皮埃尔·德·顾拜旦男爵在致辞中总结了本次"国际冬季运动周"取得的成果，而后法国奥委会秘书长弗朗茨·雷谢尔宣读了各项比赛的成绩。冬季运动周正式闭幕，随后各项目奖牌被逐一颁发给获奖选手。在一些冠军已经回国的情况下，弗朗茨·雷谢尔向代其领奖的代表团成员颁发了奖牌。一年后，奖牌的含金量大幅提升：鉴于在夏蒙尼取得的成功，国际奥委会于1925年5月27日在捷克斯洛伐克布拉格召开的大会上，将国际冬季运动周正式确定为第一届冬季奥林匹克运动会。接着，在葡萄牙里斯本举行的第24次国际奥委会全体会议确认了这一决议。布拉格会议还通过了冬季奥运会奥林匹克宪章，虽然冬季奥运会与夏季奥运会在同一年度内举行，但冬季奥运会已经从夏季奥运会中分离出来，单独举办。

在开、闭幕式之间，从1月26日（星期六）到2月4日（星期一），冬奥会进行了为期10天的比赛，展开了6个大项、9个分项下共16个小项的角逐。16位"奥运"冠军脱颖而出，尽管他们当时还并不知道。16位冠军的确当之无愧，因为很少有比赛能达到如此高的竞技水平。美国选手查尔斯·朱特劳是首位冬

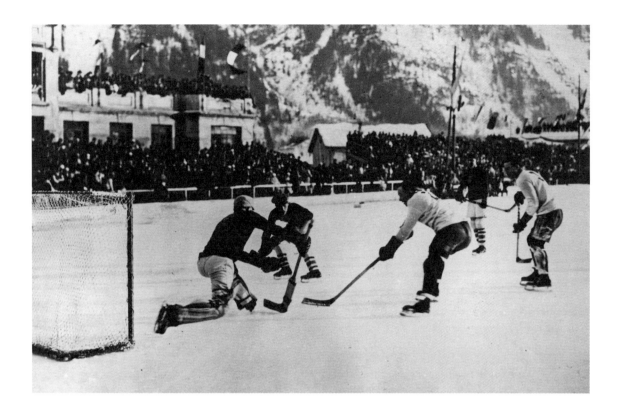

冰球比赛中加拿大队正在向
美国队进攻

综
述

奥会冠军，他的表现给大家带来了惊喜，除了他赢得的这枚奖牌，16枚速度滑冰奖牌全部被北欧选手收
入囊中：芬兰队赢得8枚奖牌（其中4枚金牌），挪威队在500米比赛爆冷失利后斩获7枚奖牌。两国选
手在越野滑雪（挪威5枚奖牌，芬兰1枚奖牌）和北欧两项（挪威包揽金银铜牌）中也都收获颇丰。50
年后，一位原籍挪威的美国选手意外获得了跳台滑雪项目的铜牌（负于两位挪威选手），为一个不可思议
的故事写下了结局。

　　相当奇怪的是，虽然北欧国家源源不断地培养出许多个人冠军，但集体项目却成了其他国家竞相展
示实力的舞台。在冰球比赛中，来自冰球起源地的加拿大队击败美国队和英国队获胜；在四人雪车比赛
中，瑞士队、英国队和比利时队分获金银铜牌；在冰壶比赛中，瑞典队获得亚军，冠军和季军分别是英国
队和法国队；在军事巡逻比赛中，尽管芬兰队是最大夺冠热门，但却不敌瑞士队，屈居亚军，法国队收获
1枚铜牌。如今冬奥会已经没有军事巡逻项目了。它是后来出现的冬季两项的雏形。当时，冬季两项是
一种越野滑雪与步枪射击相结合的团体比赛，总赛程30公里，落差785米。在中途的射击环节，每支队
伍需向250米外的靶子射出18发子弹。每击中一次目标可获得30秒的奖励。

　　花样滑冰比赛是在奥林匹克体育场内的滑冰场上进行的，但该项目的首个奥运冠军并非诞生于此：
1908年和1920年夏季奥运会就已经举行过花样滑冰比赛。在夏蒙尼冬奥会上，花样滑冰是唯一允许女

11岁的挪威选手索尼娅·海妮正在裁判的注视下进行女子单人滑比赛

性运动员参加的比赛项目。1月28日和29日，女子花样滑冰率先开赛。本次比赛只有八名选手参加，奥地利选手赫尔马·普兰克－绍博获得裁判一致认可，夺得金牌。美国选手比阿特丽克斯·洛克伦和英国选手埃塞尔·马盖尔特分获银牌和铜牌。当时没有人过多关注一个获得第八名的挪威小姑娘，她叫索尼娅·海妮，当时只有11岁。在接下来的三届冬奥会上，她蝉联花样滑冰冠军，从而获得"冰上皇后"的美称。在男子花滑项目中，曾在1920年安特卫普奥运会上夺冠的瑞典选手吉利斯·格拉夫斯特伦以微弱优势战胜奥地利选手维利·伯克尔和瑞士选手乔治·高奇，成功卫冕冠军。奥地利组合海伦妮·滕格尔曼和阿尔弗雷德·贝格尔在双人滑中击败了芬兰组合卢多维卡和沃尔特·雅各布松以及法国组合安德蕾·若利和皮埃尔·布吕内。

这次"国际冬季运动周"展现了一个众所周知的事实：欧洲国家当时对冬季运动有着绝对的统治力。在夏蒙尼颁发的49枚奖牌中，仅有5枚旁落（美国4枚，加拿大1枚），而获得奖牌最多的两个国家挪威和芬兰，分别获得17枚和11枚奖牌，合计包揽了本届冬奥会约五分之三的奖牌。第一届冬奥会几乎是北欧运动会的翻版。赛场上最引人注目的冠军是一位欧洲选手，他来自欧洲大陆的极北地区，那里的冬天更加漫长和寒冷，所以从事冬季运动也更为常见。芬兰选手克拉斯·图恩伯格在速度滑冰的五个项目中收获五枚奖牌——3枚金牌、1枚银牌和1枚铜牌，成为第一位冬奥会的"超级明星"，他也帮助芬兰获得奖牌榜第二名的好成绩，仅次于获得17枚奖牌的挪威。对他而言，这只是一个开始：同许多人一样，他整理好奖牌，开始展望未来。他将目光投向了四年后的下一届盛会。

史上第一位冬奥冠军

美国选手查尔斯·朱特劳在500米速滑比赛中战胜夺冠热门北欧选手获得金牌，他的胜利令人眼前一亮。

1924年1月26日，查尔斯·朱特劳即将迎来24岁的生日。他能在上午10点钟出现在夏蒙尼的环形速滑赛道上，还是颇有些偶然。这位美国选手来自纽约州阿迪朗达克山脉的普莱西德湖，几年前曾训练过速度滑冰。他甚至在1921年和1923年还两度获得美国冠军，但当他从一封电报中得知一支美国代表团将前往法国参赛的时候，他的运动生涯早已终止，此时的他已全身心投入鲍登学院（缅因州）的学业中。起初他是打算拒绝的，毕竟久未训练，但教授们却成功地说服了他，让他得以来到欧洲。出发时，他的身体状态并不好。"在横渡大西洋的过程中，我病得很厉害，我希望我们的船能沉下去！"他在多年后如是说道。

直到抵达法国后，查尔斯·朱特劳的状态才逐渐恢复。但比赛当天，他并不紧张，因为他并不认为自己有机会站上领奖台。500米是他从未参加过的距离，他的身体还没有做好准备。除此之外，冬奥会比赛场地和规则与美国并不相同：距离方面，美国速度滑冰短距离项目为440码，比500米短了近100米；规则方面，冬奥会速滑比赛是两人一组出发进行计时（此规则沿用至今），而美国是五六位选手（每排）集体出发。所以，对他而言，一切都是全新的。

夏蒙尼的赛道是周长400米的环形跑道，包括两条独立的冰道。滑冰运动员根据旗帜示意起跑出发，百米冲刺后再完成整圈滑行。两位选手在比赛中要交换内外道，以保证两人的滑行总距离相同。

代表比利时、加拿大、美国、芬兰、法国、英国、拉脱维亚、挪威、波兰和瑞典10个

**冬奥会史上第一枚金牌属于
美国速滑选手朱特劳**

故事

国家参赛的27名选手进行了13次双人出发和1次单人出发。参赛规模远远超过了以往举办的速滑竞赛活动，这也体现了此次比赛的受重视程度。

挪威选手罗阿尔德·拉森的夺冠呼声很高，但在第13轮滑行中，与加拿大选手查尔斯·戈尔曼对阵的查尔斯·朱特劳起步极快，并保持着自己的节奏，以44.0秒的成绩完赛。这个成绩令他一举夺得金牌，美国选手成为冬奥会历史上第一位奥运冠军。

事实上，朱特劳当时并不知道，因为夏蒙尼国际冬季运动周在当时还没有被正式认定为冬季奥运会。而且，他也没有亲自领奖——奖牌是在2月5日的闭幕式上颁发的。那时，他已经启程前往伦敦。美国冰球队的一名队员替他领取了奖牌，后来在波士顿交给了他。

回到美国后，朱特劳既没有继续速度滑冰，也没有重回大学。他成为某体育用品公司（斯伯丁）的品牌代言人，为滑冰鞋做一些展示讲解。1929年，他成为该品牌普莱西德湖分店的负责人，但他未能躲过席卷全国的经济大萧条。

20世纪30年代，他不得不再次穿上冰鞋，每天授课12—14个小时。10年后，他在一家银行（纽约第一花旗银行）担任保安员，直至1962年。20世纪70年代后，他与妻子定居在佛罗里达州棕榈滩，安享晚年。1996年，他在棕榈滩去世，享年95岁。

游刃有余的加拿大队

在只有一支业余俱乐部阵容的情况下，加拿大依然轻而易举地主导了冰球比赛，卫冕了该项目的冠军（加拿大曾获1920年安特卫普奥运会金牌）。

故事

从第一届奥运会开始，作为国际奥委会创始成员之一和现代奥运会之父皮埃尔·德·顾拜旦的挚友，瑞典维克托·古斯塔夫·布拉克将军，就曾力推一些冬季运动项目列入奥运会比赛。花样滑冰在1908年伦敦奥运会上首次亮相，原定于1916年在柏林举行的奥运会甚至计划安排一个冬季运动周，包括速度滑冰、花样滑冰、冰球和北欧滑雪项目。但随着第一次世界大战的爆发，奥运会被迫取消，计划中的冬季运动周也随之作罢。

1920年，战后第一届奥运会在比利时安特卫普举行，花样滑冰和冰球再次被列入比赛项目。在冰球赛场上，主要由冰岛球员

这支加拿大冰球队的队员都来自多伦多，他们在决赛中以6－1战胜美国队夺冠

组成的温尼伯猎鹰队（加拿大全国业余赛冠军）代表加拿大出战，一举击败所有对手大获全胜，其中大部分比赛是以大比分获胜的。加拿大队在决赛中以12－1的比分击败了瑞典队。

1924年夏蒙尼国际冬季运动周开幕时，冰球是两个曾被列入奥运会比赛的项目之一，同时也是拥有卫冕奥运冠军的项目。上届冠军也用实际表现证明了自己强悍的实力。

这次代表加拿大参赛的是另一支俱乐部球队——多伦多花岗岩队，他们是1922年和1923年阿兰杯（加拿大全国业余锦标赛）的冠军。在1月28日开始的第一阶段的三场比赛中，加拿大队如同日常训练一般轻松，共打进85球，且未失一球：他们先后战胜了瑞士队（33－0）、瑞典队（22－0）和捷克斯洛伐克队（30－0）。在另一个资格赛小组中，美国队的表现只是稍逊一筹，共打进52球，但同样没有失分。大批观众涌入露天的夏蒙尼奥林匹克体育场，他们对两支球队杀入决赛圈充满了信心。事实上，当美国队以20－0的比分碾压瑞典队时，加拿大队同样大比分战胜了英国队。英国队在第一局打入两球，其表现令所向披靡的加拿大队大吃一惊（后者最终以19－2获胜）。

2月3日，备受瞩目的决赛在两支北美球队之间展开，当时参赛的大部分球员不久后就转为职业选手。美国队最出色的球员赫伯特·德鲁里率先打入一球，并保持了一定的悬念。这将是他们本场比赛的唯一进球。而加拿大队则打入6球，最终以6－1获胜。在全部比赛中，奥运冠军加拿大队共打进110球，只丢了3球。他们的三名球员包揽了奥运会冰球个人得分榜的前三名，分别是哈利·沃森（37次进球、9次助攻，共计46次）、伯特·麦卡弗里（19次进球、15次助攻，共计34次）和雷金纳德·史密斯（17次进球、16次助攻，共计33次）。哈利·沃森凭借37次进球至今仍保持着21世纪奥运会历史上进球最多的纪录，他在单场比赛中打入13个进球（对阵瑞士队）的纪录也未被打破。雷金纳德·史密斯的职业生涯非常精彩，他跟随渥太华参议员队和蒙特利尔马龙队分别于1927年和1935年两度捧起斯坦利杯（北美冰球职业联赛冠军）。

自1920年在安特卫普奥运会上夺冠后，加拿大队在奥运赛场上一直保持着绝对优势，在前七届奥运中，加拿大队共获得6枚金牌。

等待了半个世纪的奖牌

在重新核实比赛成绩后，原籍挪威的美国选手安德斯·豪根在时隔半个世纪后，终于拿到了属于他的跳台滑雪铜牌。

安德斯·豪根在冬奥会上的表现原本没有给人留下太深刻的印象，他的表现也不足以成为以他的名字命名一个滑雪跳台（豪根山）的理由。他参加了两届冬奥会的六个项目，总体而言成绩平平：1924年和1928年冬奥会越野滑雪（18公里）第33名和第43名，北欧两项第21名和第25名；1928年冬奥会跳台滑雪第18名……还有就是夏蒙尼冬奥会上的跳台滑雪第3名，正是这枚铜

牌令他与其他获奖选手相比显得格外与众不同，并在多年后再次获得关注——他在比赛结束的半个世纪后，即1974年，才拿到这枚铜牌，那时他已是86岁高龄了！

让我们回顾一下：2月4日（闭幕式前一天），那一天举行了国际冬季运动周的最后一项比赛——跳台滑雪。共有27名选手参与角逐，根据规则，每位选手需要在波松山跳台上完成两次跳跃。

斯陆的霍尔门科伦滑雪博物馆担任馆长多年。在托拉尔夫·斯特伦斯塔德的帮助下，他在重新计算得分后，证明了的确存在计分错误，夏蒙尼冬奥会上排在第3名的桑利福·豪格得分偏高。铜牌应该颁发给美国选手安德斯·豪根。根据官方的解释，这枚奖牌后来重新颁给了他。1974年9月，在奥斯陆（挪威）举行了一个正式的仪式，在仪式上，桑利福·豪格的小女儿安娜－玛丽亚·马格努森将父亲的铜牌转交给安德斯·豪根，当时安德斯·豪根已经86岁高龄了，距离夏蒙尼运动会也过去了50年。

安德斯·豪根因此成为第一位获得跳台滑雪奖牌的美国人，并且直至2016年仍然是唯一一位。他当时说道："无论如何，裁判们是不会给我应得的分数的。我原本是挪威人，在他们眼里，我犯下了抛弃国籍的罪行。"而实际上，裁判们的"失误"，或者说"作弊"，可能就在这个细节上。1888年11月24日，豪根出生于挪威泰勒马克郡的伯市。直到1909年，他才和弟弟拉尔斯一起移民美国，弟弟也是一名跳台滑雪运动员。由于他最喜爱的运动在美国不太流行，所以他在威斯康星州纳加维卡湖附近为密尔沃基滑雪俱乐部建造了一个跳台。从1910年到1920年，兄弟俩共获得11个美国冠军，安德斯以64.92米和65.23米的两跳创造了两项最远距离世界纪录。

在备战夏蒙尼冬奥会时，拥有美国和挪威双重国籍的他选择代表美国参赛，而非挪威。他甚至被任命为美国的第一支滑雪队的队长，出征在欧洲举行的冬奥会。在这个北欧国家拥有强大影响力的比赛项目中，裁判们压低给他的打分，甚至不惜通过"计分错误"来剥夺他的奖牌，这或许就是对他的刁难。1984年，安德斯·豪根因前列腺癌和肾衰竭在加州去世，享年96岁。豪根生前将他的奖牌捐给了密歇根州伊什珀明市的滑雪名人堂。

安德斯·豪根跳出了50米的最远距离，但由于他的飞行姿态分较低，所以只排在了第4名。挪威选手雅各布·图林·泰晤士跳出了49米，以18.960分夺得金牌。两位同胞与他一同登上了领奖台，分别是纳尔夫·波纳和桑利福·豪格，后者在本届冬奥会上已经获得越野滑雪和北欧两项的3枚金牌。在第二天的闭幕式上，奖牌颁发给前三名选手。

1974年，越野滑雪运动员托拉尔夫·斯特伦斯塔德联系挪威滑雪历史学家雅各布·沃格，认为跳台滑雪项目存在计分错误，于是这件事重新回到了人们的视野中。雅各布·沃格是挪威著名的滑雪历史学家之一，他撰写了大量有关滑雪的文章和书籍，并在奥

圣莫里茨 1928

第 2 届
II

第 2 届冬奥会
1928 年圣莫里茨

1928 年圣莫里茨冬奥会会徽

地点 圣莫里茨（瑞士）

开幕式 1928 年 2 月 11 日

闭幕式 1928 年 2 月 19 日

开幕式致辞人 埃德蒙·舒尔希斯（瑞士联邦委员会主席）

运动员宣誓代表 汉斯·埃登本茨（瑞士北欧两项运动员）

参赛国家和地区数量 25

参赛人数 464（438 名男运动员和 26 名女运动员）

大项数量 4（雪车、冰球、滑冰、北欧滑雪）

表演项目 马术滑雪、军事巡逻

分项数量 7（新分项：钢架雪车；其他分项：雪车、花样滑冰、速度滑冰、北欧

　　　　　两项、跳台滑雪、越野滑雪）

小项数量 14

14

1928 年圣莫里茨冬奥会奖牌

摘要

- 首次有亚洲国家（日本）、中美洲国家（墨西哥）和南美洲国家（阿根廷）参赛。
- 组委会要求参赛选手身着各自项目的运动服参加开幕式。
- 参观者可以通过工作坊来了解冬季运动的相关知识。
- 这届冬奥会遇到了异常天气的考验，最高气温一度达到25℃。
- 这是历史上唯一一次取消了速度滑冰10000米比赛的冬奥会。
- 在速度滑冰500米比赛中，埃文森和图恩伯格以43秒4的成绩并列冠军，这在该项目历史上是绝无仅有的。
- 此外，约翰·法雷尔、亚科·弗里曼和罗阿尔德·拉森三位选手以43秒6的成绩并列第三名。由于诞生了两枚金牌和三枚铜牌（无银牌），所以领奖台的设置颇为与众不同。
- 钢架雪车首次作为表演项目亮相冬奥会。
- 来自挪威的15岁少女索尼娅·海妮摘得花样滑冰金牌。

奖牌榜

排名	国家	金牌	银牌	铜牌	合计
1	挪威	6	4	5	15
2	美国	2	2	2	6
3	瑞典	2	2	1	5
4	芬兰	2	1	1	4
5	加拿大	1	0	0	1
	法国	1	0	0	1
7	奥地利	0	3	1	4
	德国	0	0	1	1
	比利时	0	0	1	1
8	英国	0	0	1	1
	瑞士	0	0	1	1
	捷克斯洛伐克	0	0	1	1

概况

异常高温下的节日气氛

按照国际奥委会曾经制定的规则，冬奥会每四年举办一届，与夏奥会在同一年内和同一国家举行。1925年，上述规则一经投票通过，就不得不面临被打破的局面。原因很简单：1928年夏奥会将在荷兰阿姆斯特丹举行，这个位于欧洲西北部的小国既没有高山，也没有积雪，根本不可能举办冬季运动比赛。

面对这个状况，瑞士立即提出了接替荷兰举办冬奥会的申请，1926年圣莫里茨被选为主办城市，而非达沃斯或恩格尔贝格。当时，阿尔卑斯山的一些滑雪场经常举办体育活动和赛事。圣莫里茨很早就意识到，在冬季旅游蓬勃发展之际，举办奥运会可以给当地带来巨大的发展契机。瑞士联邦委员会主席埃德蒙·舒尔希斯对此给予了全力支持。

这次办赛机会十分难得，尤其是还有新国家受邀参加1928年冬奥会：第一次有亚洲国家（日本）、中美洲国家（墨西哥）和南美洲国家（阿根廷）派运动员参赛。此外，在"第一次世界大战"后被禁赛的德国又重回奥林匹克大家庭。这个重要的邻国可以给瑞士带来大量游客。

综述

花样滑冰的女选手们站成一排起跳踢腿，其中包括了本届奥运会女子花滑冠军索尼娅·海妮（左七）

因此，圣莫里茨运用多种方式来宣传自己，并赋予体育竞赛一种节日气氛。组委会要求参赛选手身着运动服、带着运动装备参加开幕式，只有雪车和雪橇运动员获得允许，可以将他们笨重的装备留在车库里。1928年2月11日，来自25个国家的冰雪健儿穿着冰鞋、越野滑雪板、跳台滑雪板或是拿着冰球杆在城市的街道上结队而行。他们从库尔姆大酒店

开幕式上德国冰球队员携带着护具和冰球杆进入会场

（花样滑冰比赛场地）来到专为冬奥会而建的主体育场，在一群兴高采烈的观众面前参加了开幕式。

一个小时后，第二届冬奥会正式开赛，进行了第一场冰球比赛。对于所有观众和游客来说，节日的盛典也拉开了帷幕，圣莫里茨下决心要让他们在这里留下难忘的回忆。除了体育比赛之外，为期八天的冬奥会还包括精彩纷呈的冰上杂技表演，例如：滑冰运动员们接连跳过成排木桶。此外，瑞士传统项目马术滑雪也成为冬奥会表演项目，滑雪运动员在马匹的牵引下在雪上飞驰。其他许多展览也十分精彩。游客还可以通过冬奥会组织建立的工作坊学习冬季运动知识。独具特色的马拉雪橇可以将游客从一个场馆带到另一个场馆。就连街道也布置得颇具当地特色，增添了节日的气氛。

在人们的记忆中，圣莫里茨冬奥会是一场为期八天的庆典，如同节日假期一般，奥运会期间城市本身往往比体育赛事更受人关注。库尔姆大酒店的看台和露台座无虚席，观众们欣赏花样滑冰运动员的旋转与跳跃，并为之欢呼鼓掌。相比之下，选手们比赛用的冰面质量很差，而且一点都不光滑。似乎在某种程度上，游客们的舒适度被放在第一位，而非参赛运动员的。

在秋季和冬季结束时，阿尔卑斯山北侧的瑞士和奥地利容易刮起焚风（一种干热风）。焚风可以在几分钟内将局部地区的温度骤然提高10℃以上。在山区，几个小时就足以使雪层在其作用下迅速融化。如果是在高海拔地区休闲度假几日，这种回暖还是很惬意的。但如果是来参加冬季运动训练和比赛的，那结果就惨不忍睹了。如何能在看起来像湖泊的冰场上滑行？没有雪又如何越野滑雪？圣莫里茨冬奥会于1928年2月11—19日举行，不巧的是，这一地区在此期间焚风频发，赛程也因此受到了很大影响。

最典型的例子是速度滑冰，尤其是10000米比赛，这是冬奥会历史上唯一被取消的项目。2月14日

综
述

综 述

马术滑雪是瑞士的传统，属
于本届冬奥会的表演项目

俄罗斯花样滑冰运动员正在
表演"三驾马车"

（欧洲的情人节），当日头渐高，焚风吹起时，第一批选手刚刚完赛，但滑冰场很快便无法使用了，挪威裁判决定叫停比赛，这令美国选手欧文·贾菲非常失望，他当时滑出了比赛中的最好成绩，领先于两名挪威选手。长期以来，美国人对这一决定都持有异议，他们认为其有失公允。但比赛再也没能恢复，奖牌也一直尘封在盒子里。

然而前一天的500米比赛却是另一番景象，组委会在比赛结束后不得不颁发多枚奖牌。那一场比赛是在十分恶劣的天气条件下进行的，大雪纷飞，狂风乱作，严重妨碍了选手们的发挥。秒表计时未能区分开伯恩特·埃文森和克拉斯·图恩伯格两位选手完赛的先后顺序，两人的成绩都是43秒4。于是出现了滑冰史上独一无二的并列冠军。约翰·法雷尔、亚科·弗里曼和罗阿尔德·拉森同样并列季军，三人均以43秒6的成绩完赛。由于应颁发2枚金牌和3枚铜牌（没有银牌），所以领奖台的布置相当不同寻常。

由于天气原因，圣莫里茨冬奥会上发生了一些空前绝后的事情。一开始，有人曾提醒参赛者，开幕式将在漫天大雪中举行。四天后，天气温暖如春——在焚风的作用下，气温飙升至25℃！除10000米速滑比赛被取消外，这也给50公里越野滑雪的参赛选手带来了诸多麻烦，他们不得不尝试在积雪逐渐消融的赛道上滑行，而且在这种温度下穿着滑雪服也成了一种折磨。选手们出发时，气温还保持在零度左右，而后却骤然升高——72名选手报名，实际41人参赛，最后只有30人完赛。

瑞典选手的准备比较充分，装备也得心应手，最终包揽了前三名。佩尔-埃里克·赫德伦德以4小时52分的成绩夺冠，领先第二名13分钟，这比通常在没有（大量）积雪的情况下完成这场"雪地马拉松"的用时要多出一个小时。三天后，在（几乎）正常的条件下，约翰·格勒图姆斯布拉滕凭借着18公里越野滑雪和北欧两项的胜利，为挪威队报了一箭之仇。

冬奥会期间，雨水也光临了圣莫里茨。受此影响，雪车项目原计划的四轮比赛取消了两轮。气温高达20℃，而且还下着雨，前两轮过后就直接得出了最终排名，因为奥林匹克体育场雪车赛道（世界上第一条雪车赛道）开始融化了。在1924年夏蒙尼冬奥会上，各队可以自由选择以四人或五人一组参赛，所以很少有选手抱怨。1928年，各队都必须派出五名雪车运动员，而且多出的那名选手不再像1924年冬奥会时采用坐姿，而是以俯卧姿势向前滑行。不少参赛者难以适应这种姿势。

规则改变后的结果出人意料，而且说实话，这一变化也给雪车运动带来一种不太严肃的感觉。纽约银行家杰伊·奥布赖恩被委以组建美国队的重任，由于美国当时尚未开展雪车运动，他在美国《纽约先驱论坛报》巴黎版上刊登广告，招募了一些居住在欧洲的美国侨民。招募侨民运动员是一种很冒险的做法，英国演员克利福德·格雷甚至假装成美国人，被美国队录用。舵手是一个16岁零260天的男孩，名叫比利·菲斯克，他驾驶着雪车，载着三个从未接触过雪车运动的队友在赛道上飞驰。尽管舵手年龄偏

综述

小，队员经验不足，这支被称为"美国二号"的雪车依然战胜了由美国钢架雪车奥运冠军詹尼森·希顿掌舵的"美国一号"，夺得冠军。钢架雪车作为表演项目首次在冬奥会上亮相，银行家杰伊·奥布赖恩也是银牌得主之一。1992年之前，比利·菲斯克一直是冬奥会历史上最年轻的男子奥运冠军，直到芬兰跳台滑雪运动员托尼·涅米宁在法国阿尔贝维尔加冕大跳台冠军。涅米宁夺冠时的年龄只小比利·菲斯克一天。

尽管气温变化导致冰面质量较差，花样滑冰的比赛结果基本上还是在人们的意料之中，即便女子花滑冠军是由一位少女获得的。来自挪威的索尼娅·海妮虽然只有15岁，但已经获得过世界冠军，比赛经验丰富，并且正处于伟大职业生涯的上升期。34岁的瑞典选手吉利斯·格拉夫斯特伦第三次蝉联男子单人滑冠军，法国组合安德蕾·若利和皮埃尔·布吕内也在前一年获得了世界冠军。一切顺理成章：最优秀的选手赢得比赛的胜利，而非是那些通过小广告招募来的业余爱好者。

在冰球场上，实力明显最强的球队毫无争议地赢得了冠军。卫冕冠军的队员来自加拿大多伦多市。"多伦多大学毕业生"队是1927年阿兰杯（加拿大全国业余锦标赛）冠军，继1920年安特卫普和1924年夏蒙尼冬奥会上两度问鼎冠军之后，他们再度代表加拿大出征圣莫里茨。比赛看起来没有太多悬念，赛

美国雪车二队的舵手是未满17岁的菲斯克，他身后趴着的队友中，有三个人是刚刚招募的新手

20

比赛结束后，冠军加拿大队和亚军瑞典队一起合影，身后是阿尔卑斯山

事主办方决定直接让加拿大队晋级决赛轮，而其余十支队伍则被分成三个资格赛小组，瑞典队、英国队和瑞士队都要努力争取从资格赛中脱颖而出。

然而，从资格赛晋级的三支队伍最终难逃惨败的命运。在三场比赛中，所向披靡的加拿大队接连以大比分战胜瑞典队（11-0）、英国队（14-0）和瑞士队（13-0）。加拿大队在三场比赛中共打进38球，无一失球。瑞典队的银牌和瑞士队的铜牌显得异常暗淡。美国队曾在1920年和1924年两届奥运会上获得亚军，他们是唯一一支让人们觉得能与加拿大队一争高下的队伍。然而，美国冰球队却缺席了本届冬奥会。原因在于那几年冰球运动在美国的发展遭遇不测：美国业余冰球协会在1926年就已经解散，取而代之的美国业余田径联合会也没有找到能代表国家出战的球队。

尽管遇到了种种挫折，国际奥委会对第二届冬奥会的整体表现还是十分满意的。两个月后，国际奥委会发表了一份给予本届冬奥会高度赞扬的官方报告。"国际奥委会对第九届奥林匹克运动会的顺利开局感到非常满意，尽管出现了气象学家们未能预测到的气温回暖，但其方案仍然得以执行。经组委会咨询，根据过去25年的统计数据，气象学家们一致认为2月的第二个星期是举办冬奥会的最佳时段。只有两个国际联合会被迫作出调整：国际滑冰联盟取消了10000米速滑比赛，国际雪车联合会将雪车比赛的四轮滑行改为两轮。参赛选手都非常真诚友善，负责处理上诉的裁判只需对一些不太重要的小异议作出裁决，其他的均未被受理。军事巡逻表演赛和马术滑雪表演项目更是令人们津津乐道。国际奥委会向瑞士奥委会致以敬意。"

年少成名的索尼娅·海妮

挪威花滑运动员索尼娅·海妮在11岁时第一次参加冬奥会。四年后，她的表现已足以令裁判们欣喜若狂。她的时代才刚刚开始。

1924年，索尼娅·海妮来到夏蒙尼参加花样滑冰比赛。这位挪威小姑娘在个人赛的八位选手中排名垫底，观众和裁判或许都认为她和年长的女运动员同场竞技，向真正的冠军发起挑战多少有些不自量力。比赛过程中，她甚至多次走到场边向教练请教。但人们并没有苛责她，因为当时她只有11岁。

四年后，她又来到了圣莫里茨冬奥会。15岁的她这次不再为摆脱垫底而战。前一年，她已经获得了世界锦标赛冠军。当她伴着柴可夫斯基《天鹅湖》的音乐在冰上滑行时，当她流畅地做出优美的姿势并尝试一些高难度动作时，观众和裁判或许都认为这次看到的，是历史上最伟大的花样滑冰女运动员在表演，毕竟大家不可能次次看走眼。

不久后，索尼娅·海妮就得到了"冰上皇后"的美称。除了圣莫里茨冬奥会的金牌外，她还在1932年美国普莱西德湖和1936年德国加尔米施－帕滕基兴两届冬奥会上轻松夺冠。此后，再也没有人实现过女子花滑的奥运三连冠。同时，她还获得了10个世界冠军，这个纪录可能永远不会被打破。

最重要的是，她给花样滑冰运动带来了革命性的变化：她是第一个在比赛中穿短裙的人、第一个穿白色冰鞋的人、第一位为了在赛场上表演真正的体育舞蹈而在场外与编舞者合作的运动员。她的父亲威廉是一名自行车运动员，在意识到女儿擅长滑冰之前，很早就将她送到了伦敦去学习芭蕾舞。

但在1936年德国加尔米施－帕滕基兴冬奥会上，索尼娅·海妮犯下了她职业生涯中唯一的错误——向德国观众行纳粹礼。这一动作令她在本国饱受批评。当时她还不到24岁（1912年4月8日出生于克里斯蒂安尼亚），但她决定结束自己的业余运动员生涯，在美国将自己的才华和名气兑换成真金白银。她开始了职业滑冰运动员和电影演员的生涯，并在1941年战争期间加入了美国籍。她的知名度达到了巅峰：芝加哥体育馆的接待大厅甚至以她的名字命名。

海妮大部分时间都在跟随阿瑟·沃茨的著名"好莱坞冰上秀"进行美国巡演，但也会偶尔回到欧洲参加巡演和表演赛，例如：1953年和1955年她回到了已经原谅了她的挪威。她的自传于1939年出版，并于1954年再版。这是一本真正的畅销书，她在书中解释了自己在德国犯下的错误。1958年，她在拍摄完英国纪录片《你好，伦敦》后彻底告别了艺术界，这是她演艺生涯的第15部电影。

与此同时，索尼娅·海妮成为世界上最富有的女性之一，这要归功于她与第三任丈夫尼尔斯·翁斯塔共同收集的现代艺术藏品，她的前两任丈夫是丹·托平和温思罗普·加德纳。几年后，这些藏品构成了位于奥斯陆附近的霍维克登海妮－翁斯塔艺术中心的基础。1969年，尽管她在巴黎飞往奥斯陆的飞机上因白血病去世，但她仍然在看着这座博物馆：她与丈夫合葬在可以俯瞰这座博物馆的山顶上。

15岁的挪威花滑冠军海妮
在滑冰场上

传奇巨星格拉夫斯特伦

这是 34 岁的瑞典花样滑冰选手格拉夫斯特伦的第三个奥运冠军。自此以后，再没有人能在男子花样滑冰中取得如此成就。

故
事

男子花样滑冰比赛中，瑞典选手吉利斯·格拉夫斯特伦获得了金牌

虽然吉利斯·格拉夫斯特伦不幸英年早逝，但却永远留在了人们的记忆中。1938年4月14日，他逝世于德意志帝国的波茨坦（今勃兰登堡州内），享年44岁。如今那里仍有一条以他的名字命名的街道。他曾在波茨坦当过建筑师。实际上，格拉夫斯特伦并不是德国人，而是出生于斯德哥尔摩的瑞典人。1918年，他在著名的柏林工业大学完成学业，获得文凭。

在圣莫里茨冬奥会上，年轻的挪威选手索尼娅·海妮开始了她的征程，并在1928年、1932年和1936年取得了历史性的奥运三连冠。吉利斯·格拉夫斯特伦则在1920年、1924年和1928年实现了自己的三连冠，创下了男子花滑历史上独一无二的纪录。1928年时，海妮才15岁，吉利斯·格拉夫斯特伦已经34岁了，年龄是她的两倍多。当时的人们认为，在他这个年纪，已经完成了自己的使命。

4年后，他在普莱西德湖冬奥会上几乎成了传奇人物。尽管已经年满38岁，但他还是赢下了个人第四枚奖牌——1枚银牌，这在花样滑冰运动员当中同样是绝无仅有的。只有俄罗斯选手叶夫根尼·普鲁申科在2014年索契冬奥会上追平了他的金牌纪录，但这枚金牌不是来源于个人项目，而是奥运会新项目花样滑冰团体赛。格拉夫斯特伦是靠自己的力量赢得了这一切。

1920年，格拉夫斯特伦抓住花样滑冰被列入安特卫普奥运会正式比赛的机会，赢得了自己的第一个冠军。据说在奥运会期间，他的一双冰鞋冰刃断裂，不得不进城再买一双。虽然这双冰鞋并非专为比赛设计，但也足以帮助他取胜。

4年后的1924年1月29日上午，吉利斯·格拉夫斯特伦凭借着短节目的优异表现，在夏蒙尼再获世锦赛冠军（冬奥会同时也是世锦赛），职业生涯中共获得三次世锦赛冠军（1922年、1924年和1929年）。这是他的拿手项目，即便到了21世纪，他仍然是公认

的史上最佳花样滑冰运动员。短节目要求依次完成六个技术动作，评委们会对动作的流畅度和精确度等进行打分。对于不了解规则的观众来说，短节目的观赏性并不强，但它却能反映出滑冰运动员的动作质量和基本功底。格拉夫斯特伦的旋转是独一无二、难以超越的，相较第二名奥地利选手维利·伯克尔有着巨大的优势。尽管后者在自由滑中的发挥更好，但格拉夫斯特伦的领先优势过于明显，总分上很难被赶超。他又一次赢得胜利，这时他已经30岁了。

在圣莫里茨冬奥会上，二人的角色调换了过来。奥地利选手伯克尔在1925年、1926年和1927年的世锦赛和欧锦赛上三次击败格拉夫斯特伦，成为奥运会夺冠热门。格拉夫斯特伦在赛前并不被看好，尤其是当他在1928年2月14日出现在圣莫里茨奥林匹克体育场时，他的行动还因为膝伤而略有不便。的确，他不再年轻，34岁的年纪，体力也不在巅峰状态……然而在短节目后，他排名第一，但领先优势微弱，在自由滑中排名第二就有可能保不住这枚金牌。

不断变化的气温破坏了奥林匹克冰场的冰面，甚至需要经过一次融化后重新结冰才能恢复比赛。赛事日程被打乱，自由滑比赛被推迟到了三天后。这场较量异常激烈。优雅的滑行、与伴奏音乐完美融合的艺术表现力、轻盈的旋转技术和完美的跳跃，使得四位裁判认为格拉夫斯特伦应排在自由滑第1名。而其他三位裁判则倾向于伯克尔。瑞典人凭借着一票优势第3次蝉联男子花样滑冰金牌。伯克尔屈居亚军，比利时选手罗伯特·范·泽布罗克和18岁的奥地利选手卡尔·舍费尔，分列第3名和第4名。舍费尔后来在1932年冬奥会上赢得冠军，并在1936年成功卫冕。格拉夫斯特伦后来承认自己并不在最佳竞技状态，参加比赛只是为了取悦瑞典王储。

格勒图姆斯布拉滕：一箭双雕

对于挪威选手格勒图姆斯布拉滕而言，在赢得18公里越野滑雪的胜利后，北欧两项的金牌几乎唾手可得。他在普莱西德湖冬奥会上成功卫冕冠军。

挪威人发明了越野滑雪与跳台滑雪，继而他们很快就想到把这两个项目结合起来，形成一个可以展现运动员技术全面性的项目。1879年，第一届北欧两项比赛在奥斯陆的休斯拜伦内特（Husebyrennet）山上举行。13年后，它被纳入了新的霍尔门科伦滑雪节，后者如今仍然是最负盛名的体育盛会之一。20世纪初，挪威选手显然在北欧两项中占据着主导地位。在夏蒙尼，挪威同其他参赛国一样派出了四名选手，他们一举包揽了这个项目的前四名，很难有人可以阻止他们在圣莫里茨冬奥会上再次独占领奖台。当时，越野滑雪是北欧两项中的第一个比赛项目（这个顺序直至20世纪50年代才被调换过来），与冬奥会奖牌项目18公里越野滑雪同时进行。

2月17日（星期五），选手们每隔30秒从起点出发，开始在可能比公布的距离（20公里）更长一些的环形赛道上滑行，赛道包括上坡和下坡，最高海拔为2000米。其中一名挪威选手一骑绝尘，遥遥领先于其他人。他就是约翰·格勒图姆斯布拉滕，领先汉斯·维尼亚伦根近5分钟，领先埃斯科·耶尔维宁近10分钟。格勒图姆斯布拉滕以巨大的领先优势获得个人首个奥运冠军。但这并不是他的第一块奖牌。四年前，当时还未满24岁的格勒图姆斯布拉滕在夏蒙尼获得了一系列荣誉：先是50公里越野滑雪铜牌，而后是18公里银牌，最后是北欧两项铜牌。他每次都站上了领奖台，但始终不是冠军——都是负于自己的同胞。

在圣莫里茨，格勒图姆斯布拉滕终于成功"复仇"。他在18公里越野滑雪中轻松取胜，这使得他在第二天早上进行的跳台滑雪比赛开始前处于有利地位。专为冬奥会而建的奥林匹克高山跳台滑雪场的K点是66米，而夏蒙尼跳台的K点为50米。约翰·格勒图姆斯布拉滕没有冒任何风险，完成了对他而言相当稳健的两跳，距离为49.3米和56米。他虽然只排在第8位，但总分却高达17.833分，24小时之内再添一枚北欧两项金牌。当然，另外两枚奖牌也被挪威选手包揽。

4年后，格勒图姆斯布拉滕获得了第三枚北欧两项金牌，但情况却截然不同。在越野滑雪比赛中，他只获得了第7名。虽然途中意外摔倒，但他还是勇敢地完成了比赛。第二天，即1932年2月11日，他在普莱西德湖的英特维尔跳台滑雪中心完成了两次惊人的跳跃，两次飞行距离分别为103.2米和102.8米。他凭借着跳台滑雪的优异表现，成功卫冕北欧两项的冠军。这充分证明他是一位技术全面的天才选手。

在整个职业生涯中，这位擅长滑行与飞行的挪威选手共获得六枚奥运奖牌，其中包括三枚金牌。在他眼中，这些或许不是最重要的。因为在此期间，约翰·格勒图姆斯布拉滕还在著名的霍尔门科伦滑雪节上五次夺冠（1923年、1926年、1928年、1929年和1931年），并于1924年获得世界最佳北欧滑雪运动员的奖牌。对于一个挪威人来说，这才是真正至高无上的荣誉。

普莱西德湖

1932

第 3 届

III

第3届冬奥会
1932年普莱西德湖

1932年普莱西德湖冬奥会会徽

地点 普莱西德湖，纽约州（美国）

开幕式 1932年2月4日

闭幕式 1932年2月13日（1932年2月15日结束比赛）

开幕式致辞人 富兰克林·德拉诺·罗斯福（纽约州州长）

运动员宣誓代表 杰克·谢亚（美国速度滑冰运动员）

参赛国家和地区数量 17

参赛人数 252（231名男运动员和21名女运动员）

大项数量 4（雪车、北欧滑雪、冰球、滑冰）

分项数量 7（雪车、冰球、花样滑冰、男子速度滑冰、北欧两项、跳台滑雪、越野滑雪）

小项数量 14

表演项目 女子速度滑冰、冰壶、狗拉雪橇

1932年普莱西德湖冬奥会奖牌

摘要

由于席卷全球的经济危机冲击，再加上欧洲与美国之间路途遥远，只有17个国家参加了本届冬奥会。在报名的600名运动员中，仅有252人实际参赛。

由于速度滑冰比赛采用美国规则（集体出发），瑞典和芬兰为表达不满均只派出一名运动员参赛。

女子速度滑冰首次被纳入冬奥会赛程。不过仅作为表演项目，并未颁发奥运奖牌。

本届冬奥会受到了极其不利的天气条件影响：气温升高导致雪车赛道和滑冰场的冰面融化。四人雪车比赛被推迟到闭幕式后举行。为了保障越野滑雪和跳台滑雪比赛，主办方用火车从邻国加拿大运来大量的雪。

除了传统的四人雪车之外，还新增了双人雪车比赛。

主场作战的美国在一些非传统优势项目中展现了自己的实力，他们是普莱西德湖冬奥会的大赢家。美国选手共获得12枚奖牌，包括6枚金牌，在奖牌榜上领先于挪威和瑞典。

在闭幕式和传统的颁奖环节，获奖运动员首次站上了阶梯式领奖台。这样更方便观众们区分金银铜牌得主。

奖牌榜

排名	国家	金牌	银牌	铜牌	合计
1	美国	6	4	2	12
2	挪威	3	4	3	10
3	瑞典	1	2	0	3
4	加拿大	1	1	5	7
5	芬兰	1	1	1	3
6	奥地利	1	1	0	2
7	法国	1	0	0	1
8	瑞士	0	1	0	1
9	德国	0	0	2	2
10	匈牙利	0	0	1	1

概

况

新世界 新风俗

时任纽约州州长的富兰克林·罗斯福（图中右手持礼帽）在开幕式上致辞，9个月后，罗斯福当选美国总统

最初两届现代奥林匹克运动会于1896年和1900年分别在雅典和巴黎两座欧洲城市举办，此后，现代奥运会踏上了美国土地，以期吸引新世界的目光。然而，圣路易斯（密苏里州）奥运会却表明这次尝试并不太成功。一些事件给人们留下了痛苦的回忆，例如"人类学日"活动，其意在证明与白人相比，其他劣等种族缺乏竞技能力。与这些事件相比，体育竞赛的受关注度很低。

冬季奥运会和夏季奥运会一样，最初两届均在欧洲城市举行，分别是1924年夏蒙尼冬奥会和1928年圣莫里茨冬奥会。之后，冬奥会漂洋过海来到美国，因为下一届夏奥会（1934年）将在美国的洛杉矶举办。当时，共有7座美国城市角逐冬奥会的主办权，除此之外还有几座欧洲城市。最终，1932年冬奥会的主办权归属美国西北部纽约州的普莱西德湖。对此，普莱西德湖城市体育俱乐部创始人之子戈弗雷·杜威功不可没。1928年，戈弗雷·杜威曾奔赴欧洲，考察阿尔卑斯山最著名的度假村，并作了详细笔记，积累举办世界大赛的经验。

在圣路易斯奥运会之后的近30年间，美国人的思想观念发生了变化，虽然种族主义还没有彻底消失，但至少不会让普莱西德湖冬奥会蒙羞。然而不幸的是，美国人正遭受经济危机的重创，1929年金融危机后，经济大萧条席卷全球。1930年2月，国际奥委会向65个国家发出了冬奥会邀请，希望至少能得到25个国家的积极响应，这个期待值可以说并不高，可最终只有17个国家报名参与。在冬奥会开始前几个月，一些欧洲国家因为缺乏资金而宣布退赛，一些国家则缩减了代表团规模。在报名参赛的600名运动员中，实际参赛的只有252人，而参加上一届圣莫里茨冬奥会的运动员则有464名。

美国奥林匹克委员会作出了巨大努力，积极与美国政府和纽约州政府协调，帮助欧洲运动员前往美国参赛。《北大西洋旅客协议》由此诞生，协议规定减免运动员20%的船票费用，并为所有冬奥会参与者减免护照和签证相关税费。美国政府还承担了德国冰球队的差旅费，因为当时只有四支球队（1928年圣莫里茨冬奥会共有11支球队参与）报名参加冰球比赛，如果德国队不能参赛，则所有队伍都将获得奖牌。

尽管受到大萧条的冲击，普莱西德湖冬奥会依然取得了成功。为保证冬奥会顺利举办，组织者不得不缩减开支：本届冬奥会没有新建或改建任何奥运村，运动员、裁判和组织者均住在城中或近郊已有的酒店、宿舍及体育俱乐部客房中。媒体中心则设在贝尔蒙特的一家酒店里。一个细节足以说明当时捉襟见肘的财务状况：为了节省雪橇赛道的费用，组委会主席杜威不得不提供家族的私人场地进行比赛。当时的人们何曾想过，普莱西德湖还将在1980年再次举办冬奥会。

在闭幕式和传统的颁奖仪式环节，获奖运动员首次站到了阶梯式领奖台上，观众们从而能更好地分辨出冠亚季军。这项创新也成了奥运史上的里程碑事件。美国人对表演观赏性情有独钟，他们有时会强行推行自己制定的、更有利于"展示自我"的规则，比如在速滑比赛中"入乡随俗"，采用集体出发决定胜负。

普莱西德湖奥林匹克体育场位于普莱西德湖大学旁，占地约3公顷，专为冬奥会而建。在椭圆形赛道上，参加1500米速滑比赛的选手们刚冲出起跑线，裁判们就注意到了选手之间的推搡和欧洲选手的抗议。裁判并未指证犯规者并取消其参赛资格，而是决定停止比赛并发出警告。随后比赛重新开始，但这并没有改变什么：最终进入决赛的仍是六位来自北美的选手。

何来推搡？与往届冬奥会不同的是，速滑比赛规则不再是由两名运动员在赛道上进行比赛，通过记录时间来确定名次。普莱西德湖冬奥会执行了新规则，六至八名选手在资格赛中同场竞技，角逐六个决赛名额。战术对比赛和排名至关重要，这变成了人与人的较量，而不再是人与计时器的较量。欢迎来到表演为王的美国！普莱西德湖奥林匹克体育场可容纳7475人，座位数量达6475个，只有竞技性强的运动，才能让这里座无虚席，而速滑比赛的现场正是如此。

传统的欧洲国家一直不愿意适应这些新规则，就像北美国家在前两届冬奥会上适应欧洲的规则一样。挪威参加了本届冬奥会，甚至事先还组织了模拟比赛，让运动员提前做好适应性准备。但其他国家没有报名参赛，不仅仅是因为经济原因。瑞典和芬兰各派出一名运动员参加冬奥会，就连5枚冬奥金牌得主芬兰选手克拉斯·图恩伯格也对文化冲突不感兴趣，拒绝参加比赛。最终，只有6个国家派员参加了速度滑冰比赛，美国队和加拿大队趁此机会，在产生的12枚奖牌中，各自将5枚收入囊中。东道主的表现可圈可点，来自普莱西德湖的21岁选手杰克·谢亚获得速滑500米和1500米两枚金牌，来自纽约的29岁选手欧文·贾菲获得速滑5000米和10000米两枚金牌。

美国速滑选手杰克·谢亚和花滑冠军海妮在场边喝茶

美国成为普莱西德湖冬奥会的大赢家。他们不仅在速滑赛场出尽风头，还将女子速滑列入了冬奥会表演项目，这令传统的欧洲人颇为失望。美国在最终奖牌榜上占据榜首，这是他们从未实现过、以后也没有重现的壮举。两大冬季运动强国挪威和瑞典各获10枚奖牌（3金、4银和3铜）和3枚奖牌（1金和2银），落后于获得12枚奖牌的美国，分列第二名和第三名。

加拿大共获7枚奖牌，但除了1枚金牌之外（东道主努力促成了冰球比赛的举行），只有1枚银牌和5枚铜牌。继在1920年安特卫普、1924年夏蒙尼和1928年圣莫里茨冬奥会上赢得冰球金牌之后，加拿大队再下一城，没有让金牌旁落。冰球比赛在奥林匹克体育场和奥林匹克竞技场举行，只有四支参赛队伍。德国队之所以能出现在赛场上，得益于主办方为他们承担了旅费。他们也不虚此行，把一枚铜牌带回了家。

由于冰球参赛队伍太少，每支队伍需与其他三支队伍对战两次，以维持一定的场次数量。来自马尼托巴省温尼伯市的加拿大队经过加时赛以2-1艰难战胜美国队，之后又一如既往地横扫德国队（4-1和5-0）和波兰队（9-0和10-0）。决赛中，美国队先是以2-1取得领先优势，加拿大队在比赛还剩50秒时扳平了比分。两次加时都不足以让两队分出胜负。这是加拿大队第一次被逼成2-2的平局。在此前的三届奥运会上，加拿大队均以全胜战绩夺冠。即使最终不敌加拿大队，手持冰球杆的美国队也已经展示了自身的实力。

东道主还在为迎接冬奥会而修建的雪车、雪橇和钢架雪车赛道上展示了自己的实力，这条赛道后来经过改造翻新得到二次利用，承接了1980年冬奥会的比赛。1932年，除了四人雪车（圣莫里茨冬奥会为五人雪车）外，还首次举行了双人雪车比赛。双人雪车的首轮比赛因天气状况不佳而推迟两天进行，瑞士组合雷托·卡帕德鲁特和奥斯卡·盖耶尔以6秒多的巨大优势，领先于美国组合休伯特·史蒂文斯和柯蒂斯·史蒂文斯兄弟。然而，两兄弟在接下来的三场滑行中接连取得佳绩，扭转了劣势。这得益于一种创新技术的应用：他们对雪车的钢刃进行加热，以达到提速的目的。这种技术后来遭到禁止，但在当时是被允许的。

美国双人雪车队正在训练。雪车里的休伯特·史蒂文斯（前）和柯蒂斯·史蒂文斯（后）是兄弟

由于赛道开始融化，四人雪车比赛险些被取消。在闭幕式和颁奖仪式后的两天，四人雪车比赛终于结束。美国以圣莫里茨冬奥会的基本阵容再夺四人雪车金牌（四人中有三人参加过上届冬奥会）。唯一一位没有参加过上届冬奥会的选手在夺冠当天成了奥运传奇。他就是爱德华·伊根，曾在1920年安特卫普奥运会获得拳击冠军。美国一队和美国二队分获冠亚军，强有力地显示了美国当时在这项运动上的统治力。

纳入赛程的表演项目都是北美选手比较擅长的。女子速度滑冰总共只有十名选手参赛，美国队和加拿大队各有五人，她们顺理成章地瓜分了全部奖牌。直到1960年，女子滑冰运动员才重返冬奥赛场。冰壶项目继1924年后第二次亮相冬奥会，该项目只有8支队伍报名参加，一半来自美国，一半来自加拿大，最终来自马尼托巴省代表加拿大参赛的队伍获得了冠军。这项运动直至1998年才被列入奥运会正式比赛。至于为期两天的民间传统狗拉雪橇比赛，则是第一次也是最后一次出现在冬奥赛场上。作为一个小趣闻，获奖者是一位加拿大人，他的名字叫埃米尔·圣戈达尔。但没有人记得他那7只狗的名字。

其余的比赛结果没有太多惊喜。花样滑冰赛场基本上是历史的重演，继圣莫里茨冬奥会后，挪威选手索尼娅·海妮再夺女子花滑冠军，法国组合安德蕾·若利和皮埃尔·布吕内卫冕了双人滑金牌。虽然

综
述

美国队员欧文·贾菲在完成10000米的速滑比赛后体力不支，被抬下赛场。上届冬奥会贾菲因为天气原因错失了志在必得的10000米速滑金牌

38岁的瑞典选手吉利斯·格拉夫斯特伦负于年轻的奥地利选手卡尔·舍费尔，没能实现四连胜，但还是赢得了一枚银牌。

北欧滑雪的全部比赛也是如此，北欧选手继续巩固着自己的地位。在北欧两项中，4位挪威选手占据了前四名。圣莫里茨冬奥会冠军约翰·格勒图姆斯布拉滕虽然在18公里越野滑雪中遇到困难，但还是成功实现卫冕。18公里越野滑雪与北欧两项的第一轮比赛同时进行，当时天气非常暖和。瑞典选手找到了适合这种温度的优质滑雪板涂蜡，斯文·乌特斯特伦从头至尾保持着领先位置，最终以2分钟的优势战胜同胞阿克塞尔·维克斯特伦夺得金牌。两名芬兰选手紧随其后，领先两名挪威选手抵达终点。

挪威选手在越野滑雪第一场比赛中就惨遭失利，只在50公里比赛中获得一枚铜牌，芬兰选手韦利·萨里宁领先同胞韦伊内·利卡宁夺得金牌。比赛的过程非常特殊：在经历了气温回暖后，之前规划的路线只有在森林中的部分赛道还保留着足够的积雪。起点被移到距离普莱西德湖7公里处，选手们滑了两圈25公里，而非一圈50公里的比赛。但在临近开赛前，暴风雪突降，开赛时间不得不推迟了三个小时。越野滑雪者在某些赛段仍需在岩石上或水坑中滑行。

同样的遭遇也发生在跳台滑雪项目中。为了保证比赛能在预定日期进行，主办方必须将雪运送到跳台着陆坡区域。

狗拉雪橇比赛是本届冬奥会的表演项目

综述

他们用火车将雪从加拿大运来……然而，终点区域的雪已经彻底融化，以至于冠军比格尔·吕德在跳完之后调侃说："下次我会带上救生圈，因为我必须承认我不会游泳。"在这种极其特殊的条件下，挪威选手仍然包揽了金银铜牌，获奖选手依次为比格尔·吕德、汉斯·贝克和卡雷·瓦尔伯格。美国在该项目中仅获第5名，这还要归功于卡斯帕·奥莫恩，他于9年前才从家乡挪威移居美国。

美国人是本届普莱西德湖冬奥会的大赢家，不仅仅体现在比赛成绩和总奖牌榜上。尽管有财政和经济上的困难，尽管大萧条影响着西方世界，尽管与传统的冬季运动国家相隔甚远，尽管有弃权退赛，尽管天气条件非常不利，但美国还是成功地举办了一届高质量的冬奥会，创造了历史。尤其值得一提的是，普莱西德湖市及其所在地区政府一直维护并修缮1932年冬奥会建造的场馆，这些场馆此后承接了许多其他大型体育赛事，如1950年北欧滑雪世界锦标赛、多届世界雪车锦标赛和1972年世界大学生冬季运动会。它曾是1952年、1956年和1968年冬奥会的候选场馆，后来又成功举办了1980年冬奥会。

杰克·谢亚：时代开创者

出生于普莱西德湖的速滑选手杰克·谢亚为美国速滑队开辟了新的道路。他的孙子在2002年获得了冬奥会冠军。

故事

在杰克·谢亚的家里，摆放着数以百计的奖牌

2002年2月20日，在犹他州奥林匹克公园的赛道上，小吉姆·谢亚获得了盐湖城冬奥会钢架雪车项目的金牌。在比赛过程中，小吉姆在头盔里珍藏着一张爷爷的照片。而遗憾的是，爷爷杰克·谢亚在1月22日因车祸去世，享年91岁，距离小吉姆夺得冬奥冠军只有不到一个月。杰克曾在1932年冬奥会上获得金牌，也曾参加当届冬奥会的火炬传递，他的家中一直珍藏着当时的金牌与火炬。杰克曾与儿子和孙子一起拍过广告，他也很期待看到小吉姆在冬奥赛场上的表现。赛后，小吉姆情绪万千地自言自语："现在，爷爷可以安心地去往天堂了。"

让我们回到近一个世纪之前。1910年9月7日，约翰·阿莫斯·谢亚（杰克的本名）出生在美国纽约州普莱西德湖阿迪朗达克山脉下的一个村庄里。自19世纪起，他的家族就居住于此。在杰克还不到14岁的时候，速滑运动在普莱西德湖流行起来，当时同城一位名叫查尔斯·朱特劳的运动员在夏蒙尼冬奥会速滑500米比赛中赢得了金牌——这也是冬季奥运会历史上的第一枚金牌。这一事件令杰克备受鼓舞，他开始在家附近的镜湖上练习速滑。1929年，年仅18岁的杰克在那里获得了北美速滑全能赛的冠军。从那之后，杰克成了当地的名人，他开始向即将在家乡普莱西德湖举办的冬奥会发起冲击。1932年2月4日，杰克·谢亚出席了开幕

500米速滑比赛中，谢亚领先其他选手最终获得冠军

式，并作为运动员代表宣誓。很快，他就用出色的表现证明了自己能够承担起这份荣誉。在500米速滑比赛中，他以43秒4的成绩夺冠，挪威选手伯恩特·埃文森和加拿大选手亚历山大·赫德分别以5米和8米的差距，获得亚军和季军。在第二天的比赛中，杰克的表现更加出色，以绝对优势获得1500米项目金牌，加拿大选手亚历山大·赫德和威廉·洛根分获银牌和铜牌。杰克成为第一个两次获得冬奥会冠军的美国选手。

此时杰克只有21岁。4年之后，他未能成功卫冕。1936年，他拒绝参加在德国巴伐利亚州加尔米施－帕滕基兴举行的冬奥会。因为那是阿道夫·希特勒所统治的德意志帝国。后来，杰克·谢亚解释道："我知道在德国发生的一切，我不喜欢。"除了政治原因外，杰克还有更多个人方面的考虑。"我不打算再参加比赛了，

因为在当时，二十五六岁已经是很大的年纪，而且我已经有了四个孩子……"

1938年6月22日，就在加尔米施－帕滕基兴冬奥会结束后，杰克的第四个孩子吉姆出生了。吉姆是家族中第二位参加冬奥会的成员，1964年，他参加了在奥地利因斯布鲁克举行的冬奥会，获得了越野滑雪30公里第48名、4×10公里接力赛第13名，以及北欧两项第27名。

当冬奥圣火再次来到普莱西德湖时，杰克·谢亚希望能够续写自己的冬奥故事。多年以来，杰克从未离开故乡，他积极推动普莱西德湖申办冬奥会，并在1980年冬奥会举办期间，在组委会担任了重要职位。但遗憾的是，他在2002年冬奥会前突然离世，未能亲眼见证孙子夺冠。

冬夏"双栖"冠军

1940年，美国人菲斯克以志愿军身份加入英国皇家空军，在一次与德国战机的空战中重伤不治。当我们感叹"双栖"冠军伊根的伟大时，请不要忘记，那只永远翱翔在伦敦上空的鹰—— 比利·菲斯克。

雪车里坐在第一位的是舵手菲斯克，坐在他身后的是"双栖"冠军伊根

天气状况对雪车比赛造成了很大影响。原定于2月11日、12日举行的四人雪车比赛，因冰面融化而推迟到2月14日举行。即便在比赛当天，由于冰面受到破坏，比赛条件也非常糟糕。运动员们怨声载道，组委会只得将四轮比赛的后两轮再次推迟到第二天进行。美国队由年轻的比利·菲斯克担任舵手，16岁的他已经在1928年圣莫里茨冬奥会上帮助美国队赢得了一枚雪车金牌。糟糕的赛道丝毫没有影响到他，四轮三胜：美国队当之无愧地摘得金牌。除了比利·菲斯克之外，获得金牌的美国雪车队员还包括克利福德·格雷、杰伊·奥布赖恩（圣莫里茨冬奥会队友）和爱德华·伊根。最后这个名字对于奥运史专家来说一点也不陌生。

让我们回到12年前，越过大西洋，来到1920年的安特卫普奥运会。1897年4月26日，爱德华·伊根出生于科罗拉多州丹佛市，虽然家境一般，但他还是进入了朗蒙特中学读书，然后在著名的耶鲁大学（毕业于1921年）和哈佛大学法学院学习法律。求学之余，伊根还参加拳击训练，并取得了一些成绩。从艰难的童年开始，爱德华·伊根就保持着一种强烈的意志：通过出色的学业来摆脱贫困。拳击能够帮助他把多余的能量宣泄出来。1919年，他赢得了业余体育联盟的全国冠军，后来成为第一个在英国业余锦标赛中获胜的美国人。1920年夏，他利用大学假期代表美国参加了奥运会轻重量级（79.4公斤以下）拳击比赛。

从8月21日到24日，在安特卫普皇家动物学会的大厅里，他

伊根手持1920安特卫普奥运会拳击比赛的冠军奖杯

先后淘汰了南非选手托马斯·霍德斯托克和英国选手哈罗德·弗兰克斯（铜牌得主），最后在决赛中经过苦战击败了挪威选手斯韦勒·瑟斯达尔。这场胜利并没有在职业拳击界激起波澜，但一些经纪人还是建议他尝试进入职业拳坛。爱德华·伊根没有听从他们的建议，而是把学业放在第一位。

1932年2月15日，在普莱西德湖的雪车、雪橇和钢架雪车赛道上，已经成为律师的爱德华·伊根在雪车项目上赢得个人第二个奥运会冠军。他是第一位在夏季奥运会和冬季奥运会两个不同项目上都获得冠军的运动员。直到2021年，他仍然是唯一的"双奥"冠军。

此后，又有四名运动员在夏季和冬季奥运会中都获得过奖牌，他们是挪威选手雅各布·图林·泰晤士（1924年跳台滑雪金牌，1936年帆船铜牌）、民主德国选手克里斯塔·卢丁-罗滕布格尔（1984年和1988年速滑金牌，1988年场地自行车银牌）、加拿大选手克拉拉·休斯（2002年、2006年、2010年速滑金牌、银牌、铜牌，1996年公路自行车铜牌）和美国选手劳琳·威廉斯（2004年、2012年田径金牌、银牌，2014年雪车银牌）。但他们没有一个人在冬季、夏季奥运会上双双获得金牌。1932年冬奥会后，爱德华·伊根继续从事律师行业。"二战"期间，他在美军中担任上校。而"一战"期间，他以炮兵中尉的身份在军中服役。1967年6月14日，他在纽约州拉伊市去世，享年70岁。

冰场上的金牌伉俪

法国夫妇安德蕾·若利与皮埃尔·布吕内因花样滑冰而结缘。他们在冰场上并肩作战，争金夺银，在生活中结为夫妇，相守一生。

故事

冰上伉俪的传奇故事源于普通的相遇。当年，竞技体育还不需要合同、经纪人和战术安排等。1924年的巴黎，正处于被历史学家们称为"疯狂年代"的时期。法国走出了战争的阴霾，似乎一切皆有可能实现。那时，皮埃尔·布吕内刚刚斩获首个全国冠军称号，他在花滑职业生涯中共七次荣获全国冠军。安德蕾·若利则刚拿下其职业生涯十个全国冠军中的第四个。他们彼此相遇，互相交谈。夏蒙尼冬奥会举办在即，皮埃尔向年长他九个月的安德蕾提议两人合作参赛，报名双人花样滑冰项目。虽然距离比赛开始只剩几个月，但在当时，双人滑选手想要成为世界级组合，并不一定需要数载苦练和磨合。他们在巴黎的冰场上试了大约一个小时，安德蕾便愉快地接受了皮埃尔的提议。

在夏蒙尼冬奥会上，安德蕾因为巨大压力发挥失常，最终只在个人项目中获得了第5名。而皮埃尔则止步于八强。但两人在双人项目中发挥得较为出色，最终获得一枚铜牌。两人达成共识：在不放弃个人项目的同时，继续以双人组合出战。1929年，二人结为夫妇，从而成了各种意义上的"一对"。而在此之前，他们已经展现出了过人的默契。自1926年起，他们每年都利用三周假期来完善双人滑的表演技巧，并获得了世界冠军。接着，他们又在1928年、1930年和1932年三次获得世界级奖项。在1928年的圣莫里茨冬奥会上，与四年前相比，他们的双人滑表演已经炉火纯青，丝毫没有即兴成分。日复一日，布吕内夫妇不断练习。年复一年，他们不断完善创新的动作。镜子滑、燕式跳等，都是他们的创新

成果。除此之外，他们还开创了首个单手托举动作，例如：1929年诞生的"急速旋转"托举。

在圣莫里茨冬奥会上，他们甚至无须再做可能会摔倒的高风险动作，只要稳定发挥就足以锁定胜局。不出所料，他们以绝对优势遥遥领先，轻松摘得了这届冬奥会的金牌，也为法国实现了冬奥会金牌"零的突破"。1932年2月12日星期五，普莱西德湖滑冰场座无虚席，安德蕾和皮埃尔的表现在所有参赛选手中一骑绝尘：甚至在评委们宣布结果前，二人的表演就以技巧精湛、和谐融洽、节奏优雅赢得了现场观众的欢呼。他们以超过美国组合比阿特丽克斯·洛格兰和舍温·巴杰100多分的优势毫无悬念地蝉联了冠军。然而，传奇故事险些以悲剧收场。1933年12月31日，夫妇二人在一次滑雪中双双跌落深沟。皮埃尔左膝严重受伤，关节液渗出并伴有肌肉拉伤。次年2月之后，他才重新穿上了冰鞋。安德蕾的伤势则严重得多：脊柱骨折的她打了八个月的石膏固定，石膏紧紧裹住上半身以起到支撑作用。在这之后，他们转为职业运动员，最后定居在美国纽约。1942年，他们加入美国籍。

他们的故事一路都与奥运相伴，作为教练，他们一直以来陪伴着运动员征战赛场：法国选手阿兰·卡马特于1964年获得银牌，帕特里克·佩拉于1968年和1972年两获铜牌；美国选手卡罗·海斯在1956年和1960年分获银牌和金牌；加拿大选手唐纳德·杰克逊于1960年获得铜牌；美国选手斯科特·汉密尔顿于1984年获得奥运会冠军。

第 4 届

IV

加尔米施-帕滕基兴

1936

第4届冬奥会
1936年加尔米施-帕滕基兴

1936年加尔米施－帕滕基兴冬奥会会徽

概况

地点 加尔米施-帕滕基兴（德国）

开幕式 1936年2月6日

闭幕式 1936年2月16日

开幕式致辞人 阿道夫·希特勒（德国元首）

运动员宣誓代表 韦利·博格纳（德国高山滑雪运动员）

参赛国家和地区数量 28

参赛人数 646（566名男运动员和80名女运动员）

大项数量 4（雪车、冰球、滑冰、滑雪），军事巡逻和冰上滑盘为表演项目

分项数量 8（新增分项：高山滑雪；其他：雪车、冰球、花样滑冰、速度滑冰、
北欧两项、跳台滑雪、越野滑雪）

小项数量 17

1936年加尔米施－帕滕基兴冬奥会奖牌

摘要

事实上，国际奥委会并没有投票给加尔米施－帕滕基兴。当时还有其他两座城市申办1936年冬奥会，但德国人提出了所谓的"优先权"，指出既然夏季奥运会在柏林举办，冬奥会也应当在第三帝国举办。

在开幕式上，位于跳台滑雪的跳台顶端的主火炬被点燃，并在比赛期间持续不断燃烧，这在冬奥会上尚属首次。

奥林匹克体育馆可容纳10万人，在跳台滑雪比赛中，共接待了13万名观众。希特勒本人也曾亲临观战。挪威选手比格尔·吕德获得跳台滑雪金牌，现场观众为之鼓掌欢呼。然而几年之后，吕德也投身于对德战争之中。

高山滑雪首次被列为冬奥比赛项目，但只设全能赛，未设滑降和回转小项。此外，奥地利和瑞士的运动员因被认证为职业选手，被国际奥委会禁止参赛。

挪威的"冰上女皇"索尼娅·海妮第四次参加冬奥会，凭借无懈可击、无与伦比的表现，连续第三次获得金牌。

国际奥委会首次授权组委会与一家企业签署合作协议。瑞士巧克力饮品品牌阿华田成为冬奥会首个赞助商。

奖牌榜

排名	国家	金牌	银牌	铜牌	合计
1	挪威	7	5	3	15
2	德国	3	3	0	6
3	瑞典	2	2	3	7
4	芬兰	1	2	3	6
5	瑞士	1	2	0	3
6	奥地利	1	1	2	4
7	英国	1	1	1	3
8	美国	1	0	3	4
9	加拿大	0	1	0	1
10	法国	0	0	1	1
10	匈牙利	0	0	1	1

概况

受到抵制的冬奥会

德国高山滑雪运动员韦利·博格纳代表运动员宣誓，他的儿子小博格纳在1960年代表德国队参加了斯阔谷冬奥会

    1936年2月，第四届冬奥会在纳粹德国的加尔米施－帕滕基兴举行。当时的负责人约瑟夫·戈培尔不是体育部长，也不是文化部长，而是宣传部长，这一点绝非巧合。1931年5月13日，柏林被选为1936年夏季奥运会主办地，第三帝国是在此之后成立的。当时，国际奥委会急于在第一次世界大战后，用大型体育赛事将各大国聚集在一起，于是将奥运会的组织工作交给了年轻的魏玛共和国，但却不曾料到纳粹很快就上台了。

    1933年6月7日，在维也纳召开的国际奥委会第31届会议决定在加尔米施－帕滕基兴这座巴伐利亚小城举办冬奥会，此时希特勒已经出任德国总理（1月30日起）。与其说这是奥组委的选择，不如说是无奈之举。当年，加拿大的蒙特利尔和瑞士的圣莫里茨也在申办冬奥会。但大会上没有任何表决过程，德国人直接提出了所谓的"优先权"，表示夏季奥运会和冬季奥运会应在同一个国家举行，但事实上没有任何文书有这一条规定。因此，加尔米施－帕滕基兴冬奥会对于德国当局而言，可谓恰逢其时，既可以作为在柏林进行伟大庆祝活动之前的彩排，也能够对内对外同时发出重要的政治信息，展现国家的强大实力以及人民对希特勒元首的"爱戴"。对内，是面向所有德国人；对外，则是面向所有其他国家。然而，希特勒本人非常鄙视奥林匹克运动的人道主义、全球性和民族平等的价值观。

起初，他宣称自己反对在德国举办奥运会，他的追随者也跟着反对，声称"无法想象雅利安运动员与被奴役的黑人或犹太人同场竞技"。但在1933年3月16日，也就是确定主办城市的前几个月，德国体育界最有威望的两位领袖西奥多·卢瓦尔德和卡尔·迪姆成功地说服了希特勒，让他相信举办奥运会将对帝国有利。在那之后，希特勒对此深信不疑，扫除了一切反对力量，并任命宣传部长戈培尔为负责人，组织一场宏大的、让他有利可图的冬奥会。加尔米施－帕滕基兴冬奥会的一切都可以用"宏大"来形容。戈培尔提出的所有资金和技术需求都得到了满足，"取之不竭"的专项资金用于建设兼具现代感与实用性的基础设施，比如可容纳10万人的"滑雪场"、室内"冰场"、雪车赛道等，气派十足，浮夸有余。

开幕式则演化成了声势浩大的游行活动，现场约3万名观众全神贯注地等待元首的到来，身着军装的元首入场时，迎接他的是狂热的口号"希特勒万岁"。当希特勒宣布"体育新年"到来及冬奥会开幕时，铜管乐队演奏了理查德·施特劳斯的《万国同盟颂》，礼炮随之从雪山间鸣响。开幕式首次设置了点火环节，主火炬就位于跳台滑雪的跳台上。

为了保证冬奥会顺利举行，并让观众能顺利到达比赛场地，每隔十分钟就有一趟从慕尼黑开往加尔米施－帕滕基兴的专列。观众人数众多，尤其是跳台滑雪项目，有近13万观众，其中也包括希特勒。人们对冬奥会的热情前所未见。

希特勒曾表示，冬奥会上不会实行种族歧视。这并非难事，那个年代从事冬季运动的选手主要来自欧洲和北美。代表团中几乎没有非洲人、非裔美国人、阿拉伯人以及亚洲人。因此，尽管少数人士呼吁抵制冬奥会，但依然有来自28个国家的646名运动员参加了比赛，创下了参赛国和参赛选手数量

瑞典队在男子50公里越野滑雪项目中包揽前四名。（从左至右）伊利斯·维克隆德（金牌）；阿克塞尔·维克斯特伦（银牌）；尼尔斯－约埃尔·恩隆德（铜牌）；亚尔马·伯格斯特罗姆（第四名）

综述

两项新纪录。

源自阿尔卑斯的高山滑雪首次被列为冬奥会比赛项目。长期以来，北欧各国一直反对将高山滑雪纳入比赛项目，担心它与其传统强项越野滑雪、跳台滑雪和北欧两项等项目形成竞争。高山滑雪回转项目（1922年问世）的"创造者"阿诺德·卢恩始终坚持将高山滑雪纳入比赛项目，并克服了所有阻力。也是他率先创建了高山滑雪的比赛体系。具有讽刺意味的是，这位阿诺德·卢恩是英国人，而英国人从不进行越野滑雪或高山滑雪运动。更重要的一点在于当高山滑雪最终被列为冬奥会比赛项目后，阿诺德·卢恩尖锐地抨击和抵制加尔米施－帕滕基兴冬奥会，他认为冬奥会将变成纳粹思想的展示和宣传窗口。但他的抵制是徒劳的，没有起到任何实质性作用。

即便高山滑雪被列为比赛项目，金牌数仍十分有限。经过长时间的讨论，北欧国家的代表只接受增加高山滑雪全能项目。而自1931年第一届高山滑雪世锦赛举办以来，除了综合项目外，已经设置了滑降、回转和全能3个小项。由于国际奥委会和国际滑雪联合会在比赛开始前就发生了冲突，所以针对这个话题的争论一度非常混乱。国际奥委会秉承纯粹、无可退让的业余主义，坚持认为奥地利和瑞士的高山滑雪运动员属于职业选手，禁止他们参加冬奥会比赛。国际雪联的抗议并没有改变事情的走向，奥地

综述

德国运动员克里斯特尔·克兰茨参加高山滑雪比赛

利代表团和瑞士代表团受到了严厉处罚，于是他们干脆放弃了比赛，以示对国际奥委会决定的抗议。

但同时，值得注意的是国际奥委会并没有禁止自己寻找赞助商：在1936年冬奥会期间，国际奥委会首次允准与企业建立合作伙伴关系，瑞士阿华田公司便是第一家企业。在比赛期间，运动员可享用该品牌提供的免费巧克力饮料，作为官方赞助商，该企业广告牌也出现在了各奥运场馆内。

然而，国际奥委会与国际雪联的争论并没有停止，在加尔米施-帕滕基兴冬奥会结束之后，双方的争执有愈演愈烈之势，闹得沸沸扬扬，以至于1940年冬奥会计划取消高山滑雪项目，但随后由于"二战"爆发，那届冬奥会并未如期举行。1936—1948年，奥运会按下了暂停键，这在某种程度上让高山滑雪避免了被除名的命运。

德国双人滑组合马克西·埃尔贝和恩斯·特巴耶尔正在赛前训练

战后的首届冬奥会，即1948年圣莫里茨冬奥会依然将高山滑雪列为比赛项目。与此同时，国际奥委会和国际雪联针对高山滑雪项目中的业余主义与职业主义的争论仍在继续，两个机构之间的关系也长期处于紧张状态，甚至导致奥地利选手施兰兹在1972年札幌冬奥会比赛开始前三天仍被取消比赛资格。

这一切被德国人看在眼中，他们很好地利用了多名世界名将缺席高山滑雪比赛的机会。德国选手弗朗茨·普夫尼尔和古斯塔夫·兰切纳尔在男子比赛中一骑绝尘，将法国选手埃米尔·阿莱远远地甩在身后，包揽了金银牌。但纵观体育历史，这不过是一桩小轶事。同样，土耳其选手雷萨·艾尔塞斯在全能赛滑降比赛中取得了滑稽的成绩，前三名的成绩非常接近，但他却比第一名选手慢了整整18秒，这在以速度著称的滑降比赛中是十分罕见的。在女子比赛中，德国选手克里斯特尔·克兰茨的胜利令人心服口服，她确实是当时最好的滑雪选手。她击败了另一位德国选手凯特·格拉瑟格尔和16岁的挪威选手莱拉·萧·尼尔森。在两场高山滑雪比赛（即男子和女子全能赛）中，德国选手包揽了全部金银牌，占德国队获得奖牌总数的三分之二。作为东道主，德国代表队共派出55名运动员，这是德国第三次参加冬奥会，取得这样的成绩实属不易。

另外两枚奖牌来自在奥林匹克体育馆举行的花样滑冰比赛。在双人滑项目中，德国组合马克西·埃尔贝和恩斯·特巴耶尔获得了7位评委的青睐，另两位评委将最高分打给了奥地利组合伊尔丝·保辛和埃里克·保辛。德国组合获得冠军，奥地利组合获得亚军。1938年，纳粹德国吞并奥地利后，保辛组合便代表德国出征国际大赛。同样来自奥地利的卡尔·舍费尔就要幸运一些，他在男子组比赛中轻松战胜了德国选手恩斯·特巴耶尔（德国第六枚奖牌得主）。此前，舍费尔已经在1932年普莱西德湖冬奥会上夺冠。他在赛后宣布，1936年赛季将是他职业生涯的最后一个赛季。时年27岁的舍费尔可谓功成身退，在1930—1936年，他共获得了两枚冬奥会金牌，七次获得世界冠军。

和他一样，传奇女将索尼娅·海妮也选择了急流勇退。挪威选手海妮在自己参加的第四届冬奥会上获得了一枚金牌，这是她连续三届在冬奥会上获得女子单人滑金牌，这样的成绩在当时是前所未有的。之后她去了美国，凭借自己的才华和名气参加了一些职业比赛，获利颇丰。她还尝试着进入了电影圈。加尔米施-帕滕基兴冬奥会结束时，她还不到24岁。一周后，她获得了第十次世锦赛冠军。她已无须再证明什么。

综
述

加拿大冰球队曾在1920年、1924年和1928年获得奥运冠军，1932年普莱西德湖冬奥会时，即使面对本土作战的劲敌美国队，他们依然获得了冠军。换言之，前几届冬奥会冰球金牌均被加拿大人收入囊中，而他们的球员还只是业余选手，距离加拿大最顶级职业选手还有相当大的距离，这其中还不包括被约翰·弗朗西斯·阿亨带走的优秀球员。聪明而狡猾的阿亨出生于北爱尔兰，绰号"兔子"，在1934年被任命为英国冰球队教练，此后他走遍了加拿大，寻找具有英国血统的（优秀）球员，无论有多少英国血统，哪怕只是出生在英国的选手，都被他列入了名单之中，并建议他们加入英国籍。最终，9名选手接受了他的建议，随后代表英国参加了冬奥会冰球比赛。

冰球比赛在雷塞和奥林匹克冰上运动中心两个场地进行。在普莱西德湖冬奥会上，只有4支球队参加了冰球比赛。而在加尔米施-帕滕基兴冬奥会上，共15支队伍参赛，分为4个小组进行比拼。加拿大队一如既往，以大比分锁定胜局，在资格赛中，他们以8-1胜波兰，11-0胜拉脱维亚，5-2胜奥地利，15-0胜匈牙利；在第二轮比赛中，又以6-2战胜德国队。此时，加拿大队已经进入最终决赛，四支最强队伍将在决赛中展开奖牌争夺。因而他们对于1-2负于英国队并不十分在意，有趣的是，英国队球员的长相与他们很是相近。

但加拿大队当时没有彻底厘清比赛规则，甚至不知道各轮比赛的结果都将计入最后的排名。他们虽然先后战胜了美国（1-0）和捷克斯洛伐克（7-0），但在积分榜上，他们未能追上战平美国（0-0）和德国（1-1）的英国队。赛后，英国队也坦言自己因为"更熟悉规则"而获胜，加拿大队的水平更高一筹。但无论如何，金牌最终属于流淌着加拿大人血液的英国队。

瑞士选手在雪车项目上表现出色，包揽了四人雪车金银牌（英国队获得铜牌），在双人雪车项目中获得了1枚银牌，美国的两支队伍分获金牌和铜牌。而在其他项目中，几乎都由北欧国家选手占据主导。同时，北欧国家并不想放弃高山滑雪项目，当时的欧洲正处于动荡之下，传统与新兴事物对抗激烈，北欧国家也期望在高山滑雪赛场上展示实力。

在速滑赛场上，挪威队共获得了6枚奖牌，包括4枚金牌。伊瓦尔·巴兰格鲁德是加尔米施－帕滕基兴冬奥会上夺牌最多的选手，共获得了500米、5000米和10000米3个项目的金牌。在1500米的比赛中，他仅以一秒之差输给了同胞查尔斯·马西埃森，获得银牌。芬兰选手也在该项目上为北欧国家贡献了4枚奖牌，只给瑞士和美国各留下了1枚铜牌。

挪威选手奥德博约恩·哈根、奥拉夫·霍夫斯巴肯和斯韦勒·布罗达尔包揽了北欧两项的金银铜牌。包括希特勒在内的13万名观众现场观看了跳台滑雪比赛，传奇选手比格尔·吕德成功蝉联冠军，芬兰选手斯文·塞朗厄和挪威选手雷达尔·安德森分获银牌和铜牌。越野滑雪是小项最多的分项目之一，但只有三个国家先后登上领奖台。瑞典队获得5枚奖牌，埃里克·奥古斯特·拉尔松和伊利斯·维克隆德分别在18公里和50公里项目中获得金牌；挪威队和芬兰队各获得1枚奖牌，其中芬兰队获得4 × 10公里接力赛金牌。南欧国家在军事巡逻项目中也有所收获，意大利队力克芬兰队和瑞典队，获得冠军。军事巡逻可以视为冬季两项团体赛的前身，虽然在1924年首届冬奥会上，该项目已被列为正式比赛项目，但在加尔米施－帕滕基兴冬奥会上，和1928年一样，军事巡逻仅作为表演项目出现。显然，这也是希特勒的意愿。德国队只获得了该项目第五名，无疑让他大失所望。

综
述

工作人员正用啤酒桶装着热水，通过毛毯将水均匀撒在冰面上，他们用这样的方法保持冰面的光滑

他是犹太人，也是德国人

在队友们的坚持下，冰球运动员鲁迪·维克多·巴勒参加了本届冬奥会。他是德国代表团中唯一的犹太裔选手。

**德国冰球队在与美国队的
比赛中打入唯一进球**

时任国际奥委会主席亨利·德·巴耶－拉图尔伯爵在考察加尔米施－帕滕基兴奥运会场馆的筹备情况时，对德国各地张贴的标语感到震惊。标语上的信息直白而可怕："犹太人与狗不得入内。"比利时方面当即要求与第三帝国元首阿道夫·希特勒会面，希特勒冷淡地回答道："依照惯例，客随主便。"

冬奥会组织者随即意识到，这起事件可能会对不断壮大的抵制运动推波助澜，甚至危及同年夏天的柏林奥运会。于是他们决定，在冬奥会举办的几周内，清除慕尼黑（各国代表团入境点）和加尔米施－帕滕基兴以及两座城市之间道路上的所有包含反犹太信息的标语。反犹太主义的公开示威活动也被推迟，以便营造热情的氛围，树立积极的国家形象。而亨利·德·巴耶－拉图尔则认为，只要奥运旗帜在场馆上空飘扬，就足以证明国际奥委会才是奥运会的真正主人。

1933年4月初，即希特勒出任元首两个月后，打砸犹太人商店等暴力事件就变得司空见惯。1935年9月15日，针对犹太人的种族歧视法案《纽伦堡法案》颁布，剥夺了犹太人的公民身份和权利。而在1934年冯·兴登堡总统去世之前，第一个大型集中营就已经在距离加尔米施－帕滕基兴不到100公里处的达豪开始建设了。没过多久，巴伐利亚州的犹太人就被关押在此。

在为逃避迫害而流亡的犹太人中，有一位曾经的德国冰球队巨星鲁迪·维克多·巴勒。巴勒于1911年6月22日出生在柏林，他的职业生涯始于柏林－勃兰登堡俱乐部（1927年），然后在1928年加入了兄弟格哈德和海因茨所在的柏林人滑冰俱乐部。1929年，他作为球队一员首次获得全国冰球冠军（他累计8次获得该项荣誉）。凭借出色表现，他加入了德国国家队，并代表德国获得了1930年世界锦标赛银牌和1932年普莱西德湖冬奥会铜牌。巴勒虽然个子不高（1.63米，64公斤），但他滑冰速度非常快，击球动作也很灵活。在普莱西德湖，他打进了三个球，完成两次助攻，被评为球队最佳球员。在1933年世锦赛上，他表现奇佳，共打进五个球。而在那之后，他选择迁居海外。

1933年年底，巴勒兄弟移居瑞士。他们先为瑞士圣莫里茨的EHC俱乐部效力了一个赛季，之后两年，效力于意大利的米兰迪亚沃利·罗索内里冰球俱乐部。此时的鲁迪·巴勒已不再是德国国家队成员，并被禁止参加在德国举行的奥运会。然而随着冬奥会的临近，他的前队友们都在呼吁他归队。德国名将古斯塔夫·雅内克宣称，如果鲁迪·巴勒不能复出参赛，他将拒绝加入国家队。为了不使德国队同时失去两名最佳球员，当局做出了让步。此举或许也是为了塑造一个更好的形象，鲁迪·巴勒是德国代表团中唯一的犹太人，与同年柏林奥运会赛场上的女子花剑选手海伦妮·马耶尔一样。

1936年2月6日，鲁迪·巴勒参加了首场对战美国队的比赛。

虽然德国队仅以1－0获胜，但对鲁迪·巴勒来说却是一场伟大的胜利。队友们为了表示支持，甚至推举他为队长。有些观察家认为鲁迪·巴勒回归德国队非他本意，指出他可能参与了某些谈判，以参加冬奥会为条件换取家人平安离开德国。他的家人最终在南非定居，几年后，他也前往南非与家人团聚。1975年9月19日，巴勒在南非去世，享年64岁。

在加尔米施－帕滕基兴的赛场上，年仅25岁的鲁迪·巴勒只参加了四场比赛，就因负伤而无法上场。如果没有他，德国队或许只能获得资格赛第五名。

优秀的人，杰出的冠军

挪威选手比尔格·约翰内斯·吕德，在阿道夫·希特勒和13万名观众的见证下，获得了冠军。然而在赛后不久，挪威和德国就站在了战争的对立面。

故事

比尔格·约翰内斯·吕德是一位伟大的冬奥会冠军，也是一个让人叹服的人。在四年前的普莱西德湖冬奥会上，夺冠后的吕德还曾发表过非常幽默的感言。1911年8月23日，吕德出生于挪威康斯贝格。在普莱西德湖，吕德的第二跳发挥完美，帮助他获得了跳台滑雪金牌。他的队友，也是他的同乡汉斯·贝克获得银牌。当时的天气对比赛十分不利，着陆坡的积雪严重融化，时年20岁的吕德在完成比赛后打趣说道："下次我会戴上救生圈，我必须承认我不会游泳。"当然，他有的是时间来准备这个玩笑。裁判在评判姿态分时，把比尔格·吕德和西格蒙德·吕德（最终排名第七）弄混了，花了四个小时才确定最终排名。

四年后，比尔格·吕德来到了加尔米施－帕滕基兴冬奥会的赛场。他首先参加的是刚被列为比赛项目的高山滑雪比赛。他也出人意料地率先赢得了滑降比赛，滑降成绩将被计入总成绩。虽然他在一年前才开始参加高山滑雪比赛，但凭借着过硬的跳台滑雪技术，他在滑降中的表现并不逊色于对手们。谁也没有想到，他可以在如此短的时间内达到顶尖水平。

最终，吕德以四秒的优势领先德国选手弗朗茨·普夫尼尔，以11秒领先古斯塔夫·兰切纳尔。但两天后，他暴露出了缺乏高山滑雪特殊技巧的软肋，在回转比赛中，他漏掉了一个旗门，受到了罚时，导致他在回转比赛中仅排在第六位，总排名跌至第四位，无缘奖牌。一年前，在米伦世锦赛上，他曾获得全能赛第三名，至今他仍是唯一一位同时获得高山滑雪和越野滑雪世锦赛奖牌的选手。吕德是当之无愧的现象级选手。一周之后，他在跳台滑雪上的表现充分证明了这一点。那场比赛共吸引了13万名观众，是1936年冬奥会观众人数最多的一场比赛。纳粹德国的元首希特勒也现场见证了他在跳台滑雪项目上的夺冠表现。身高1.65米的吕德击败

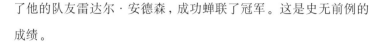

了他的队友雷达尔·安德森，成功蝉联了冠军。这是史无前例的成绩。

随后，他花了两年时间在美国推广跳台滑雪运动，在第二次世界大战爆发后，他回到了欧洲，他接下来的举动，和他在冬奥会上的表现一样，为他赢得了同胞们永恒的尊敬。在德国占领挪威期间，吕德组织了多场滑雪比赛，收入全部捐给了挪威反抗军。尽管吕德颇负盛名，但纳粹并不喜欢他，他也不服从纳粹的指令。1943年，他被关押在奥斯陆郊区的格里尼集中营，一年后才被释放。随后，他加入了反抗军，还在军队里发挥了滑雪特长。

战后，重返赛场的他再次惊艳了世界。1948年，当冬奥会再次回到圣莫里茨，比尔格·吕德的身份已是挪威队的顾问。当时天气状况十分恶劣，他在最后时刻决定代替一名毫无经验的年轻选手上场。他穿上滑雪服，准备好再现奥运的荣耀时刻。他最终获得了银牌，他的最后一跳堪称完美，甚至盖过了夺得冠军的队友彼得·胡格斯。时隔16年，吕德再次登上了冬奥会领奖台，他也是首位获得三枚奖牌的跳台滑雪选手。设想，如果1940年和1944年的冬奥会如约举行，吕德将创造多么惊人的纪录。加尔米施－帕滕基兴冬奥会上的吕德已经36岁，但他的比赛旅程一直持续至1967年。

比尔格·吕德，一位多么令人叹服的冠军。他的哥哥西格蒙德曾获得1928年冬奥会亚军以及1929年世界冠军；他的弟弟阿斯比约恩是1938年世锦赛冠军。1994年，他曾受邀在利勒哈默尔冬奥会开幕式上点燃主火炬，但由于心脏疾病未能成行。四年后，即1998年6月13日，他在家乡与世长辞，享年86岁。在康斯伯格市，伫立着一座比尔格·吕德的铜像，刻画了他穿着全套滑雪装备的形象。

比尔格·吕德正在参加跳台滑雪比赛

离完美只差一秒

挪威速滑选手伊瓦尔·巴兰格鲁德在1500米比赛中以一秒之差落败，获得1枚银牌。他最终以三金一银的成绩挥别加尔米施－帕滕基兴。

挪威速滑选手伊瓦尔·巴兰格鲁德在5000米比赛中夺冠

仅仅只差一秒，伊瓦尔·巴兰格鲁德就能在加尔米施－帕滕基兴冬奥会第三场速滑比赛，即1500米项目中夺冠。也许只是赛道上的一个浅坑或是一个滑步，造成了这一秒之差。但就是这不起眼的一秒钟，让他与"大满贯"擦肩而过，未能创造在四场比赛中连夺四枚金牌的惊人成绩。击败他的是队友查尔斯·马西埃森。但不管结果如何，他的表现已经非常出色了。

1936年2月11日，500米项目率先举行。伊瓦尔·巴兰格鲁德十分渴望通过冬奥会稳固自己20世纪30年代最佳滑冰选手的地位。1904年3月7日，他出生在距离奥斯陆约50公里的伦纳，起初他的名字叫作埃里克森。参加加尔米施－帕滕基兴冬奥会时，他已经32岁了。1928年圣莫里茨冬奥会是他参加的首届冬奥会，当年的他获得了5000米金牌和1500米铜牌，仅次于伟大的速滑选手克拉斯·图恩伯格和伯恩特·埃文森。在四年后的普莱西德湖冬奥会上，他在新增的集体出发项目中获得了金牌。他还缺少1枚10000米项目金牌，在普莱西德湖，他不敌美国选手欧文·贾菲，获得了1枚银牌。他是极少数能适应北美速滑规则的欧洲选手。从普莱西德湖回来后，他显得有些沮丧，但也确信在其他条件下，自己能够做得更好。

所以，走上加尔米施－帕滕基兴冬奥会赛场的他，怀抱着一丝复仇的愿望。自1930年以来，他一直在"Adelskalender"榜单中名列前茅，该榜单汇集了各个运动项目的最好成绩。1936年1月，在第四届冬奥会开幕之前，他在瑞士达沃斯赢得了世界速度滑冰全能锦标赛冠军（1938年他还在达沃斯再次获得此殊荣），并在挪威奥斯陆主场举办的欧锦赛中赢得了第四个欧洲冠军。当时的他，正处于事业的顶峰。

1936年冬奥会的速滑500米比赛采用了传统的一对一出发方式。在第一轮比赛中，挪威选手耶奥格·克罗格表现出了极高的水平，用时仅为43秒5。巴兰格鲁德与比利时选手夏尔·德·利涅分在一组，巴兰格鲁德必须以0.1秒超过耶奥格·克罗格，或追平

由芬兰选手图恩伯格、挪威选手埃文森（圣莫里茨冬奥会）和美国选手谢亚（普莱西德湖冬奥会）共同保持的冬奥会纪录。他的比利时对手尽管竭尽全力，也未能造成威胁，甚至还出现了摔倒失误。伊瓦尔·巴兰格鲁德最终以43秒4的成绩完成了比赛，获得了第一枚金牌。这枚金牌也证明，他的能力更加全面，不仅擅长长距离项目，在短距离项目上也兼具爆发力和冲刺速度。

次日，他在最擅长的5000米项目上再次展示了自己的能力，夺得金牌。就在刚过去的1月，他还以8分17秒2的成绩打破了该项目世界纪录。5000米比赛可谓异常紧张，开赛后，19岁的芬兰小将安特罗·奥贾拉就打破了冬奥会纪录，巴兰格鲁德被分在第7组，他的表现十分强势而稳定，逐渐拉开与对手的差距，最终以8分19秒6的成绩冲过终点线，把几分钟前创下的冬奥会纪录提高了11秒。这是他在24小时内获得的第二枚金牌。

然而第三天，他并未夺得期待中的第三枚金牌。在1500米比赛中，巴兰格鲁德在与美国选手列奥·弗赖辛格进行的一场史诗级的较量中，以2分20秒2的成绩刷新冬奥会纪录，但很快，在下一组出场的挪威选手查尔斯·马西埃森表现更佳，以2分19秒2领先一筹。巴兰格鲁德获得1枚银牌，四金梦想也随之消散。10000米项目于2月14日举行，巴兰格鲁德获得冠军，得到了该届冬奥会的第三枚金牌。他与芬兰选手比格尔·瓦瑟纽斯对阵，在后半程逐渐发力，以17分24秒3的成绩获得冠军，并将冬奥会纪录提高了4秒。瓦瑟纽斯获得银牌，因此可以说他们之间的较量与决赛无异。

凭借三金一银的收获，巴兰格鲁德成为加尔米施－帕滕基兴冬奥会上获得金牌最多的选手。在他的职业生涯中，曾七次登上冬奥会领奖台（其中四次获得金牌），他与芬兰选手克拉斯·图恩伯格，以及70年之后的斯文·克拉默一道，并列速滑项目夺牌榜首位。1969年6月1日，巴兰格鲁德在特隆赫姆去世。在他生活过的耶夫纳克城，人们在集市广场上为他立了一座铜像。

圣莫里茨 1948

第5届 V

第 5 届冬奥会
1948 年圣莫里茨

1948 年圣莫里茨冬奥会会徽

地点 圣莫里茨（瑞士）

开幕式 1948 年 1 月 30 日

闭幕式 1948 年 2 月 8 日

开幕式致辞人 恩里科·塞里奥（瑞士联邦委员会主席）

运动员宣誓代表 里卡多·比比·托里亚尼（瑞士冰球运动员）

参赛国家和地区数量 28

参赛人数 669（592 名男运动员和 77 名女运动员）

大项数量 4（冰球、雪车、滑雪、滑冰）；军事巡逻和冬季五项全能为表演项目。

分项数量 9（冰球、雪车、钢架雪车、速度滑冰、花样滑冰、高山滑雪、跳台滑雪、越野滑雪、北欧两项）

小项数量 22

1948年圣莫里茨冬奥会奖牌

摘要

圣莫里茨之所以被选为冬奥会举办城市，是因为它属于中立国家瑞士，未曾参与国际争端。

德国和日本未被邀请参加本届冬奥会。两国因战争问题而被奥林匹克运动会除名。

高山滑雪自1936年加尔米施－帕滕基兴冬奥会起被列为比赛项目，在本届冬奥会上，新增了滑降和回转两个小项。

比利时选手马克斯·乌邦获得四人雪车项目银牌，成为冬奥会历史上最年长的获奖选手。在获奖时，他已接近50岁（49岁278天）。次年，他在普莱西德湖进行训练时不幸身亡。

钢架雪车为新增比赛项目，意大利选手尼努·比比亚获得冬奥会历史上该项目的首枚金牌。

冬季五项是本届冬奥的表演项目，由五项运动组成，分别是10公里越野滑雪、射击、高山滑雪滑降、剑术和马术。

军事巡逻（包含越野滑雪和射击）于1924年被列为比赛项目，但在1928年和1936年仅作为表演项目，1948年冬奥会上，军事巡逻最后一次作为表演项目出现在比赛列表中。自1960年斯阔谷冬奥会起，冬季两项替代了之前的军事巡逻。

奖牌榜

排名	国家	金牌	银牌	铜牌	合计
1	挪威	4	3	3	10
1	瑞典	4	3	3	10
3	瑞士	3	4	3	10
4	美国	3	4	2	9
5	法国	2	1	2	5
6	加拿大	2	0	1	3
7	奥地利	1	3	4	8
8	芬兰	1	3	2	6
9	比利时	1	1	0	2
10	意大利	1	0	0	1

概况

战后复兴的朴素奥运

各国代表队在雪地上站成一排，等待即将开始的开幕式

在这届冬奥会上，人们看到了一个木盒子，非常普通，甚至可以说相当丑陋。这个木盒子显然是手工制作的，底座上还有匆忙缠绕上的红色和白色装饰。人们对此议论纷纷，甚至还招来了嘲讽和批评。这个木盒子共分三级台阶。1948年圣莫里茨冬奥会上，每个项目的前三名都要登上这个木盒子的不同台阶领奖。这就是1948年冬奥会的领奖台，它充分说明了在盛大的加尔米施－帕滕基兴冬奥会结束了12年之后，"二战"后第一届冬奥会的预算是多么捉襟见肘。

在这12年间，整个世界弥漫着硝烟，枪声四起，炸弹落下，数以百万的平民和士兵失去生命。城市、地区和国家都遭到了破坏，而体育自然不属于战后重建的优先选项，百废待兴，有成千上万比体育更重要的事。1946年9月，国际奥委会第39届会议在洛桑举行，奥委会希望在1948年重启冬奥会，并恢复每四年举办一次冬奥会的传统。此外，该届大会还确定了举办城市。两座已经举办过冬奥会的城市成为候选，圣莫里茨是1928年冬奥会的举办地，美国的普莱西德湖则是1932年冬奥会的举办地。最终圣莫里茨获选，原因在于它属于中立国瑞士，能够避免各交战国在奥运会上采取政治对抗手段。1948年冬奥会的组织工作并不烦琐，而期限却很紧张，只有18个月。

比赛设施方面不需要实施大工程。圣莫里茨奥林匹克滑冰场是露天体育场，用于举办开闭幕式、速度滑冰、花样滑冰比赛以及冰球决赛。其他项目比赛则和1928年冬奥会时一样，在苏夫雷塔和库尔姆体育馆进行。奥林匹克雪车雪橇滑道始建于19世纪，当年的英国游客在瑞士发明了雪车运动，并建设了这条赛道，1948年冬奥会前，该场地只是进行了少量现代化改造。奥林匹克滑雪场的跳台于1927年落成，是1928年冬奥会的跳台滑雪比赛场地。钢架雪车项目在天然场地克雷斯塔滑道举行，该场地的历史可以追溯到1884年，钢架雪车这项运动也是在那时候出现和兴起的。高山滑雪比赛在黑岩山周边的赛道上进行，黑岩山是阿尔卑斯山在圣莫里茨境内的一座山峰，仅需要简单施工就可以作为比赛场地。

因为是"二战"后的第一届奥运会，1948年圣莫里茨冬奥会也被称为"复兴的冬奥会"，我们也可以称之为"朴素奥运"或"回归奥林匹克源头的奥运会"。德国和日本未被邀请参加，出于"二战"原因，他们依旧被排斥于国际社会之外，但这两个国家并未长久缺席，他们均参加了1952年奥斯陆冬奥会。在新的欧洲版图上，三个波罗的海国家——爱沙尼亚、拉脱维亚和立陶宛已被苏联吞并，直到1992年才分别作为独立国家参加冬奥会。澳大利亚和卢森堡参加了1936年冬奥会，但没有派出代表团参加1948年冬奥会。未能参加1932年和1936年冬奥会的阿根廷回到了冬奥会赛场，智利、丹麦、冰岛、韩国和黎巴嫩首次派出了代表队，因而参赛国家总数并未减少，与加尔米施－帕滕基兴冬奥会一样，共有28个国家派出了代表队，总共669名运动员参加了比赛。从未参赛的苏联派出了10名观察员，目的是考察和评估苏联运动员如若参赛，可能会取得怎样的成绩。

圣莫里茨冬奥会是历史上第五届冬奥会，也是在圣莫里茨举办的第二次冬奥会，开幕式在圣莫里茨奥林匹克滑冰场进行，持续时间为一个小时。上

由于经费有限，颁奖仪式中运动员脚下的领奖台是由几个木箱组成的

午10点，圣莫里茨市乐队首先进行了短暂的表演。随后，瑞士奥组委主席马塞尔·亨宁格发表了简短讲话，强调了本届冬奥会的积极意义。最后，瑞士联邦主席恩里科·塞里奥说出了万众期待那一句话："我宣布第五届冬季奥林匹克运动会开幕。愿它能够代表全世界人民所期待的和平。"随后，场上升起了奥林匹克旗帜，奥运圣火也被点燃，冰球运动员里卡多·比比·托里亚尼代表运动员宣誓，之后，各国代表团陆续离场。

开幕式当天下午，就进行了四场冰球比赛以及两轮双人雪车比赛，其中包括美国队和瑞士队的冰球大战。诚然，比赛日程非常紧凑，但开幕式之所以如此短暂，是因为这届"复兴的冬奥会"的预算非常有限。那是1948年，世界仍沉浸在"二战"留下的伤痛中，百废待兴。人民如此，经济方面也如此。

有限的财力和人力资源使得冬奥会组织工作困难重重，由于缺乏资金以及旅行不便，观众人数较

综述

观众的亲吻是对亨利·奥雷耶精彩表现最好的赞美

少，因而比赛门票收入也很低。当时的欧洲经济毫无生气，不得不依靠马歇尔计划的援助。马歇尔计划于1947年9月签署，约定美国对受到战争破坏的西欧各国进行经济援助和协助重建。

运动员们也受到了资源匮乏带来的影响。许多来到圣莫里茨的运动员只有很少的装备甚至没有任何装备，挪威滑雪选手不得不向美国队借用滑雪板。尽管有很多人持担忧态度，但高山滑雪项目还是实现了回归，并且扩展为三个比赛小项，除了曾被列入1936年冬奥会比赛项目的全能赛外，世锦赛比赛项目滑降和回转也首次成为正式项目。

法国选手亨利·奥雷耶的表现非常出色，证明了自己"雪上杂技演员"的称号绝非浪得虚名，他最终以超过四秒的优势

格蕾琴·弗雷泽是美国冬奥历史上第一位女性冠军

夺得滑降冠军，奥地利选手弗朗茨·加布尔获得亚军，至今仍没有任何一名高山滑雪冠军能创造如此显著的差距。凭借着显著的优势，以及回转比赛中毫不逊色的表现，奥雷耶在全能赛中获得了第二枚金牌。在回转单项中，他获得了铜牌。奥雷耶共获得了三枚奖牌，其中两枚金牌，成为1948年圣莫里茨冬奥会上夺牌最多的选手。

在高山滑雪女子项目比赛中，美国选手格蕾琴·弗雷泽在抵达瑞士时还是默默无闻的新人，却在比赛中一鸣惊人，夺得回转项目冠军和全能赛银牌。许多获得高山滑雪项目金牌的选手在冬奥会之后就销声匿迹，并未继续运动生涯。比如男子回转项目及女子滑降项目冠军得主，瑞士选手埃迪·雷纳尔特和海迪·施伦内格。在黑岩山陡峭的雪道上，瑞士选手和奥地利选手分别获得了六枚高山滑雪项目的奖牌。两国都曾反对高山滑雪成为加尔米施－帕滕基兴冬奥会比赛项目，因而两国选手的首次亮相格外引人注目。

在最后的奖牌榜中，东道主瑞士共获得10枚奖牌，奖牌数与挪威、瑞典并列第一。对于一个只有450万人口的小国来说，这个成绩大大超出预期。

挪威队获得了双人雪车项目的冠军。获得亚军的弗里茨·费耶拉本德是冠军队选手菲利克斯·恩德里希的教练，让人不禁感叹"青出于蓝而胜于蓝"。然而随后却发生了一件令比赛蒙羞的事件，美国选手声称他们的装备遭到了破坏，滑刃部分出现了问题，并且他们确认是人为因素造成的。

美国队提起了严正控诉，尔后虽然有一名卡车司机招供，但他的说辞并不能解释所有疑惑。该男子承认，他不小心将卡车倒进了存放设备的棚子里，造成了设备损坏。在事件发生之前，美国队在二人雪车项目上仅获得铜牌，令他们颇感沮丧。在四人雪车中，美国的两支队伍分别获得金牌和铜牌，以体育

综述

综
述

加拿大选手芭芭拉·安·斯科特
获得女子花样滑冰冠军（上图），
赛后媒体和观众全部聚焦在她身
上（右页）

的方式完成了复仇。比利时队获得银牌，其中一名队员马克斯·乌邦是冬奥会史上最年长的奖牌获得者，他登上领奖台的那天已年近半百——49岁278天。

和1928年一样，在比赛期间，焚风（瑞士等地春秋季刮的一种干热风）吹拂着整个圣莫里茨，也为花样滑冰赛场带来了阵阵青春之风。在女子项目中，年近20岁（19岁272天）的加拿大选手芭芭拉·安·斯科特夺得冠军，但人们依旧没有忘记"冰上女皇"，1928年、1932年和1936年冬奥会的女子花滑冠军索尼娅·海妮。索尼娅·海妮是1928年圣莫里茨冬奥会最年轻的女子冠军。20年后，斯科特在同一地点也成为当届冬奥会最年轻的女子冠军。斯科特在自由滑比赛过程中受到了一架低空飞行的飞机的干扰，而且前一天在同一场地上进行了两场冰球比赛，导致冰面磨损严重，因而花滑比赛时，所有选手都面临着糟糕的场地条件。在磨冰机尚未出现的时代，这种不幸的情况时常出现。

1948年冬奥会年纪最小的男子冠军比芭芭拉·安·斯科特还要年轻。卫冕世界冠军、瑞士选手汉斯·格瑞斯维勒在男子花滑比赛中摔倒（但他依旧获得了银牌），让美国选手迪克·巴顿登上了最高领奖台。在夺冠当晚，巴顿还不到19岁（18岁202天），还处于职业生涯的起步阶段。四年之后，他再次获得冬奥会金牌，也证明自己的成功并非只源于幸运。

这对"金童玉女"分别获得花滑男子和女子项目冠军，在当时引起了轰动。在北欧两项中，挪威选手的败北翻开了该项目的新篇章。自1924年以来，挪威选手在前四届冬奥会中均包揽了北欧两项的前三名，正因如此，他们在圣莫里茨的没落才更显失意。芬兰选手海基·哈苏和马尔蒂·胡赫塔拉分获冠亚

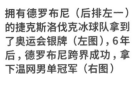

拥有德罗布尼（后排左一）的捷克斯洛伐克冰球队拿到了奥运会银牌（左图），6年后，德罗布尼跨界成功，拿下温网男单冠军（右图）

军，瑞典选手斯文·伊斯拉埃尔松获得铜牌。成绩最好的挪威选手仅位列第六。四年后，冬奥会即将在他们的首都奥斯陆举行，但他们却目睹自己失去了在传统强项的主导地位。这对他们而言无疑是一种隐忧，但对整个冰雪运动来说却令人欣慰——任何人都可能在任何项目上获胜。

瑞典选手在越野滑雪比赛中占据主导地位，获得了全部九枚奖牌中的六枚。瑞典队原计划争取七枚奖牌，但在接力赛中，一个国家只能派出一支参赛队伍。他们包揽了18公里比赛的前三名，马丁·伦德斯特伦、尼尔斯·厄斯滕松和贡纳尔·埃里克松分获金银铜牌；在50公里比赛中，尼尔斯·卡尔松和哈拉尔德·埃里克松分别获得金牌和银牌；在4×10公里接力赛中，瑞典队获得冠军，其中马丁·伦德斯特伦是1948年圣莫里茨冬奥会仅有的两位双料冠军之一（另一位是法国选手亨利·奥雷耶）。

在越野滑雪比赛中，传统强国挪威队仅收获一枚铜牌，却在跳台滑雪项目上包揽了前三名，获得了些许安慰。彼得·胡格斯特德战胜了传奇选手比尔格·吕德，获得冠军。吕德曾是1932年和1936年冬奥会冠军，已经阔别赛场多年，期间还作为英勇的战士保家卫国。这一次，他原本是以教练身份参加冬奥会。索雷夫·谢尔德鲁普获得跳台滑雪铜牌。

除比尔格·吕德之外，这届冬奥会上还迎来了两位久违的老将。美国选手约翰·希顿获得了钢架雪车银牌。钢架雪车于1928年首次成为冬奥会比赛项目，希顿获得首金，当时他才19岁。在这20年间，钢架雪车没有再成为冬奥会的比赛项目。钢架雪车最早出现于19世纪末，也称卧式雪橇、俯式冰橇。在本届冬奥会中，尼努·比比亚获得该项目冠军，为意大利实现了冬奥会金牌零的突破。比比亚对著名的克雷斯塔滑道了如指掌，他多年来一直生活在圣莫里茨。

冰球运动员比比·托里亚尼的经历与约翰·希顿相似，他随瑞士队获得了铜牌，20年前，也是在圣莫里茨，托里亚尼获得了同样项目的铜牌。1948年冬奥会冰球比赛的过程可谓荒唐离奇，以至于影响到冰球是否能继续成为冬奥会比赛项目。最终，加拿大队获得冠军，捍卫了在该项目上的霸主地位。捷克斯洛伐克队获得银牌，其队员亚罗斯拉夫·德罗布尼之后专注于网球运动，并于1954年获得四大满贯之一的温布尔登网球大赛冠军。

在滑雪场失意的挪威人，终于在冰面上找到了感觉。他们在速滑项目中占据主导，获得了全部13枚奖牌中的6枚。芬恩·赫尔格森获得500米冠军，斯韦勒·法斯塔德获得1500米冠军，雷达尔·利亚克勒夫获得5000米冠军。但本届冬奥会的主题并不在于胜负之争，而在于因"二战"停办12年之后，冬奥会在战火中幸存下来。尽管冰球赛场争议不断，尽管焚风不时地扰乱比赛，尽管酒店接待能力不足，尽管观众人数不多，尽管设施相当老旧，但圣莫里茨冬奥会的氛围仍是欢乐的，对于"二战"后的首届冬奥会，这才是最重要的。

荒诞的冰球之争

1948年的冬奥冰球赛场上，美国共派出了两支队伍，赛场一度陷入混乱。鹬蚌相争，得利渔翁便是加拿大队。

从20世纪30年代开始，美国两个冰球联合会之间就展开了争夺战。"二战"之后，双方的争夺更加激烈。一边是得到美国奥委会及其主席（也是国际奥委会第一副主席）艾弗里·布伦戴奇认可的美国业余体育联盟（AAU），布伦戴奇在任何与业余相关的事务上，态度都非常坚决，他一生都在与职业主义进行艰难斗争。而另一边，则是前一年刚成立的业余曲棍球协会（AHA），因隶属于国际曲棍球联合会，因而也具备了合法地位。

布伦戴奇非常痛恨该协会，指责其通过商业赞助获利，违反了附着于奥林匹克精神之上的业余主义思想。而对于圣莫里茨奥运会的组织者来说，问题在于双方都认为自己是美国冰球的代表，并派出了球队参加比赛。距离比赛开始只剩几天，两支美国队均已抵达赛场。

组委会该如何选择？艾弗里·布伦戴奇竭尽全力，希望其带领的美国业余体育联盟可以获得参赛资格，他表示："业余曲棍球协会只能代表麦迪逊广场花园（协会所在地），不能代表美国！"他甚至高声说道："如果他们的选手是业余选手，那我就是发现新大陆的克里斯托弗·哥伦布。"而国际曲棍球联合会则支持业余曲棍球协会。在开赛前两天，组委会甚至考虑以取消比赛的粗暴方式解决问题。在宣布这个决定之前，甚至还存在过一个更为荒诞的方案：由艾弗里·布伦戴奇支持的业余体育联盟选手代表出席开幕式，而由业余曲棍球协会的选手参与比赛。

更为荒唐的是，在开幕式上，代表运动员发言的是1928年冬奥会冰球季军、瑞士选手里卡多·比比·托里亚尼，这也是冬奥会历史上首次邀请冰球运动员作为代表发言。而国际奥委会却在开幕式之前宣布取消了冰球比赛。然而根据规则，瑞士奥组委拥有全部组织权，即便之后国际奥委会对其决定提出反对。

终于，比赛照常启动。起初，国际奥委会并未批准冰球比赛启动，但后来又推翻了决定，最终表示在满足条件的情况下，可以批准进行比赛，而条件则是美国队不能出现在参赛名单中。在冬奥会结束前两天，奥组委将美国冰球队移出了参赛名单。然而，由于本届冬奥会冰球比赛同时也是世界冰球锦标赛，因此国际曲棍球联合会将美国队排在了世界第四的位置。

而当名次最终确认后，最荒诞的事情才刚刚开始。诚然，美国不参与排名，但他们的比赛结果是有目共睹的。兹事体大，将关乎最终的金牌归属。渥太华的加拿大皇家空军业余队代表加拿大出战，除了在与捷克斯洛伐克的比赛中战平外，他们赢得了其他所有比赛的胜利。捷克斯洛伐克队也是如此，除一场战平外，并无败绩。捷克斯洛伐克队的弗拉基米尔·扎布罗茨基与加拿大选手沃利·哈尔德均完成了21个进球，共同被评为最佳射手。

两队在总积分榜上平分秋色，但由于加拿大队曾以12－3的大比分战胜了一团混乱的美国队，净胜球数比捷克斯洛伐克队多两球。而捷克斯洛伐克队在对阵美国队时，仅以4－3领先。就这样，加拿大队凭借净胜球优势获得冠军，荒谬的是，起决定作用的净胜球来自被取消参赛资格的美国队。

加拿大冰球队以不败战绩获得冠军

故
事

敢为天下先的迪克·巴顿

美国选手迪克·巴顿完成了前所未有的高难度动作，开创了花样滑冰的新局面。在1948年完成阿克塞尔两周跳后，他又在1952年完成了阿克塞尔三周跳。

美国选手迪克·巴顿在进行赛前训练

一位杰出的冠军，是现代滑冰之父，在花滑每个小项中都取得了了不起的突破，把自己从事的花滑运动引领至新的维度。

迪克·巴顿在美国东部新泽西州的恩格尔伍德出生，也在那里长大。他在很小的时候就接触了滑冰，但直到12岁那年，父亲对他说："你永远不会成为一名优秀的滑冰运动员。"出于叛逆，小巴顿从那时起开始接受系统训练，他让父亲送他去纽约，向著名的冰舞教练乔·卡罗尔学习。夏天，在卡罗尔的建议下，他来到普莱西德湖跟随教练古斯塔夫·卢西学习。在他

1929年7月18日，理查德·迪克·巴顿出生于恩格尔伍德（新泽西州）。在21世纪初，他的知名度主要来自他在1960—1990年，为美国广播公司进行花样滑冰的解说和分析。他知识渊博、表达贴切，为人坦率而诚实，也因此在1981年获得了电视界的最高荣誉"艾美奖"。巴顿非常友善，也不乏幽默感，2006年都灵冬奥会时，他再次出现在电视屏幕上，为观众进行解说。当时他已经77岁了。但在花样滑冰界，人们还记得这位迪克·巴顿，他是

之后的职业生涯中，卢西始终担任他的教练。随后，他意识到自己具有不俗的天赋，进步飞速，开始参加该项目青年组和成人组比赛。1945年，即他参加集训的第三年，他获得了东部赛区成人组冠军以及全国比赛青少组冠军。1946年，他获得成年组全国冠军，所有裁判都为他打出了最高分。他也获得了次年的世锦赛参赛资格。那一年他只有16岁。

在1947年的世锦赛上，他未能击败瑞士选手汉斯·格瑞斯维

勒，但他们的差距非常小，五名评委中有三名更青睐格瑞斯的表现，巴顿仅获得两名评委的最高分。但那是他最后一次在重大赛事中品尝失败的滋味。1948年初，他在欧洲锦标赛上击败了卫冕世界冠军格瑞斯。随后在圣莫里茨冬奥会赛场，巴顿率先获得规定动作的第一名，之后又获得了自由滑的第一名。1948年2月6日也因此成为一个具有重要意义的日子，不到19岁（18岁202天）的巴顿不仅成为最年轻的冬奥会花滑冠军，也是首位完成阿克塞尔两周跳的选手。这个动作由挪威选手阿克塞尔·保尔森在1882年首次完成，因而得名。阿克塞尔跳是唯一向前起跳的花样滑冰跳跃动作，由于起跳与落冰方向不同，阿克塞尔跳的空中转体比其他种类的跳跃多出半周。

几周后，巴顿在世锦赛上再次证实了自己的领先实力，并在1949年、1950年、1951年、1952年连续五次获得世锦赛冠军，此外他还三次获得北美冠军，七次获得美国冠军。每一年，他都对

自己发起挑战，不断在比赛中增加高难度的动作。1949年，他完成了后外结环两周跳；次年完成了后外结环三周跳。1951年，他呈现了精彩的阿克塞尔两周跳接后外结环双周跳，以及两个阿克塞尔两周跳，这在当时几乎是不可能完成的动作。他还独创了一种加长的跳接回旋动作，也就是之后著名的"跳接燕式"。

终于，时间来到了1952年奥斯陆冬奥会。这一年也是巴顿作为业余选手的最后一个赛季。除了花滑选手外，迪克·巴顿还是个出色的学生。几年中，他一直在哈佛大学进行全日制学习。学期中他在波士顿滑冰俱乐部训练，度假时则前往普莱西德湖。1952年，毕业之后的巴顿选择进入哈佛大学法学院深造。但此时，他的学业和职业生涯已无法并行。当他踏上奥斯陆冬奥会的赛场时，他知道，他要在此向自己的第一个人生篇章以及粉丝们告别。幸运的是，他成功蝉联了冠军，并成为首位完成后外结环三周跳的选手。这个完美的三周跳，让他的名字永久镌刻于花滑历史之中。

速度与激情

冬奥会高山滑雪滑降首金的得主是法国选手亨利·奥雷耶，他毕生都在追求速度，并为此付出了37岁的年轻生命。

1962年10月7日，第18届沙龙杯GT组比赛在巴黎附近的利纳·蒙特赫里赛车道举行。在比赛还剩下最后10圈时，一辆法拉利250GT后轮突然发生爆胎，这类事故在比赛中极为罕见，因为在发车之前，机械师一般都会安装新的轮胎。爆胎后的车子急速掉头，冲出了护栏，撞上了右侧停放应急设备的建筑。救援人员将车手从汽车残骸中救出，立即送往巴黎科钦医院。但当晚，车手就因伤势过重而离开人世。他的名字叫亨利·奥雷耶。

在过去十年中，亨利·奥雷耶一直在从事赛车运动。起初是出于兴趣，奥雷耶会在闲暇时间里从赛车中找寻激情。在1949年

到1956年间，他曾以领航员或业余车手的身份参加中等规模的比赛。从1957年开始，他专注于赛车运动，两度成为法国拉力赛GT组冠军。亨利·奥雷耶不仅参加拉力赛（勃朗峰拉力赛、环法赛、科西嘉环岛赛等），也参加爬坡赛，他曾多次参加在他所生活的阿尔卑斯山脉或职业赛道上举行的比赛，获得过年度最佳山地车手称号，山地赛也是他所擅长的。但对他来说，比赛类型或驾驶风格并不重要，他更享受那种由冒险带来的速度和肾上腺素激增的感觉。也正是这种骨子里对刺激冒险的喜爱，促使他从小就开始学习滑雪。

在滑雪场上追求极限速度的亨利·奥雷耶获得了成功，但一次赛车的意外，让他付出了生命的代价

故事

1925年12月5日，亨利·奥雷耶出生于巴黎，远离父母生活过的故乡山区。每逢节假日，他们都会去阿尔卑斯山附近与亲朋团聚，并前往法国滑雪胜地之一的瓦勒迪泽尔。小奥雷耶非常喜欢那里，6岁时，他前去和姑姑一起生活。1940年战争爆发后，他的父母才搬了回去。他们先后经营了一家咖啡馆、一家体育用品商店以及一家面包店。

从孩童时期到青少年时期，奥雷耶总是独自在滑雪场上训练。即便如此，他依然在当地所有比赛中获得了每个年龄段的冠军。之后，他开始参加国家级比赛，并进入法国国家队。但他对童年的小村庄保持着很深的感情，每次比赛时都会给镇长弗雷德里克·佩特里医生寄去明信片。佩特里医生还兼任当地的牧师和体育俱乐部主席。1956年，奥雷耶在瓦勒迪泽尔完婚。

那时的奥雷耶是一个无所畏惧的滑雪者，为寻找最短路线，不惜疯狂冒险。他共有三个绰号，因为出生地的缘故，他被称为"来自瓦勒迪泽尔的巴黎人"；因为他的勇气以及对速度的渴望，人们称其为"滑降狂魔"，这个称号也暗示了他对速度的过度渴望和他的鲁莽；而他在比赛中具备超强的平衡力，因此又被称为"雪

上杂技演员"。

在圣莫里茨冬奥会上，法国队的夺冠热门并不是奥雷耶，而是詹姆斯·库特，1938年3月，年仅16岁半的库特获得了世锦赛滑降项目冠军，在"二战"后陆续恢复的国际比赛中占据主导位置。但是，刚刚从腿伤中恢复的亨利·奥雷耶比以往任何时候都更加坚定了获得胜利的决心，从黑岩山滑雪道出发，他沿着山坡冲刺，寻找最疯狂的路径，单用左面的滑雪板就越过了赛道上最危险的"女巫之墙"。他犹如"杂技演员"奇迹般地维持了身体平衡，奔向终点。最终，他以明显优势获胜，比获得第二名的奥地利选手弗朗茨·加布尔快了4秒，确切地说是4秒1。这是冬奥会历史上滑降项目中最大的冠亚军差距。

三天后，奥雷耶在回转比赛中获得铜牌，凭借两次出色发挥，他又夺得了全能赛的金牌。他以两金一铜的成绩结束了圣莫里茨冬奥之旅，并成为当年夺牌最多的选手。他的收获让他感受到了梦想成真的幸福，而突然间，滑雪对他的吸引力迅速降低……四年中，每当夜幕降临，他弹着吉他或手风琴，与几个好友畅聊各种赛车。"速度狂魔"已经将对速度的追求转移到了其他地方。

1952 奥斯陆

第6届
VI

第6届冬奥会
1952年奥斯陆

1952年奥斯陆冬奥会会徽

概
况

地点 奥斯陆（挪威）

开幕式 1952年2月15日（2月14日开赛）

闭幕式 1952年2月25日

开幕式致辞人 朗希尔德公主（挪威公主）

运动员宣誓代表 托尔比约恩·法尔钦格（挪威跳台滑雪运动员）

奥运圣火点火人 埃吉尔·南森（挪威人权维护者）

参赛国家和地区数量 30

参赛人数 694（585名男运动员和109名女运动员）

大项数量 4（雪车、冰球、滑冰、滑雪）；班迪球为新增表演项目。

分项数量 8（雪车、冰球、花样滑冰、速度滑冰、高山滑雪、越野滑雪、北欧两
项、跳台滑雪）

小项数量 22

1952年奥斯陆冬奥会奖牌

摘要

冬奥会开幕前两天，奥运火炬完成了火种采集，并举行首次火炬传递仪式。94名滑雪运动员接力传递225公里后，将火炬带到毕斯雷特体育场，此时最后一名火炬手 —— 难民与人权维护者埃吉尔·南森点燃了冬奥会圣火。

因挪威国王哈康七世已前往伦敦参加英国国王乔治六世的葬礼，挪威国王的孙女朗希尔德公主代替他出席了2月15日举行的冬奥会开幕式。奥斯陆冬奥会也由此成为第一届由女性宣布开幕的冬奥会。

之前因为发动第二次世界大战而遭到禁赛的日本和德国重回奥运赛场。由于民主德国拒绝联合参赛，因此德国代表团仅包括联邦德国的运动员。

为接待新闻媒体和各代表团，奥斯陆冬奥会专门新建了一座酒店，此外还有三处供运动员和教练员入住的宿舍。这是历史上第一座现代化奥运村。

奥斯陆冬奥会会徽由居纳尔·菲吕霍尔门设计，整体为简洁的圆形，内嵌奥运村新建酒店的剪影，下衬浅蓝背景底色。奥运五环浮于上层，圆环外缘是奥运会的英文名称。

奖牌榜

排名	国家	金牌	银牌	铜牌	合计
1	挪威	7	3	6	16
2	美国	4	6	1	11
3	芬兰	3	4	2	9
4	德国	3	2	2	7
5	奥地利	2	4	2	8
6	加拿大	1	0	1	2
6	意大利	1	0	1	2
8	英国	1	0	0	1
9	荷兰	0	3	0	3
10	瑞典	0	0	4	4

概况

让世界惊叹的东道主

综
述

1952年奥斯陆冬奥会上，
埃吉尔·南森点燃了主火炬

1952年，冬奥火炬首次开始接力传递，火种取自挪威本国特莱马克县的莫尔盖达尔村。莫尔盖达尔被公认为现代滑雪运动的发源地，现代滑雪运动先驱桑德雷·诺尔海姆于1825年在此出生。虽然村子里只有两三百个居民，但却在全世界享有盛名。2月13日，冬奥圣火在诺尔海姆出生和居住过的一座木屋的壁炉中点燃。此后1960年斯阔谷冬奥会和1994年利勒哈默尔冬奥会的圣火火种都是在这里采集的。

火炬由94名运动员通过滑雪接力的方式传递，经过2天225公里的手手相传，于2月15日抵达举办开幕式的毕斯雷特体育场。最后一位火炬手接过奥运火炬，将其带到楼梯前，然后脱下滑雪板，爬上火炬塔，随后点燃了圣火盆。同样创造历史的是，主火炬手并不是运动员，而是一位体育界之外的知名人士——埃吉尔·南森，著名探险家弗里乔夫·南森的孙子。他因在援助难民和维护人权方面的贡献而在挪威广受赞誉。

开幕式不乏其他创新之处。它是在一座田径运动场中举行的，每年这里还会举办多场大型赛事，诞生出不少中距离赛跑世界纪录。这是首次在一个国家的首都举办冬季奥运会。另一个不同之处在于，本届冬奥会主办地位于海边，相同的情形后来只出现在1972年的日本札幌、2010年的加拿大温哥华和2014年的俄罗斯索契。最后非常重要的一点是，奥斯陆冬奥会首次由女性宣布开幕。1952年2月6日，即冬奥会开始前八天，英国国王乔治六世去世，挪威国王哈康七世前往温莎（英国）参加葬礼。哈康七世的孙女朗希尔德公主被指定为国王的替代者，在开幕式上发表致辞并宣布冬奥会开幕。实际上，在开幕前一天，高山滑雪和雪车项目已经率先开赛了。组委会还分别在距奥斯陆较远的努勒峰和弗隆纳塞特伦为上述两个项目的参赛选手举办了一场比较低调的开幕式。这些没能见证主会场开幕式的选手们对主办国的细微关怀给予了高度评价。

东道主希望利用这届冬奥会传达两个信息。一个信息是向体育界证明：挪威虽然历经多时才同意举办冬奥会，但它却是名副其实的冬季运动故乡与摇篮。在项目设置上，挪威原本想向北欧传统的运动项目倾斜，如：越野滑雪、跳台滑雪、北欧两项、速度滑冰等，但后来维持了高山滑雪（源自阿尔卑斯山周边国家）的18枚奖牌数量，并且让新增的高山滑雪大回转取代了前两届的全能项目，高山滑雪的比赛场次明显增加了。因此，冬奥会项目的设置尊重和照顾到了全世界所有选手与观众，参赛人数也创下新纪录，门票销售量高达541407张。收支的平衡保障了本届冬奥会的盈利，大部分盈余被捐赠给奥斯陆市和挪威奥林匹克委员会。

另一个信息则与体育无关，在第二次世界大战爆发时，挪威声称自己是中立国，但和许多国家一样，它也是德国侵略的受害者。自1940年4月9日入侵开始，第三帝国对挪威的占领一直持续到1945年5月8日，即纳粹政权投降之日。在此期间，这个人口300万的国家长期被30万德意志国防军占领，他们散布恐怖并利用被占领国资源为本国谋取利益。除军民伤亡外，最北部的芬马克郡几乎被完全摧毁，许多城镇也因轰炸和报复行动而遭到严重破坏。从德军占领到解放七年后，挪威打算向全世界证明：历史的这一页已经翻过，国家已经重现辉煌。到1946年，挪威工业生产和国民生产总值相较1938年有较大幅度提高，三年后，国家遗产（16％被毁）就已恢复到战前水平。

当时，挪威的反德情绪依然高涨。举例来说，作为挪威最优秀的速滑选手之一，芬恩·霍特因在战争期间与纳粹合作而被挪威队拒之门外。四年后，这一"惩罚"被取消，霍特参加了科尔蒂纳丹佩佐冬奥会500米项目的角逐。1950年国际奥委会承认联邦德国奥委会合法席位，允许联邦德国参加下一届在奥斯陆举办的冬奥会！于是，这种反德情绪再次引发诸多争论。由于民主德国拒绝派运动员加入德国联队，开幕式代表团入场时只有53名联邦德国运动员步入了毕斯雷特体育场。但后来在1956年、1960年和1964年冬奥会上，民主德国还是派运动员加入了德国联队。此外还有13名日本运动员，他们的国家被

综
述

12岁的法国男孩阿兰·古莱迪在男子花滑项目中取得第七名。在随后两届冬奥会上他都获得第四名，在1960年世锦赛获得冠军

解除禁赛后，也重新加入了奥运大家庭。

热情包容的挪威人不仅专注于展示他们强健的体魄，同时也希望证明自身不俗的实力。他们在传奇的霍尔门科伦滑雪跳台展示了这一点。自1892年以来，这里曾举办过多场精彩的跳台滑雪比赛。两位挪威选手阿恩芬恩·贝格曼和托尔比约恩·法尔钦格凭借68米的最好成绩，领先瑞典选手卡尔·霍尔姆斯特罗姆，并列冠军。11.5万名观众在现场观赛，他们见证了本国的四名选手跻身于前六名，传奇在继续：自1924年以来，每届冬奥会的跳台滑雪金牌都是由挪威选手包揽。依旧是在同一座跳台上，北欧两项第一次先以跳台滑雪开赛（此前的顺序是相反的），第一天跳台滑雪落后的分数，转换成越野滑雪出发时延迟的秒数，这样裁判和观众再也不需要通过计算分数决定名次，在终点线根据冲刺顺序就可以知道名次归属了。在第二日越野滑雪比赛之后，发挥格外出色的挪威选手赢得了一金一铜两枚奖牌：只有芬兰选手海基·哈苏（第2名）从西蒙·斯拉特维克（第1名）和斯韦勒·斯特纳森（第3名）之间杀出重围，斯特纳森四年后在科尔蒂纳丹佩佐冬奥会上问鼎冠军。北欧两项前四名中有三位挪威选手。

在最后举行的越野滑雪比赛中，挪威队的表现就不那么抢眼了，最终芬兰选手以压倒性的优势赢得了大部分比赛。芬兰运动员赢得了10枚奖牌中的8枚：在第一次列入正式比赛项目的女子10公里越野

滑雪赛中，莉迪娅·怀德曼、米乐亚·希达梅斯和希丽·兰塔宁包揽了金银铜牌；在男子50公里的比赛中，韦科·哈库利宁和埃罗·科莱赫迈宁分获冠亚军；当然，他们还在4×10公里接力赛中赢得了胜利。即便只能略分一杯羹，挪威人也已经很满足了：哈尔盖·布伦获得了50公里的铜牌、接力赛的银牌和18公里的金牌。

奥特玛·施耐德在高山滑雪比赛中冲刺

　　选手们在毕斯雷特体育场的速滑赛道上竞相追逐，速滑赛道在原先的田径跑道上浇水结冰而成，来自挪威的一名卡车司机横扫了几乎所有项目的金牌。虽然美国选手肯·亨利和唐·麦克德莫特在500米比赛中包揽了冠亚军，但挪威人亚尔马·安德森在1500米、5000米和10000米比赛中以前所未有的压倒性优势连续夺冠，点燃了观众们的热情。安德森在5000米比赛中领先11秒，在10000米比赛中领先25秒！荷兰选手维姆·范德沃特在1500米比赛中获得亚军，他的同胞凯斯·布鲁克曼在5000米和10000米比赛中落后于安德森同样摘得银牌，他们为荷兰在速度滑冰项目上取得了奖牌的突破，是速滑世界"橙色旋风"的源头。然而，速滑场上的另一个问题引发了人们的担忧，当时许多滑冰运动员因服用苯丙胺而病倒。这也首次证明在冬季运动中同样存在使用高危兴奋剂的情况。无论如何，挪威将12枚奖牌中的6枚收入囊中，其中包括由极具爆发力和耐力的亚尔马·安德森赢得的3枚金牌。挪威在冬奥会上的成绩进一步提升。

　　东道主国家最后获得的几枚奖牌来自一个完全出乎意料的项目，因为挪威一直对高山滑雪进入奥运项目持保留态度。在率先进行的大回转比赛中，斯坦因·埃里克森战胜两位奥地利选手克里斯蒂安·普拉夫达和托尼·施皮斯夺冠。几天后，他又在回转比赛中摘银（领先于他的同胞古托姆·贝耶），奥地利选手奥特玛·施耐德获得金牌。意大利选手泽诺·科洛在滑降项目中打破了挪威与奥地利之争，一举超过两名奥地利选手夺得金牌。在女子比赛中，美国选手安德里亚·米德–劳伦斯包揽了回转和大回转两枚金牌，奥地利选手楚德·约胡姆–贝瑟尔获得滑降冠军。凭借着高山滑雪赛场出人意料的3枚奖牌，挪威在本届冬奥会上共获得16枚奖牌（7金3银6铜），在奖牌榜上遥遥领先于美国（11枚）和芬兰（9枚）。对于挪威这样一个小国而言，这是多么出色的表现啊！

综
述

加拿大与美国打成3-3，
这场冰球比赛被诟病为
"默契球"

实际上，另外一些项目也不是挪威的传统优势项目。重回奥运大家庭的德国赢得了2枚雪车项目金牌，这也是德国首次在雪车项目上实现奖牌突破。至于传统强队的表现，在为冬奥会而新建的Jordal Amfi体育场内举行的冰球比赛中，加拿大队再次夺冠。自1920年以来，加拿大队几乎包揽了该项目所有的奥运金牌，唯独除了1936年冬奥会。此次代表加拿大出征的是埃德蒙顿水星队（Edmonton Mercurys），是由"水星"汽车经销商赞助的一支业余队伍，因此加拿大队起初并不被人看好。比赛中，加拿大队因与美国队三比三"神奇"战平而遭到指责，美加两队通过默契的配合牺牲了捷克斯洛伐克队利益，分别获得小组第一和第二携手出线，两支出线队被指责存在着某种"串通"行为。另外，北美球队激进甚至粗暴的打法也受到诟病。虽然身体冲撞阻截是允许使用的，但欧洲球队并没有完全采用。当时人们还没有意识到，本届冬奥会标志着加拿大冰球霸主地位的落幕。四年后，苏联队首次在冬奥会上亮相，其快如闪电的打法将在未来几年内大行其道。

花样滑冰亦是如此，人们在毕斯雷特体育场的速滑赛道内建造了一处露天冰场。迪克·巴顿就是在这里为实现卫冕而表演了创新的动作。在圣莫里茨，他是首位完成阿克塞尔两周跳（旋转两周半）的运动员。此后，他不断提升个人技术实力。在奥斯陆，他以花滑历史上第一个三周跳为自己的职业生涯画上了句号：整体的出色发挥以及一个后外结环三周跳帮助他成功卫冕。评委打分首次由电脑记录，这样一来便可以快速了解选手的排名情况，而此前这一程序十分复杂，有时候需要花上几十分钟。另外，电脑还可以统计每位评委对选手比赛中各技术环节打出的分数。在奥斯陆冬奥会之前几年，的确出现过评委互相串通和暗箱操作最终影响比赛结果的现象。1949—1952年，国际滑冰联盟撤销了五名企图谋求私利或出于个人好恶而操纵比赛成绩的裁判员。在奥斯陆，英国女选手吉纳特·阿尔特韦格战胜美国女选手田莉·奥尔布赖特，毫无争议地赢得了金牌，后来她又在1956年科尔蒂纳丹佩佐冬奥会站上了领奖台，而法国女选手雅克利娜·迪比耶夫几天后在巴黎加冕了世界冠军。双人赛也没有任何悬念，德国伉俪里亚和保罗·法尔克战胜了两对姐弟组合，即美国选手卡罗尔和彼得·肯尼迪，以及匈牙利选手玛丽安娜和拉斯洛·纳吉。

除了奖牌获得者，奥斯陆还对每个项目的前六名进行奖励，他们每人都获得了克努特·于兰设计的奥运证书。居中的是彩色奥运五环，上面写着"De VI Olympiske Vinterleker—Oslo 1952"（1952年第六届奥斯陆冬季奥运会）字样。证书上方印着奥运纪念章背面的图案，奥运格言出现在雪花棱柱之间；下方是奥运会会徽的浮雕。全部273份证书均由国际奥委会主席和组委会主席签字。此外，组织者还向运动员、教练员和官员发放了约700张类似于奥运证书的纪念证书。自始至终，奥斯陆都希望将细微的关怀传递给每位奥运参与者。

英国花样滑冰选手吉纳特·阿尔特韦格获得冠军后在记者镜头前"摆拍"

民族英雄亚尔马·安德森

这位挪威速滑选手获得了1500米、5000米和10000米三枚金牌，是奥斯陆冬奥会的最大赢家。

10000米的速滑比赛中，挪威选手亚尔马·安德森正在过弯道

1948年，亚尔马·安德森的首次冬奥之旅以失败告终，甚至可以说是一次惨败。他曾参加过国内预选赛，获得了男子速滑1500米的冠军，但奇怪的是，他在圣莫里茨冬奥会上却没有参加这个距离的小项，而是参加10000米比赛。他甚至没能完赛，冰面质量实在太差，以至于他不仅摔了一跤，还弄坏了一只冰鞋的刀刃。他最终痛苦地选择退赛，这种情况在速滑比赛中十分罕见。

他最后一次参加冬奥会是在1956年的科尔蒂纳丹佩佐，成绩只比圣莫里茨冬奥会上略好一些，他在5000米比赛中仅获得第11名，在他最擅长的10000米比赛中名列第六。当时，出生于1923年3月12日的他即将迎来33岁的生日，他宣布退役的消息并没有令人们感到惊讶。

随着岁月流逝，他的优势也在渐渐消失。他与青梅竹马的妻子格尔德，以及三个孩子扬-埃里克、埃利和贡-海迪，移居滕斯贝格市的塞弗林-克亚斯维。他的孙子弗雷德里克·范德霍斯特后来参加了2010年温哥华冬奥会（第29届）的1500米项目。三年后，亚尔马·安德森于2013年3月27日去世，享年90岁，走完了他平静的一生，或者说几乎平静的一生。

为什么说"几乎"呢？因为在圣莫里茨和科尔蒂纳丹佩佐两届冬奥会之间，亚尔马·安德森似乎已经被人们视为超级民族英雄。1948年圣莫里茨的惨败激发了他的斗志，他用了整整一个赛季的时间调整失落情绪。在这期间，他成为第一个在10000米比赛中突破17分大关的运动员（16分57秒4，1949年2月6日在达沃斯），无可争议地赢得了世界最佳滑冰运动员的美誉。从1950年到1952年，他在连续三个赛季中实现了三次特殊的三连胜：三次获得挪威冠军；三次荣获欧洲全能冠军（速度滑冰欧锦赛与世锦赛的等级十分接近）；三次蝉联世界冠军。在滑冰历史上，只有其他四位滑冰运动员蝉联过三次全能世界冠军：在他之前的是他的同胞奥斯卡·马蒂森（1912—1914年）；在他之后的是荷兰选手阿德·申克（1970—1972年）、美国选手埃里克·海登（1977—

1979年）和另一位荷兰选手斯文·克拉默（2007—2009年）。他们都是速滑运动的传奇人物。

在这三年里，亚尔马·安德森还打破了三项世界纪录，他将10000米的纪录提升到了一个不可思议的高度（16分32秒6，1952年2月10日在哈马尔创造），并打破5000米纪录（8分7秒3，1951年1月13日在特隆赫姆创造）。当冬奥会在奥斯陆开幕时，挪威人民都期待着他的表现，而这个喜欢制造"帽子戏法"的男人在冰场上没有令大家失望。速滑比赛在毕斯雷特体育场的赛道上进行，这个著名的场地每年都会举办田径运动会，许多中长距离跑的世界纪录先后诞生于此。哈马尔冰场被用作训练场地，后来1994年利勒哈默尔冬奥会速度滑冰比赛被安排在这里。

这场冬奥大戏的看台座无虚席。而当美国选手肯·亨利和唐·麦克德莫特在500米比赛中包揽金银牌时，观众们脸上流露出一丝纠结。亚尔马·安德森凭借自己的实力，一人独揽速度滑冰其他三个距离项目的金牌，打消了观众们的担忧。2月17日，在7.5万名观众面前，他在5000米比赛中夺冠，打破了该项目的奥运会纪录（8分10秒6）。亚军荷兰选手凯斯·布鲁克曼以11秒之差完赛，这一巨大差距在该项目历史上至今无人超越。2月18日，他在1500米比赛中以0.02秒的微弱优势险胜另一位荷兰选手维姆·范德沃特（2分20秒4对2分20秒6）。最后在2月19日，他以16分45秒8的成绩打破10000米奥运会纪录，结束了这次无与伦比的奥运征程。可怜的凯斯·布鲁克曼落后了24秒8之多。

挪威英雄亚尔马·安德森在这届冬奥会后第一次离开滑冰运动。他出生于挪威诺德兰郡一个名叫勒德于的海边小岛。离开赛场后，他在特隆赫姆经营着一家体育用品商店。他在这座城市里工人聚居的拉德莫恩区长大。然而1954年，他决定重返赛场。他第四次获得挪威冠军，并在当年的瑞士达沃斯欧锦赛上获得5000米和10000米两枚金牌以及全能银牌。两年后，他出现在科尔蒂纳丹佩佐冬奥会赛场上。

耐力赛冠军哈库利宁

在奥斯陆，芬兰越野滑雪选手韦科·哈库利宁收获多枚奥运奖牌。他共有七枚奖牌入账，其中包括三枚金牌。

故事

数字有时候比长篇大论更能展现一位运动员的职业生涯。哈库利宁的职业生涯令人印象深刻。1925年1月4日哈库利宁出生于芬兰库尔基约基，直到27岁时他才第一次参加冬奥会（1952年奥斯陆）。他后来还参加了1956年科尔蒂纳丹佩佐冬奥会和1960年斯阔谷冬奥会，参赛项目依旧是越野滑雪。但在1964年因斯布鲁克冬奥会上，他参加的却是冬季两项比赛。那一年他已经39岁。

在前三届冬奥会中，他在四个不同小项上获得了7枚奥运奖牌（3金3银1铜）。在九场越野滑雪比赛中，他的最差成绩是第六名和第四名；在其他七次比赛中，他全部登上了领奖台，令人肃然起敬。

一切都开始于奥斯陆。1952年2月18日至23日，在著名的霍尔门科伦国家竞技场，一支势不可当的队伍在赛场上所向披靡：芬兰女队在首次被列入正式比赛的女子10公里中包揽全部奖牌，而男队也不遑多让，获得18公里项目2枚奖牌，4×10公里接力金牌，以及50公里金银牌。

在越野滑雪项目产生的10枚奖牌中，8枚都被芬兰队收入囊中，只有2枚奖牌被挪威选手获得，仿佛是施舍的恩惠一般。哈库利宁在50公里比赛中取得碾压式胜利：他以3小时33分33秒的传奇成绩夺冠，领先他的同胞埃罗·科莱赫迈宁4分38秒之多。然

50公里的越野滑雪让韦科·哈库利宁看上去疲惫不堪

而，他在个人赛中游刃有余的表现，竟然不足以说服芬兰队教练派他参加接力赛，这使他失去了一枚几乎唾手可得的金牌。

四年后在科尔蒂纳丹佩佐，他面临的挑战更加令人难忘。韦科·哈库利宁的名字出现在越野滑雪四个小项的参赛名单上。1956年1月27日，他首先在滑雪场参加了30公里新项目的角逐。身着52号比赛服的他是最后一个出场的夺冠热门。他成功击败瑞典选手西克斯腾·耶恩贝里获得金牌，后者以1小时44分30秒完赛，获得银牌。在10公里处，芬兰选手落后6秒；20公里处，他领先4秒；30公里终点处，他以1小时44分6秒完赛，领先对手24秒。

三天后，在距离最短的15公里比赛中，挪威选手哈尔盖·布伦登夺得金牌，而哈库利宁只获得了第四名。这场较量仿佛是他为了卫冕50公里冠军，进而实现历史性包揽"长距离"两项冠军而进行的一场热身。但西克斯腾·耶恩贝里在50公里比赛中扳回一城。落后将近1分钟的哈库利宁只能遗憾摘银。2月4日，即冬奥会的最后一个比赛日，哈库利宁作为最后一棒，参加了4×10公里接力。他一点点地追赶弗拉基米尔·库津，但之前三位苏联接力选手已经将差距拉开得太大。哈库利宁最终将差距缩短到1分钟，赢得个人在科尔蒂纳丹佩佐冬奥会的第三块奖牌（一金两银）。

35岁那年，他参加了1960年斯阔谷冬奥会。在那里，他获得了个人"最差"的奥运成绩，在30公里比赛中只获得第六名，但他很快调整状态，在15公里比赛中登上了领奖台，这种情况在他身上从未发生过。继这枚铜牌之后，他又在4×10公里接力中表现出色，再添一金。韦科·哈库利宁是芬兰接力队的最后一棒，起步时落后于挪威选手哈康·布鲁斯维恩20秒，后者在几天前获得了15公里冠军，虽然耐力较差但爆发力很强。在距离终点还有2公里时，哈库利宁追赶上来，两人交替领先，上演了一场精彩的对决。在距离终点还剩100米时，韦科·哈库利宁最后奋力一搏，在距离终点线不到1米处超越了对手。两天后，他又将50公里银牌收入囊中。

人们认为到这里故事应该已经结束了，但是这个男人却没有停下脚步。39岁的他又出现在1964年因斯布鲁克冬奥会的赛场上。他参加了冬季两项20公里比赛。自1960年冬季两项被列入冬奥会正式比赛，他就爱上了这项运动。他获得第15名。这一次，他决定彻底结束滑雪生涯，以便集中精力参加高水平定向越野和赛艇比赛。2003年10月24日，一场惨烈的车祸迫使他停下了脚步，韦科·哈库利宁不幸离世，享年78岁。

大块头有大智慧

在舵手安德烈亚斯·奥斯特勒的带领下，德国队尽可能派出体重最重的队员参赛，成功包揽雪车项目的冠亚军。

在挪威，雪车远远算不上是一项传统强项。从1948年开始，挪威才派出运动员参加冬奥会，当奥斯陆获得冬奥会主办权时，挪威境内还没有一条雪车赛道。由于当地缺乏专业人才，两名瑞士土木工程师应邀为科克雷克伦滑雪道的工程负责人提供咨询建议。挪威有一条改建于1867年的雪橇赛道，当时主要是为了吸引英国游客。1937年，它还被用于举行欧洲雪橇锦标赛。由于坡陡地硬，改造成雪车赛道的成本极高。奥组委很快决定只修建一条天然的临时赛道，冰下不再铺设混凝土垫层。这条新赛道每年都利用当地丰富的积雪进行修建。

在1951年2月，即奥斯陆冬奥会开始前一年，新建成的赛道在

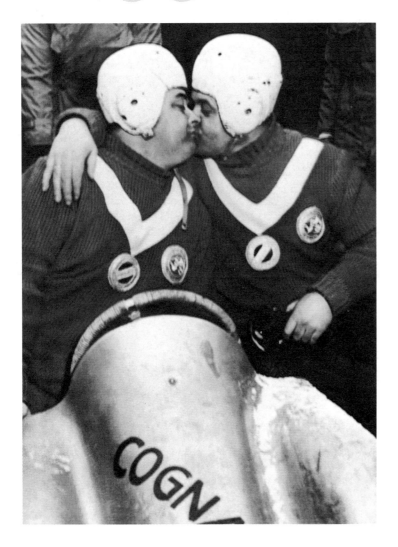

奥斯特勒（右）在比赛结束后兴奋地亲吻队友洛伦茨·尼贝尔

运动。1928年和1932年的两枚铜牌开启了德国队在四人雪车项目上的冬奥会纪录。而在1932年被列入正式比赛的双人雪车项目上，德国队却毫无建树。德国因为发动第二次世界大战而被排除在奥林匹克运动之外，所以德国队没能参加1948年圣莫里茨冬奥会。德国人想出了一个能在很大程度上压制对手的办法：通过派出超常规身材的选手来增加雪车的总重。队员们的平均体重为118公斤，比对手多出20公斤左右。

当然，这种做法并未违规，因为在此之前，没有人想到这一点。直到冬奥会结束，国际雪车联合会才对四人雪车的全员总体重作出规定，不得超过400公斤（德国队的总体重为472公斤），该规定的出台就是为防止未来比赛中再出现类似情况。当时，德国舵手安德烈亚斯·奥斯特勒仍然可以参加双人雪车的比赛，他的搭档是体重130公斤、壮硕有力的刹车手洛伦茨·尼贝尔。他们二人戴着美式橄榄球头盔，雪车车头印着他们最爱的酒精饮料的名字——白兰地。在1936年加尔米施－帕滕基兴冬奥会期间，15岁的奥斯特勒观看了雪车项目比赛，并且立刻迷上了这项运动。他很快就崭露头角，但随着1940年和1948年奥运会的取消，以及1948年德国队被禁赛，令他一再错失参加冬奥会的机会。

安德烈亚斯·奥斯特勒在参加奥斯陆冬奥会时已经年满31岁（他生于1921年1月21日）。1951年，他带着双料世界冠军的头衔来到奥斯陆，并成为第一位带领双人和四人雪车同时获得金牌的舵手。

在四人雪车比赛中，除了洛伦茨·尼贝尔（同样获得两枚金牌），他的队友还有弗里德里希·库恩和弗朗茨·凯姆瑟，他年少时与后者同在加尔米施的雷塞湖体育俱乐部训练。告别雪车运动后，奥斯特勒就开始减重。他后来成为一名主厨。

三天内经历了两次测试，其总长度为1507.5米，包括13个半径在14米至50米的弯道。终点线后还建有一个便于雪车刹车的陡坡。赛道沿途设有三处计时点，分别在起点、中间和终点。在山顶出发点还设有一个雪车专用车库。法国队、意大利队、瑞典队，当然还有挪威队的选手们相继出发。比利时队因为发生意外事故而被迫退赛，队员们的手部、肩部和肘部多处受伤。无论是否在天然赛道上滑行，雪车都是一个高危项目。当时的雪车还没有流线型车体，其滑行速度极快，安全性不足。

1952年当雪车项目在奥斯陆开赛时，德国队还未曾称霸这项

第 7 届
VII

1956

科尔蒂纳丹佩佐

第7届冬奥会
1956年科尔蒂纳丹佩佐

概况

1956 年科尔蒂纳丹佩佐冬奥会会徽

地点 科尔蒂纳丹佩佐（意大利）

开幕式 1956 年 1 月 26 日

闭幕式 1956 年 2 月 5 日

开幕式致辞人 乔瓦尼·格隆基（意大利总统）

运动员宣誓代表 朱利亚娜·凯纳尔－米努佐（意大利高山滑雪运动员）

奥运圣火点火人 圭多·卡罗利（意大利速度滑冰运动员）

参赛国家和地区数量 32

参赛人数 821（687 名男运动员和 134 名女运动员）

大项数量 4（冰球、雪车、滑雪、滑冰）

分项数量 8（冰球、雪车、速度滑冰、花样滑冰、高山滑雪、越野滑雪、北欧两
项、跳台滑雪）

小项数量 24

1956年科尔蒂纳丹佩佐冬奥会奖牌

摘要

科尔蒂纳丹佩佐曾被选为1944年冬奥会主办地，但当时却未能如愿举行。22年后，科尔蒂纳丹佩佐终于圆梦。

有三个国家是首次参加冬奥会：玻利维亚（1名选手）、伊朗（3名）以及苏联（53名）。苏联参赛引发了巨大的轰动，因为它获得的奖牌数量一下子就超越了其他参赛国家。

联邦德国和民主德国运动员共同组成的"德国联队"代表德国参赛。1960年和1964年依然存在这种特殊情况。

这是奥运历史上首次由女性运动员作为代表宣誓。获此殊荣的是在1952年奥斯陆冬奥会上获得滑降项目铜牌的意大利高山滑雪女运动员朱利亚娜·凯纳尔－米努佐。

卡比托利欧山上点燃了象征罗马的火焰。奥组委希望借此向罗马帝国的这处圣地致敬。

本届冬奥会新增了两个项目：越野滑雪男子30公里和女子3×5公里接力。苏联曾要求增加女子速滑项目，但遭到国际奥委会的拒绝。

在苏联队参赛的影响下，所有东欧国家都转播了比赛画面，所以电视报道第一次真正意义上覆盖了欧洲地区。

奖牌榜

排名	国家	金牌	银牌	铜牌	合计
1	苏联	7	3	6	16
2	奥地利	4	3	4	11
3	芬兰	3	3	1	7
4	瑞士	3	2	1	6
5	瑞典	2	4	4	10
6	美国	2	3	2	7
7	挪威	2	1	1	4
8	意大利	1	2	0	3
9	德国联队	1	0	1	2
10	加拿大	0	1	2	3

概况

苏联"红军"闪亮登场

　　这一次，苏联运动员终于出现在冬奥会赛场上。1948年在圣莫里茨，苏联派出了一个观察员代表团，考察运动员代表团如若参赛可能会取得怎样的成绩。四年后，他们急切地想让自己的冰球队参加奥斯陆冬奥会的角逐，但由于报名较晚，超过了规定的期限，因而未被允许参赛。本届冬奥会于1956年1月26日开幕，聚集在奥林匹亚体育场的1.4万名观众共同见证了一个由53名来自东欧和亚洲的运动员组成的庞大代表团步入会场。体育场最初只有1.2万个座位，主办方临时增加座椅以满足观众需求。这是苏联首次参加冬奥会，距离他们到邻国芬兰参加1952年赫尔辛基夏季奥运会已经过去了四年。

　　这将改变一切，观众们或许已经预料到了。但当时他们的注意力都集中在其他有趣的事情上，例如：最后一位奥运火炬手、速滑运动员圭多·卡罗利抵达主会场滑冰前往圣火台时，被地上的电线绊住，摔倒在地。幸好圣火并未熄灭，他最终成功点燃了主火炬塔，否则会有人认为这是一个不好的预兆。在一个只有男性能从事体育运动的时代结束后，出现了一个更具象征意义的事件，即一位女性运动员首次代表所有参赛运动员进行了奥运宣誓。这位幸运儿毫无疑问是位意大利选手，她名叫朱利亚娜·凯纳

第一次参加冬奥会的苏联代表队在开幕式入场

尔－米努佐，四年前在奥斯陆冬奥会获得高山滑雪滑降项目的铜牌。人们还注意到，在代表32个国家参赛的821名运动员中（这也是一项新纪录），女性运动员越来越多：本届共有134名。虽然比例只占到16％多一点，但却已经不可忽视。

作为一个象征，一位女运动员在一个刚刚被列入奥运会正式比赛的女子项目中，为苏联队赢得历史上第一枚冬

手持火炬的意大利速滑运动员圭多·卡罗利滑冰前往圣火台时摔倒在地

综述

奥会金牌。柳博芙·科日列娃在10公里越野滑雪中击败同胞拉迪娅·叶罗希娜夺冠。瑞典女选手索尼娅·埃德斯特伦－鲁特斯特伦夺得铜牌，捍卫了斯堪的纳维亚人的荣誉。然而在新项目3×5公里接力中，芬兰选手则展现出了北欧国家压倒性的优势。虽然10公里越野滑雪的冠亚军都参加了接力赛，但苏联队最终还是只获得了银牌。

在越野滑雪男子比赛中，苏联队在三项个人赛中获得3枚铜牌。挪威选手哈尔盖·布伦登、芬兰选手韦科·哈库利宁和瑞典选手西克斯腾·耶恩贝里毫无悬念地瓜分了15公里、30公里（奥运会新项目）和50公里越野的金牌。西克斯腾·耶恩贝里是本届冬奥会获得奖牌最多的选手，他在参加的四场比赛中都登上了领奖台：50公里金牌、15公里和30公里银牌、4×10公里接力铜牌。而这仅仅是一个开始。2月4日是科尔蒂纳丹佩佐冬奥会的最后一个比赛日。4×10公里接力在一片冰天雪地中展开了较量，苏联队展现出了无可匹敌的实力。在距离科尔蒂纳两公里处的滑雪场，苏联队首次亮相便狂揽7枚奖牌，其中包括2枚金牌，一举超过了三个越野滑雪大国瑞典（6枚）、芬兰（4枚）和挪威（1枚）。

在距离科尔蒂纳丹佩佐主场馆13公里的米苏丽娜滑冰场上，苏联选手的发挥更加出色。本届冬奥会的速度滑冰比赛是在结冰的湖面上进行的，这也是冬奥会最后一次在天然冰面上进行比赛。众所周知，天然冰面上的滑行速度较慢，但这并不妨碍苏联滑冰运动员打破两项世界纪录和一项奥运会纪录，并在参加的四项比赛中都至少有1枚奖牌入账。在个人赛中，苏联的明星选手叶甫根尼·格里申带着500米和1500米2枚金牌以及2项世界纪录离开了意大利。叶甫根尼·格里申与队友尤里·米哈伊洛夫并列1500米比赛冠军，而鲍里斯·希尔科夫则将5000米金牌收入囊中。除10000米金牌由瑞典选手西格瓦德·埃里克松获得，苏联队共赢得了4个冠军中的3个，以及超过半数的奖牌，即12枚奖牌中的7枚！瑞典和挪威（各获得2枚奖牌）以及芬兰（仅获得1枚）只能略分一杯羹。

英国女子滑雪队员们正环绕在诺尔·哈里森身边听他弹唱。而哈里森除了歌手的身份外，也是英国滑雪队的成员之一

一群意大利士兵围绕在美国花样滑冰选手田莉·奥尔布赖特身边。奥尔布赖特在右脚严重受伤的情况下夺得了本届冬奥会女子单人滑冠军，并在冬奥会结束后从哈佛医学院毕业，成为一名外科大夫

在举行冰球比赛的阿波罗尼诺体育场，运动场上的苏联红军毫不留情地拿出了全部实力。遗憾的是只有2000名观众能够在现场观战：经过翻新的场馆虽然配备了电灯，但座位数仍然十分有限。真是可惜！两年前，苏联冰球队首次参加了1954年的世界冰球锦标赛，初登国际舞台就将金牌收入囊中。对于一个从1946年才开始在全国范围内推广这项运动的国家来说，这一壮举令人惊叹：在此之前，苏联一直专注于班迪球运动，即每队11人在结冰的足球场上进行比赛（班迪球是1952年奥斯陆冬奥会的表演项目）。

综述

苏联队成功化解了美国队的进攻，并最终以4－0战胜了对手

在科尔蒂纳丹佩佐冬奥会上，苏联队先战胜实力强劲的瑞典队（5-1）和瑞士队（10-3），以小组第一名的成绩挺进决赛圈，又战胜德国队（8-0）和捷克斯洛伐克队（7-4）。苏联队接下来还有两场比赛要打，对手是北美的两支劲旅。在冷战和政治关系紧张的背景下，与美国交锋的意义不仅体现在体育层面：苏联队毫不犹豫地以4－0取胜，其积分排名在与加拿大队进行最后一战之前就已经位列第一。跳出当下，才能看得更加透彻：一方是加拿大队，自1924年以来在七届冬奥会上六次问鼎；另一方是苏联队，他们在之后的九届冬奥会上获得七次冠军。苏联一球未失，最终以2-0战胜加拿大，宣告了其未来冰球霸主的地位。美国领先加拿大获得第二名。

实力超群的美国队在很大程度上主导了花样滑冰比赛。迪克·巴顿退役四年后，有人接过了他的衣钵，或者说传承了他的滑行技术：海耶斯·艾伦·詹金斯、罗纳德·罗伯逊和大卫·詹金斯在男子单人滑比赛中历史性地包揽了金银铜牌。田莉·奥尔布赖特和卡罗·海斯在对阵奥地利选手英格丽德·文德尔的比赛中双双取胜。尽管在冬奥会开始前不到两周，田莉·奥尔布赖特在训练中摔倒，右脚踝被左脚冰刀严重割伤，但她依旧赢得了冬奥会女子单人滑冠军。奥地利组合伊丽莎白·施瓦茨和库尔特·奥佩尔特在双人滑比赛中夺冠。赛前，没有人预料到美国会以碾压之势取得胜利。

挪威队在跳台滑雪项目上的失利同样出乎意料。瑞士选手安德烈亚斯·代舍尔发明了一种新的跳台技术，即起跳者在空中飞行时两臂伸直放于身体两侧。此前，运动员们一直采用将双臂向前伸过头顶的姿势。新姿势似乎更有利于减小风阻保持平衡，但传统保守的挪威运动员却拒绝采用，他们也因此付出了代价。自1924年第一届冬奥会以来，每一枚跳台滑雪金牌都被挪威队收入囊中，而这一次，芬兰选手安蒂·许韦里宁和奥利斯·卡拉科尔皮分获冠亚军，德国选手哈里·格拉斯位列第三。领奖台上的3位选手都改用了"代舍尔式"姿势。虽然北欧两项的比赛规则进行了调整，15公里越野滑雪被列为单独项目，不再与18公里比赛同时进行，但挪威选手对这个项目的统治力依然不减。斯韦勒·斯特纳森击败瑞典选手本特·埃里克松和波兰选手弗朗齐歇克·加谢尼察·格隆夺得金牌。自北欧两项于1924年被列入正式比赛项目以来，只有一个冠军头衔从挪威人手中旁落。

然而，本届冬奥会英雄般的辉煌战绩是由一位奥地利人创造的。在法洛里亚山的坡道上，托尼·塞勒史无前例地以6秒2的巨大优势（领先于他的两名队友）赢得了大回转的冠军。是时候转战法洛里亚山了，依旧在多洛米蒂山脉，他在两轮滑行中均用时最短，以领先日本选手猪谷千春4秒的优势获得回转项目金牌，获得亚军的猪谷千春为日本赢得了冬奥会历史上的第一枚奖牌。在最后一场滑降比赛中，托尼·塞勒险些因为一个失误而摔倒，但好在他及时调整稳住，即便如此还是以3秒5的优势战胜了瑞士选手雷蒙德·费莱。塞勒成为首位包揽高山滑雪3枚金牌的滑雪运动员，只有法国选手让－克洛德·基利在1968年完成了同样的壮举。即便瑞士女选手玛德琳·贝尔托也以近5秒的巨大优势夺得了滑降金牌，但女选手的光芒还是被奥地利人的辉煌战绩所掩盖。

东道主国家表现平平，仅有的3枚奖牌（其中1枚金牌）全都来自关注度稍低的雪车项目。意大利队先是在双人雪车项目中收获金银牌，一周后又赢得四人雪车项目的银牌，瑞士队摘得了金牌。欧金尼奥·蒙蒂在本届冬奥会上赢得2枚银牌，此后他共获得了6枚奥运奖牌。为纪念他的职业生涯，科尔蒂纳丹佩佐的雪车赛道后来被命名为欧金尼奥·蒙蒂赛道。意大利队在奖牌榜上仅名列第八，以1枚奖牌之差排在传统冰雪强国挪威队（第7名，4枚奖牌）之后。挪威队在本届冬奥会上的表现实在惨不忍睹，远远落后于共获得16枚奖牌、其中包括7枚金牌的苏联队。对于首次参加冬奥会的国家而言，苏联代表团的成绩绝对非同凡响。

日本选手猪谷千春获得大回转比赛的银牌，这是日本冬奥会历史上第一枚奖牌

综述

"基茨比厄尔闪电"

托尼·塞勒出生于高山滑雪圣地奥地利基茨比厄尔,他拥有成为明星的所有潜质。他在1956年就证明了这一点,赢得了三个高山滑雪冠军头衔。

人们给托尼·塞勒起了个"基茨比厄尔闪电"的外号,这既指他的出生地(奥地利基茨比厄尔),也指他以大胆和冒险著称的滑雪风格。对于高山滑雪爱好者来说,两者的结合相当有吸引力。此外,托尼·塞勒的外形也相当优越:紧实而不夸张的肌肉线条和一张总是带着温和笑容的脸庞。更重要的是,他还非常年轻:生于1935年11月17日,当科尔蒂纳丹佩佐冬奥会举行时,他只有20岁。

塞勒出生在一个有三个孩子的家庭,姐弟三人都陆续走上了滑雪运动之路。托尼·塞勒的姐姐罗西参加过1952年奥斯陆冬奥会,他的弟弟鲁迪后来获得过世界杯冠军。作为家中的第二个孩子,他从2岁起就开始在高山滑雪盛行的家乡练习滑雪。他一边完成玻璃装配工和管道工的实习,一边在基茨比厄尔滑雪俱乐部里训练,他跟随克里斯蒂安·普拉夫达学习高山滑雪,后者是1952年奥斯陆冬奥会的双料冠军并于1954年获得滑降世界冠军。1951年,托尼在瓦腾斯举行的奥地利青少年锦标赛"三项全能"项目中率先完赛,赢得了人生的第一个冠军。

托尼·塞勒的成长几乎一帆风顺,似乎没有什么能够阻碍他,除了第二年胫骨和腓骨的两处骨折让他错过了一个赛季。康复很不顺利,信心也在逐渐消失,他的伤势和并发症导致恢复缓慢。在国际赛场上,他于1954年在科尔蒂纳丹佩佐和塞费尔德获得冠军,但他未能入选瑞典奥勒世界锦标赛的阵容,他似乎还没有准备好。

1955年世锦赛,他在文根举行的劳伯洪峰赛上赢得了四连胜中的首胜。第二年,除了在文根再获一胜之外,他在主场基茨比厄尔的Streif赛道上亦有精彩表现,这条宛如丝带的赛道从哈恩卡姆山蜿蜒而下,令人头晕目眩。它是世界上公认的难度最大、技术含量最高、危险系数最高、最负盛名的滑降赛道,可是相较文根赛道,它的速度和长度都略逊一筹。不到20岁的托尼·塞勒获得回转、滑降和全能项目冠军。他的旧伤已然痊愈,最好的表现还在后面。

在1956年科尔蒂纳丹佩佐冬奥会上,他在大回转比赛中取得了令人难以置信的胜利:他领先同胞安德烈亚斯·莫尔特雷尔(同为基茨比厄尔滑雪俱乐部的成员)6秒之多,而后者经过前半部分的最后一个障碍时仍然领先于他。他随后又参加了回转比赛:在第一轮结束时,他只领先法国选手阿德里安·迪维拉尔0.2秒。但他在第二轮中刷新了最快纪录,以4秒的领先优势击败获得亚军的日本选手猪谷千春。

还剩最后一场滑降比赛。在出发前不足15分钟的时候,他左脚的滑雪板固定器出现故障:正当他将雪鞋固定在滑雪板上时,皮带突然断裂。幸运的是,意大利队的教练汉斯·森格将自己的一对滑雪板借给奥地利队。几乎未受影响的塞勒以3.5秒的优势战胜瑞士选手雷蒙德·费莱和安德烈亚斯·莫尔特雷尔。他因此成为第一位在冬奥会上包揽3金的高山滑雪运动员,也是历史上第五位在同一届冬奥会上获得3枚金牌的运动员。当年的冬奥会同时授予他世界冠军的称号。当然，他还获得了第四个世界冠军的头衔——全能世界冠军。在两年后的巴德加斯坦世锦赛上，他在三项比赛中都赢得了胜利（滑降、大回转和全能），只在大回转比赛中尝到了败绩。他的同胞约瑟夫·里德获得冠军。

为了避免因违反"业余主义"规定而遭禁赛的风险，托尼·塞勒决定退役。他当时只有22岁，"出众的外貌"和不俗的名气吸引了许多电影和电视节目制作人，他们纷纷开出诱人的条件。他先是成为一名演员，后来又步入商界，并大获成功。他显然已经拥有了一切。

托尼·塞勒正在大回转比赛中加速冲刺

故事

生而为赢

在三届冬奥会上，瑞典越野滑雪选手埃迪·西克斯腾·耶恩贝里参加了12场比赛，共获得9枚奖牌，完赛成绩从未跌出过前5名。

如果你生在利马，长在利马，这里说的地名可不是在秘鲁，而是瑞典的马隆-赛伦镇利马村，你肯定会更偏爱冬季运动，而不是沙滩排球或帆板运动。这个小村子位于瑞典的中西部，离挪威边境不远，是一个冬冷夏热的地方。当地居民人数不多，只有一两百人，这严重阻碍了集体运动的发展。80米的平均海拔即便不影响积雪的形成，但也限制了高山滑雪的起跳，而且不存在任何坡度。

1929年2月6日，埃迪·西克斯腾·耶恩贝里就出生在这里，他的童年过得并不算快乐，特别是他的青少年时期正好处于战争期间。虽然瑞典在整个战争期间一直保持中立，但还是明显存在着各种限制。于是，年少的西克斯腾开始练习越野滑雪，一开始并不完全是作为一种运动，而是作为一种出行方式。这是一种迫不得已的选择，但这赋予了他出众的速度与耐力，两者又很快就与强健的肌肉力量结合起来：他先后当过铁匠和伐木工，这两份工作增强了他的肌肉力量。挖掘自己在竞技越野滑雪方面的潜力是他在很久之后才萌生出的想法。

直到25岁时，他才首次在国际比赛中亮相，参加了1954年瑞典法伦世锦赛，帮助瑞典队赢得4×10公里接力的铜牌。第二年，他在最负盛名的瓦萨洛佩特越野滑雪比赛中获胜。自1922年以来，每年3月的第一个周日，这项赛事都会吸引约15000名选手参赛，他们需要在赛伦（西克斯腾出生于马隆-赛伦镇）和穆拉

耶恩贝里正在参加50公里越野滑雪比赛

（2012年7月14日西克斯腾在此地去世）两地之间完成90公里的滑行，而且必须采用古典式技术。这是一场集合了传统滑雪技术与高水平发挥的"顶级赛事"。耶恩贝里在1960年又再次参赛，但他那时已经迈入了一个新阶段，不再是一个普普通通的越野滑雪选手了。

在近十年的时间里，耶恩贝里获得了一连串的世界冠军，尤其是冬奥会冠军（1956年至1964年在50公里和接力项目获得4个冠军）。他在科尔蒂纳丹佩佐第一次参加冬奥会，时年27岁的他摘得了30公里（首次被列入冬奥会正式比赛且被作为越野滑雪的开赛项目）的银牌，与获得冠军的芬兰选手韦科·哈库利宁相差24秒。三天后，他又在15公里（取代之前的18公里）比赛中以35秒的劣势负于挪威选手哈尔盖·布伦登。2月2日（星期四），他在滑雪体育场迎来了自己的荣耀之日，于一片冰天雪地中获得50公里金牌。虽然气温降至零下10℃以下，但耶恩贝格与上届冠军韦科·哈库利宁的对决却让两人热血沸腾。瑞典选手耶恩贝格全程领先，最终以1分18秒的优势战胜芬兰选手赢得越野滑雪50公里的冠军。在冬奥会最后一个比赛日，他作为最后一棒参加了4×10公里接力，帮助瑞典队赢得1枚铜牌。四场比赛，4枚奖牌：1枚金牌，2枚个人银牌，1枚集体铜牌。

四年后，他又来到了美国的斯阔谷。这次的成绩没有之前那么亮眼：他先在30公里中夺冠，又在5公里比赛中获得银牌（只落后冠军3秒1）。两项过后的他似乎很疲惫，在接力赛中只获得第四名，在50公里中名列第五。这是他整个奥运生涯的最差名次。1964年在因斯布鲁克，耶恩贝格的开局比较疲软：在30公里比赛中名列第五，而后在15公里中获得铜牌。但奥运收官之战却十分完美：作为瑞典接力队的第二棒，他为战胜芬兰队作出了贡献。两天后，他第二次获得50公里奥运冠军，领先获得银牌的阿萨尔·伦隆德1分多钟。几天后，他迎来了35岁的生日。他共获得9枚奥运奖牌，包括4金3银2铜。此后多年，他一直保持着获得冬奥会奖牌最多的纪录。

迪克·巴顿的两位接班人

科尔蒂纳丹佩佐冬奥会花样滑冰男子冠军美国选手海耶斯·艾伦·詹金斯在四年后的斯阔谷冬奥会上见证了他的弟弟大卫·威尔金森·詹金斯摘得该项目金牌。

传奇人物迪克·巴顿在1952年赛季结束后决定退役，专心于哈佛大学法学院的学业，而那时他还不到23岁，却已经两次蝉联奥运冠军。花样滑冰运动骤然失去了一个标志性人物，他在冰面上创造出许多前所未有的壮举，彻底改变了这个项目：阿克塞尔两周跳、多种连跳、历史上第一个三周跳等。对于接续传承的美国选手而言，巴顿留下的财富是如此沉甸甸，以至于需要两位滑冰运动员来承担这项重任。詹金斯两兄弟的战绩加在一起才可以和巴顿一个人相媲美。

海耶斯·艾伦·詹金斯，1933年6月29日出生于美国俄亥俄州阿克伦，他见证了在挪威奥斯陆为巴顿举行的颁奖仪式。由于海耶斯本人也参加了比赛，所以他是站在冰场上看到的。在短节目之后，他只排在第五位，在完成了一套漂亮的自由滑动作之后，评委给他的打分排在第三位。但这还不够，他只能遗憾地位列第四名：即使只有18岁，与奖牌擦肩而过的感觉也永远不会令人满

美国包揽了男子单人滑的前三名，图片中从左至右分别是：罗尼·罗伯逊银牌，海耶斯（哥哥）获得金牌，大卫（弟弟）获得铜牌

意。他是一个充满斗志、勤奋好学的男孩，会把自己相对薄弱的环节转变成巨大优势。在训练当中，他不知疲倦地重复着相同的精准动作以及高难度姿势，只为提高发挥空间较小的规定动作的质量。美国人对他很有信心：他得到了科罗拉多州斯普林斯市博瑞德曼高级度假酒店的资金支持，该酒店位于海拔1839米的科罗拉多州第二大城市。他加入了赛事备战中心，甚至还有一个专门成立的基金会为他们兄弟二人提供支持。在训练参赛的同时，他还在科罗拉多学院出色地完成了学业。作为一名优秀的学生，他在退役后选择继续深造，后来获得哈佛大学的法学学位。

在冰场上取得的成绩达到了他的预期。从1953年起，他先后获得美国冠军、北美冠军和世界冠军。直至业余运动员生涯结束，他都未尝过败绩，从1953年到1956年获得了四个全国冠军，1953年和1955年获得了两个北美冠军，1953年、1954年、1955年和1956年获得了四个世界冠军。尽管他年纪轻轻，但由于他的燕式旋转极其标准，所以在规定动作中的表现十分优异。人们对他在自由滑中流畅连贯的动作也十分推崇。他在科尔蒂纳丹佩佐冬奥会上充分展示了这一点，干脆利落地赢得了男子花滑个人冠军。铜牌获得者正是他的弟弟大卫·詹金斯。

1936年6月29日，大卫·威尔金森·詹金斯出生于俄亥俄州阿克伦，比哥哥海耶斯·艾伦小3岁。在哥哥的影响下，他也学习了同样的体育课程。他的成绩要略逊于哥哥，在1955年和1956年两次获得美国锦标赛和世界锦标赛的第三名。然而哥哥的退役终于令他迎来了大放异彩的机会。1957年，大卫接替哥哥赢下了他曾经获得过的所有荣誉，并且和他一样在重大比赛中保持不败战绩，直至职业生涯的最后一刻。他之所以少了一个北美冠军和一个世

界冠军，那是因为他两次都选择主动退赛。他同时兼顾着比赛和学业：当他在斯阔谷冬奥会上作为夺冠热门出现在布莱斯纪念体育场时，他已经学了一段时间的医学课程。他的哥哥海耶斯·艾伦非常惊讶："大卫的这一成就从未得到应有的重视。我自己在学习法律的时候也不可能同时在比赛中获奖，我不明白他是怎么做到的。但他就是做到了！"

1960年斯阔谷冬奥会，詹金斯家的小儿子在短节目后排名第二，但他在自由滑中点燃了现场观众和评委们的热情，最终赢得冠军。一位评委甚至给他打出了6.0的最高分，简直是完美的代名词。他的身体素质与艺术技巧，跳跃的力量与多样性（1957年的一段视频显示，他在训练中曾做出阿克塞尔三周跳，这种跳跃直到27年后才有人在正式比赛中完成）以及旋转动作令他在退役之前为詹金斯家族再添一枚金牌。几个月后，詹金斯家族的奥运战绩再添一笔：海耶斯·艾伦·詹金斯与卡罗·海斯结为夫妇，后者是1956年冬奥会银牌得主（海耶斯·艾伦·詹金斯同年夺冠）和1960年冬奥会金牌得主（大卫·威尔金森·詹金斯同年夺冠）。

1960

斯阔谷

第8届

VIII

第 8 届冬奥会
1960 年斯阔谷

概
况

1960 年斯阔谷冬奥会会徽

地点 斯阔谷（美国）

开幕式 1960 年 2 月 18 日

闭幕式 1960 年 2 月 28 日

开幕式致辞人 理查德·尼克松（美国副总统）

运动员宣誓代表 卡罗·海斯（美国花样滑冰运动员）

奥运圣火点火人 肯尼思·亨利（美国速度滑冰运动员）

参赛国家和地区数量 30

参赛人数 665（521 名男运动员和 144 名女运动员）

大项数量 4（新大项：冬季两项；其他大项：冰球、滑冰、滑雪）

分项数量 8（冰球、花样滑冰、速度滑冰、高山滑雪、越野滑雪、北欧两项、跳

台滑雪、冬季两项）

小项数量 27

1960年斯阔谷冬奥会奖牌

摘要

同1952年一样，本届冬奥会圣火也取自挪威现代滑雪运动先驱松德雷·努尔海姆的家中，即莫尔盖达尔村一座小木屋的壁炉里。

在高山滑雪男子回转赛中，裁判员们对选手是否通过旗门无法达成一致意见，于是要求CBS电视台回放赛事录像。针对这一要求，CBS电视台提供了"即时回放"的创新性方案。通过该功能，可即时回看比赛动作。这一创新带来了当今体育赛事转播中的一个必备元素：慢动作回放。

冬季两项（越野滑雪与步枪射击）作为新项目首次在冬奥会上亮相。女子速滑首度被列入正式比赛项目。

因为只有九个国家表示愿意参加雪车项目的角逐，于是奥组委没有专门建造昂贵的雪车赛道。斯阔谷冬奥会是历史上唯一一届未举行雪车比赛的奥运会。

这已经是冬奥会第二次在电视上播出，但却是首次出售独家转播权。不过，总金额只有5万美元。

浪琴制表公司利用精确到百分之一秒的石英钟制作了一个全新的计时系统。

奖牌榜

排名	国家	金牌	银牌	铜牌	合计
1	苏联	7	5	9	21
2	德国联队	4	3	1	8
3	美国	3	4	3	10
4	挪威	3	3	0	6
5	瑞典	3	2	2	7
6	芬兰	2	3	3	8
7	加拿大	2	1	1	4
8	瑞士	2	0	0	2
9	奥地利	1	2	3	6
10	法国	1	0	2	3

概况

综述

奇迹接二连三

美国速滑运动员亨利点燃了"万国塔"前的主火炬

奇迹的确存在。1960年2月18日，在筹备斯阔谷冬奥会开幕式时，同时出现了两个奇迹。首先，能够举办冬奥会就已然是一个奇迹。一年前，国际奥委会意识到在加州内华达山脉沙漠一隅里建造的工程似乎很难按时完工，以至于开始寻找替代场地。尽管工期出现了延误，但在最后关头一切都已准备就绪，甚至达到近乎完美的状态，随时可以开始比赛了。只有雪车赛道除外，因为主办方认为建造成本过高，于是取消了这个项目。而这即使不算是奇迹，至少也是冬奥组委的非凡之举。

第二个奇迹来源于天气。就在开幕式当天早上，一场暴风雪席卷整个地区。受此影响，原定几个小时后宣布冬奥会开幕的美国副总统理查德·尼克松被困在路途中。但就在各代表团聚集起来准备入场时，天空仿佛突然被撕裂，乌云散开，太阳骤现。在接下来的一整天里，意料之外的好天气贯穿始终，确保了开幕式活动的成功举办。

开幕式表演由全球最著名的动画大师华特·迪士尼构思设计。得益于从1955年落成的加州迪士尼乐园取得的经验，他受托管理"庆典"部门，其中就包括开幕式和闭幕式。当各代表团伴着鼓声步入布莱斯纪念体育馆时，会场四周的旗杆上升起30面代表其国家或地区的旗帜。代表团成员们刚刚在看台上落座，盛大的表演马上拉开帷幕：燃放烟花、5000名临时演员参与演出、放飞2000只和平鸽、鸣放8响礼炮庆祝第八届冬奥会的举办，以及首次演奏由斯皮罗斯·萨马拉斯于1896年谱曲、由科斯蒂斯·帕拉马斯作词的奥运会会歌。

这场"美式"开幕式显然没有忘记最核心的要素——突出冬奥传统。1956年冬奥会女子花样滑冰亚军卡罗·海斯代表全体运动员进行宣誓；理查德·尼克松宣布第八届冬季奥运会开幕；1952年速度滑冰金牌得主肯尼思·亨利有幸担任最后一棒奥运火炬手。圣火火种采集自挪威滑雪先驱松德雷·努尔海姆位于莫尔

开幕式上美国花滑运动员卡罗·海斯代表运动员宣誓

盖达尔村的家中，然后被空运至洛杉矶，在那里它通过火炬手接力传递到斯阔谷。主火炬塔在同样由华特·迪士尼设计的"万国塔"前燃烧了11天。这一庞大金属结构的顶端放置着奥运五环，旁边是两座巨型人像雪雕，分别是一位女性滑雪运动员和一位男性滑冰运动员。"万国塔"还展示了各参赛国国旗。这里也是首批"颁奖仪式"的举办场地，每天都会有运动员在这里登上领奖台，接受观众的掌声。观众和运动员步行即可到达比赛场馆，主办方在设计之初就考虑到了这一点。

被放飞的三万个气球和最后的焰火表演为开幕式画上了圆满句号。奥组委主席普伦蒂斯·黑尔的发言在太空竞赛的时代背景下传递出世界和平的信号："你们将会作为世界上最擅于促进团结与和平的使者载誉而归。在我们将所有注意力集中在征服太空前，我们必须致力于征服内部空间，即国家之间的距离。"团结与和平并不排斥体育竞赛。除了美国冰球队爆冷战胜看似所向披靡的苏联队以及老牌劲旅加拿大队外，并无其他奇迹出现。这是美国首次在冰球项目中赢得金牌，而第二块也是距今最近的一块金牌则要等到20年后的1980年普莱西德湖冬奥会，即美国作为东道主参赛的一届，两次夺冠都令人颇感意外。

美国人获得冬奥金牌的另外两项比赛也是在布莱斯纪念体育馆进行的。技术风格优雅流畅的大卫·詹金斯（1956年奥运会季军，此后蝉联三届冠军）接替在科尔蒂纳丹佩佐冬奥会上获得金牌的兄长海耶斯·艾伦·詹金斯登上男子项目的领奖台。海耶斯·艾伦·詹金斯在几个月后与女子项目冠军卡罗·海斯结为夫妇。相较四年前的一枚银牌，卡罗·海斯在本届冬奥会再迈上了一级台阶。因此，这一家的三位成员都曾效力过在四年前就已横扫花滑赛场的美国队。

在双人滑比赛中，世界冠军加拿大组合芭芭拉·瓦格纳和罗伯特·保罗毫无悬念地战胜了欧洲冠军德国组合玛丽卡·基柳斯和汉斯－于尔根·博姆勒。苏联队共派出两对花样滑冰组合参赛，他们在奥运赛场上的首秀引发了人们的高度关注。两对组合只分获了第6名和第9名，虽然距离争金夺银还稍欠火

综述

卡罗·海斯坐在场边准备赛前训练，从1957年到1960年，海斯在女子花样滑冰中独占鳌头，她每年都是世界冠军和美国冠军。斯阔谷冬奥会上，海斯夺得金牌

综 述

瑞士选手罗杰·斯拖布面对镜头用右手遮住半张脸。就在刚刚结束的大回转比赛中他被宣布成绩为第二名，但15分钟后裁判宣布计时器有误，斯拖布是最终的冠军

候，但已是指日可待，未来将会更加辉煌。

另一个新看点是首次被列为正式比赛项目的冬季两项。这项新运动符合国际奥委会对综合性比赛项目的预期，除了按要求进行20公里的越野滑雪，选手们在途中还要在靶位上完成4轮射击任务（射击距离分别为100米和250米）。事实上，冬季两项的比赛规则是由国际现代五项联盟设计制定的，其出台时间并不长，在1956年秋才最终获得通过。冬季两项最早源自于军事巡逻，分为个人赛和团体赛，在1924年夏蒙尼冬奥会上被列为表演项目，而后陆续出现在三届冬奥会中（1928年、1936年和1948年）。由于"二战"后欧洲反军国主义情绪高涨，当时只限军人参加的滑雪巡逻运动被冷落。来自"二战"中立国瑞典的运动员克拉斯·莱斯坦德获得冬季两项首枚金牌，这在道义上是无可指摘的。芬兰选手安蒂·蒂尔韦宁和苏联选手亚历山大·普里瓦洛夫分获第二、三名。

德国队的海尔加·哈泽赢得女子500米速滑金牌

苏联队在另一个新的比赛项目中收获颇丰。早在1956年，苏联就申请将速滑女子项目列入正式比赛，因为该项目在1936年已被列入世锦赛项目；在此之前，女子速滑项目只在1932年普莱西德湖冬奥会上作为表演项目出现过。这一申请当时遭到了国际奥委会拒绝，但在1960年终于成功，新增了包括全部四项距离的女子比赛，即500米、1000米、1500米和3000米。奥运会历史上首场女子速滑比赛在斯阔谷奥林匹克滑冰场进行，这是一座椭圆形的室外人工冰场。得益于高海拔和高质量的冰面，该赛道成为世界上最快的赛道。挪威选手克努特·约翰内森在10000米比赛中证明了这一点，他将世界纪录缩短了46秒之多，并成为首位突破万米速滑16分钟（15分46秒6）大关的运动员。苏联队仍然占据着该项目的统治地位，他们在8场比赛中获得6枚金牌。叶甫根尼·格里申获得了500米和1500米两枚金牌，其中1500米项目与挪威选手罗阿尔·奥斯并列冠军。而女子1000米的冠军由克拉拉·古塞娃获得，1500米和3000米的金牌被利迪娅·斯科布利科娃收入囊中。继这两枚金牌之后，这位实力超群的苏联冠军在1964年冬奥会上包揽了速滑全部四个小项的冠军，两届冬奥会个人金牌总数达到6枚。

在斯阔谷，惊喜接踵而至，德国运动员在北欧两项和跳台滑雪项目中捷报频传。格奥尔格·托马成为首位获得北欧两项金牌的非北欧地区运动员（此前挪威和芬兰分别获得六次和一次金牌）。他在1964年因斯布鲁克冬奥会上再获一枚铜牌。赫尔穆雷·克纳格尔在跳台滑雪比赛中有着同样精彩的表现，他也打破了六名挪威选手和一名芬兰选手对金牌的垄断。后来直至1994年,他的同胞延斯·魏斯弗洛格才再次为德国赢得该项目的金牌。

在高山滑雪运动中,浪琴制表公司制造的石英钟首次将计时精确到百分之一秒。由于部分运动员在各自比赛中以较大领先优势夺冠,精确计时并没有发挥太大的作用。首次由电脑制作和打印的排名列表见证了高山滑雪传统强国的霸主地位:罗杰·斯托布和伊冯娜·吕埃格在大回转比赛中为瑞士夺得两金;来自奥地利基茨比厄尔的恩斯特·辛德森在男子回转比赛中获胜;德国选手海迪·比布尔获得女子滑降金牌。只有加拿大选手安娜·赫格特韦特的女子回转冠军有些出人意料。在男子滑降比赛中,一个男人、一项技术和一种材料同时一举成名:法国选手让·维亚尔内发明的弯腰曲腿的流线型"蛋形姿势"是当今所有滑雪者使用的减少风阻的技巧,他以金属而非木质滑雪板获得了冠军。在高山滑雪中,他才是真正带来创新的人。

对于越野滑雪爱好者来说,他们的注意力聚焦在了两位冠军常客身上。瑞典选手西克斯腾·耶恩贝里在1956年夺得四金的基础上再添一枚金牌(30公里)和一枚银牌(15公里)。1964年,他再获两金一铜,以总共九枚奖牌的成绩结束了自己的职业生涯,并成为冬奥会历史上获得奖牌最多的运动员。

在1952年和1956年冬奥会上获得两金和两银之后,芬兰选手哈库利宁再获金银铜牌各一枚(4×10公里接力金牌、50公里银牌和15公里铜牌)。在麦金尼溪综合体育馆,苏联队在女子10公里项目上包揽全部三枚奖牌,这也是苏联首次在冬奥会同一个项目中包揽金银铜牌。但在女子3×5公里接力赛中,苏联队被瑞典队击败。

没有什么值得惊讶的,在各国奖牌榜上,参赛运动员最多的三个代表团也是获得奖牌最多的代表团,即使两者的排名顺序是相反的。东道主美国(79名运动员)获得10枚奖牌,其中包括3枚金牌;德国联队(包括来自民主德国和联邦德国的74名运动员)获得8枚奖牌,其中包括4枚金牌;苏联(62名运动员)获得21枚奖牌,其中7枚金牌、5枚银牌和9枚铜牌,夯实了其在冬奥会首秀中建立的霸主地位。

滑雪比赛前,工作人员利用无后坐力炮人工引发雪崩,降低比赛安全隐患

了不起的美国冰球队

年轻的、毫无经验的东道主队接连战胜夺冠热门加拿大队、苏联队以及捷克斯洛伐克队，首次获得了冬奥会冰球冠军。

故事

36年来，美国人从未赢过……美国国内最好的冰球运动员在1917年11月于加拿大成立的国家冰球联盟（NHL）中打职业比赛，但美国国家队在国际重大比赛中的表现与其真正的实力并不相符。对美国球员而言，"最高荣誉"是赢得斯坦利杯，而非获得冬奥会或世锦赛金牌。加拿大也是如此，但加拿大拥有源源不绝的人才库，其获得过阿兰杯（全国业余冰球锦标赛）的多支俱乐部球队包揽了大部分世界级大赛的胜利。

于是，美国人就落了下风。除了在1933年意外获得过一次世界锦标赛冠军，美国队共获得过四次第二名，均负于加拿大队。即使捷克斯洛伐克队在1949年爆冷夺冠，美国队也只获得了第三名（加拿大队获得第二名）。同样的成绩也出现在冬奥会上，在六届比赛中，他们四次获得银牌（1920年、1924年、1932年和1952年），一次获得铜牌（1936年，英国夺冠），每次都位列加拿大之后。而当1956年，美国队终于找到战胜加拿大队的秘诀时，又出现了另一个强敌苏联队，打破了他们首次摘金的希望。

在斯阔谷又怎么会有所不同呢？赛前预测的三大夺冠热门：肯定有加拿大队，然后还有卫冕冠军苏联队，以及捷克斯洛伐克队，三者的先后顺序即1959年世锦赛上的成绩排序。与这些强队相比，美国队略显逊色，队员大多是来自明尼苏达和波士顿的年轻人。他们很勇敢，但完全没有经验。热情的观众挤在布莱斯纪念体育馆看台上为他们加油助威，但没有人认为他们会夺冠。

在小组赛中，年轻的美国队以7-5的比分战胜捷克斯洛伐克队，然后以12-1的比分击败澳大利亚队，令最乐观的球迷都惊诧不已。他们杀入了决赛圈后，接连战胜瑞典（6-3）、德国

（9-1）和捷克斯洛伐克（9-5），继续着辉煌的战绩。但他们还是要面对两个"怪物级"的对手。2月25日，8500名观众在看台上屏气凝神，场上美国队的小伙子们正对阵身披枫叶球衣的加拿大队。美国队在最后一局开始前以2-0领先，这要归功于保险经纪人罗伯特·克利里和保罗·约翰逊的两粒进球，但加拿大队加强了身体对抗，并由詹姆斯·康奈利扳回一分。美国队的后卫和刚刚当了爸爸的门将杰克·麦卡坦顽强防守，后者在比赛中完成了39次扑救，捍卫了团队的胜利。

两天后，超过2000万名观众收看了CBS电视台的冰球赛转播。这场比赛虽然是黑白画面，但却异彩纷呈。教练杰克·赖利赛前告诫队员们："全国人民都对你们充满期待，有数百万人在电视前看着你们。"四分钟后，威廉·克利里在弟弟罗伯特的"助攻"下率先实现了开门红。然而，这种喜悦是短暂的：苏联队的韦尼阿明·亚历山德罗夫一分钟后打入一球，米哈伊尔·贝奇科夫又再下一城。第二局，美国队又是兄弟联手，威廉·克里斯蒂安接哥哥罗杰的传球，将比分打成2-2平。紧张的气氛在第三局达到顶点，木匠出身的克里斯蒂安兄弟梅开二度，再由罗杰传球，威廉进球（14分59秒），帮助美国队获得胜利（3-2）。布莱斯纪念体育馆的8500名观众全都激动得站了起来。美国队以全胜战绩首次加冕冬奥会冠军。加拿大队和苏联队分获银牌和铜牌。

美国队最佳射手威廉·比尔·克利里在这次胜利后决定结束自己的职业生涯，而不是加入国家冰球联盟（NHL）。"我不会用有幸进入奥运会开幕式方阵的机会去换取一百个斯坦利杯冠军。一切结束后，我们都回归到自己的生活中。这就是我们想要的。"

在最后一轮比赛中，美国冰球队以3-2艰难战胜苏联队，最终赢得了他们第一枚冰球金牌（左页）

传奇冠军，女性楷模

苏联女选手利迪娅·斯科布利科娃在斯阔谷冬奥会速滑比赛中获得两枚金牌。这不过是她不可思议的职业生涯的开端。

其他人做过什么，利迪娅·斯科布利科娃也都做过，但她做的比别人要更出色。1960年斯阔谷冬奥会上的这位年轻女选手是当时"苏联制造"冠军的典型。集天赋和努力于一身的利迪娅后来在1964年因斯布鲁克冬奥会上再创佳绩，成为有史以来最伟大的速度滑冰女运动员之一，代表了苏联在这一项目上的最高成就。

1939年3月8日，利迪娅·帕夫洛夫娜·斯科布利科娃出生于苏联乌拉尔地区的兹拉托乌斯特。她是西西伯利亚大城市车里雅宾斯克的一名学生，她在17岁时就打破了苏联1500米和3000米女子速滑纪录，引发全国轰动。她先是加入了海燕（Burevestnik）联盟，即由全国多所高等院校的大学生和教师组成的体育社团联盟，而后又加入火车头（Lokomotiv）俱乐部，最终在1959年苏联速度滑冰全能锦标赛获得第三名后被招入国家队。

在这个孵化冠军的完美体制下，她不断进步，没有走任何弯路。她可以同时兼顾体育和学业，因为给她量身定制的计划就是为了帮助她达到最高水平。参加斯阔谷冬奥会时，利迪娅·斯科布利科娃还未满20岁，在此前结束的世界速滑全能锦标赛上，尽管在1000米比赛中失误摔倒，但她还是获得了500米和3000米金牌以及1500米银牌。在这个首次被列入正式比赛的女子项目中，人们将她视为夺冠热门，而她也没有让人们失望。

斯科布利科娃在因斯布鲁克冬奥会达到了运动生涯巅峰，一举拿下四枚金牌

1960年2月21日（星期日），一阵时速超过20公里的大风吹过斯阔谷椭圆形滑冰场，给1500米比赛的选手们造成了阻碍。然而，这并不妨碍她以2分52秒2的成绩打破了该距离的世界纪录，并获得了自己的首枚金牌。在1000米比赛获得第四名后，她在两天后进行的3000米比赛中获得个人第二枚奥运金牌，并打破了奥运会纪录（5分14秒3）。她成为首次参加奥运会获得金牌最多的运动员。然而，这只是她伟大职业生涯的开始。

当利迪娅·斯科布利科娃后来在莫斯科学习生理学的时候，她又多次获得世界冠军，整个职业生涯中共获得了25个世界冠军。她在个人参加的第二届冬奥会（因斯布鲁克）上达到了巅峰状态。不仅耐力和体力丝毫不减，速度还有所提升。1963年，她以1分31秒8的成绩打破了1000米的世界纪录，足以证明这一点。同一年在日本轻井泽举行的世锦赛上，她赢得了全部四个距离的冠军。这个成绩也预示了她在因斯布鲁克冬奥会上的大满贯。

1964年来到因斯布鲁克，她首先完成了最艰巨的一场比赛：在与纯短距离选手的对决中赢得500米金牌。第二天，她在1500米比赛中刷新了奥运会纪录，以2.9秒的优势击败亚军，并创造了该项目历史上最悬殊的冠亚军用时差距。接下来，她先后获得1000米和3000米冠军，成为首位在同一届冬奥会上夺得四枚金牌的运动员。她是第一个，而且至今也是唯一一个获得六枚冬奥会金牌的运动员。这并非巧合：冬奥会结束两周后，她又在世锦赛上复制了自己的表现，包揽了全部四项冠军。

作为世界冠军和女性楷模，即使在她的职业生涯结束后的很长一段时间里，她依旧被人称颂。1973年，她被任命为火车头俱乐部的速滑教练；1975年任莫斯科大学体育系主任；1983年任苏联国家奥委会委员；后来又担任俄罗斯速滑联合会主席（在任12年）并兼任俄罗斯队主教练。国际奥委会主席胡安·安东尼奥·萨马兰奇授予她奥林匹克银质勋章，叶利钦于1999年授予她祖国功勋勋章。2014年2月7日，她成为索契冬奥会开幕式上扛起奥林匹克会旗的八位旗手之一。她是一位伟大的女性。

伟大的远见者：让·维亚尔内

曾获斯阔谷冬奥会滑降冠军的法国选手让·维亚尔内，以其大胆的技巧和技术选择彻底改变了滑雪运动。

在高山滑雪所有奥运冠军当中，让·维亚尔内可能不是最出色的，不是最有天赋的，也不是最稳定的。尽管多年来他数次征战基茨比厄尔、文根或瓦尔加迪纳的知名赛道，但并未取得过什么精彩的胜利。如果不算上与斯阔谷冬奥会滑降冠军同时获得的世界冠军头衔的话（当时冬奥会也算作世界锦标赛），那么他从未获得过比1958年巴德加斯坦世界锦标赛铜牌更好的成绩。

即使在他的家乡法国，人们也更偏爱有些许疯狂的亨利·奥雷耶或是更具魅力的让－克洛德·基利，前者在1948年圣莫里茨冬奥会上获得过金牌，后者在1968年格勒诺布尔冬奥会上同样获得了滑降奥运冠军。尽管如此，让·维亚尔内的影响力不仅辐射了他所处的时代，还在接下来的几十年一直延续，直至今天。他是一位发明家和先行者，即高山滑雪技术的发明者和引领雪具潮流的先驱。或许因为从严格意义上来说，他不是成长于山区地带，所以他对先入为主的刻板观念和预设的方案有所质疑，形成了略微与众不同的个人滑雪风格。他在推崇"白手起家"的美国终于获得了成功。

　　1933年1月18日，让·维亚尔内出生于巴尔杜，一个距离当时法属突尼斯的突尼斯市几公里的小镇。他的父亲是一名医生，1934年10月决定返回法国，当时他的儿子只有21个月大。回国后全家定居在阿尔卑斯山的莫尔济讷。于是，让·维亚尔内从小开始学习滑雪，但主要精力还是放在学业上。他成为格勒诺布尔的一名法律系学生，如果说他在滑雪上取得了一些小小的成绩，那也是在大学比赛当中。这足以让他在1953年初加入法国队，但之后他的优秀表现并没有让他入选1956年科尔蒂纳丹佩佐冬奥会的阵容。在他看来，法国滑雪联合会更青睐来自山地俱乐部的滑雪选手，而非像他这种来自城市俱乐部的运动员。

　　于是，他开始有意挖掘自己的与众不同之处。在1958年获得世锦赛第三名后，他与教练乔治·茹贝尔共同发明了一项革命性的降风阻提速技术：弯腰曲腿，两臂前伸，双拳并拢，人们称其为"蛋形姿势"。1960年2月22日，在斯阔谷的斯阔峰上，他用胜利说服了所有持怀疑态度的人，"蛋形姿势"从此大行其道。此外，他还带来了一场滑雪器材工艺技术的革命。

　　1959—1960年冬，法国队的雪具供应商交付的木制滑雪板太过柔软，让·维亚尔内紧急赶到工厂寻找替代品，最后他看上的一副滑雪板却是报废品，而且还是金属材质的。但让·维亚尔内对这副滑雪板很满意，并在赛道上进行了测试。虽然其中一只滑雪板不够顺滑，但让·维亚尔内的整体表现还是很不错的。他立即要求厂家为他提供一副新滑雪板，准备在即将到来的冬奥会上使用。他在斯阔谷冬奥会滑降比赛的前几天收到了定制的雪具，并用它赢得了金牌。在赛道速度最快的部分，他以115公里/小时的速度用"蛋形姿势"飞驰而下，以领先德国选手汉斯·彼得·拉尼希0.5秒和法国同胞居伊·佩里亚0.9秒的优势，成为历史上第一位使用金属滑雪板夺得冬奥会金牌的运动员。让·维亚尔内可能不是奥运历史上成绩最好的滑雪运动员，但他是一位伟大的远见者。

让·维亚尔内在比赛中用更科学的滑行姿势赢得了冠军

第 9 届
IX

因斯布鲁克

1964

第9届冬奥会
1964年因斯布鲁克

1964年因斯布鲁克冬奥会会徽

地点 因斯布鲁克（奥地利）

开幕式 1964年1月29日

闭幕式 1964年2月9日

开幕式致辞人 阿道夫·谢尔夫（奥地利总统）

运动员宣誓代表 保罗·阿斯特（奥地利雪车运动员）

奥运圣火点火人 约瑟夫·里德（奥地利高山滑雪运动员）

参赛国家和地区数量 36

参赛人数 1091（892名男运动员和199名女运动员）

大项数量 6（新大项：雪橇；其他大项：冰球、冬季两项、雪车、滑雪、滑冰）

表演项目 冰盘

分项数量 10（冰球、花样滑冰、速度滑冰、冬季两项、雪车、高山滑雪、北欧两项、越野滑雪、跳台滑雪、雪橇）

小项数量 34

1964年因斯布鲁克冬奥会奖牌

摘要

在冬奥会开始前两周，数千名奥地利士兵被动员起来，以应对雪量不足的问题。他们用卡车从意大利边境附近的布伦纳山口运来数千立方米的积雪和2万块冰块。

四年前在斯阔谷冬奥会上首次登场的南非因为实行种族隔离制度而被禁赛。

两位苏联运动员完全统治了各自的参赛项目：利迪娅·斯科布利科娃在女子速滑四个小项中全部夺冠，克拉夫季娅·博亚尔斯基赫在越野滑雪三个小项中折桂。

苏联共获得25枚奖牌，其中11枚金牌，在总奖牌榜上遥遥领先，排在东道主奥地利（12枚奖牌，其中4枚金牌）和挪威（15枚奖牌，其中3枚金牌）之前。

比赛项目的名称第一次出现在奖牌正面，在气势磅礴的阿尔卑斯群山脚下，镌刻着"INNSBRUCK 1964"（因斯布鲁克1964年）的字样。在奖牌背面，奥运五环与因斯布鲁克市的纹章相映生辉。边缘刻有"IX-OLYMPISCHE WINTERSPIELE"（第九届冬季奥运会）的字样。

共有超过100万名观众（确切而言是107.3万）在赛道旁或冰场内观赛。最受欢迎的项目是高山滑雪和冰球。

奖牌榜

排名	国家	金牌	银牌	铜牌	合计
1	苏联	11	8	6	25
2	奥地利	4	5	3	12
3	挪威	3	6	6	15
4	芬兰	3	4	3	10
5	法国	3	4	0	7
6	德国联队	3	3	3	9
7	瑞典	3	3	1	7
8	美国	1	2	4	7
9	加拿大	1	1	1	3
10	荷兰	1	1	0	2

概
况

有点"严肃"，但并不过分

冬奥会圣火采集仪式，这也是冬奥会历史上第一次在雅典采集圣火

半个多世纪过去了，1964年因斯布鲁克冬奥会有点"严肃"，甚至有点"严苛"的整体印象是从何而来的呢？或许是因为奥运村地处偏僻，距离主场馆大约有15公里。而在四年前的斯阔谷，运动员和观众们从一个场馆步行到另一个场馆的途中还可能会在街头偶遇。本届冬奥会的情况则大不相同，在奥地利，选手们几乎待在一个半封闭的地方，再加上他们需要和普通观众一样花钱买票入场，所以他们就更不愿意去现场观赛了。此外，各项检查措施非常严格，在这个欧洲国度，不苟言笑的民众更推崇纪律而非狂热。

无论是在体育竞技层面还是在运行组织层面，1964年因斯布鲁克冬奥会都是一届杰出的奥运会。相较其他地方，或许这里少了几分热烈和欢乐的气氛。一场在运动设施和体育严谨性方面组织有序的奥运会并不是世锦赛各个项目的大杂烩；在这一点上，因斯布鲁克堪称典范。奥运会是一场聚会，也是一个节日。圣火不仅在火炬中被点燃，更在每个人的心中熊熊燃烧。

1月29日，约5万名观众在伯吉瑟尔滑雪台脚下亲眼见证了冬奥会开幕式。在这座跳台滑雪场馆内，人们可以俯瞰整座城市以及所有场馆设施。开幕式非常具有仪式感。这是冬奥会圣火第一次在奥林匹亚赫拉神庙前点燃，然后经过长途跋涉，最终来到担任主火炬手的高山滑雪运动员约瑟夫·里德的手中。在开幕式上演奏的蒂罗尔管弦乐队并未让人们忘记华特·迪士尼四年前在斯阔谷冬奥会上精心设计的盛大表演。

　　严肃？为了缓和冷战时期东西方集团之间的紧张气氛，国际奥委会对宣誓词进行了细微调整，将"国家"一词改为"队伍"。事实也的确如此，比如说，在因斯布鲁克冬奥会入场式上，只有一个名为"德国联队"的代表团，在科尔蒂纳丹佩佐和斯阔谷两届冬奥会上亦是如此，然而联邦德国和民主德国在政治层面上并不是真正的朋友。三年前，为了将两国明确分割开来，甚至修建起了柏林墙。朝韩两国在本届冬奥会上也是同场竞技：这是朝鲜首次参加冬奥会，速度滑冰选手韩弼花在3000米比赛中获得亚军，为朝鲜赢得首枚奖牌。这也说明奥林匹克运动能够化解疑虑，缓和矛盾。奥林匹克是一个大家庭，因斯布鲁克冬奥会或许在大家庭的氛围上稍有欠缺。

　　比赛本身并没有帮助主办方为冬奥会带来一丝新意。无可撼动的统治地位固然令人钦佩，但可能就不如各种惊喜和百花齐放的局面带给人们更多感动。在速滑

麦克德莫特夺得500米速滑冠军，并打破了冬奥会纪录

比赛中，利迪娅·斯科布利科娃包揽了500米、1000米、1500米和3000米四项女子比赛的全部金牌。这前无古人、后无来者的惊人壮举印证了苏联滑冰女运动员的霸主地位。从第一场500米比赛开始，她们就毫不留情地包揽了全部12枚奖牌。聚集在奥林匹克滑冰场室外赛道旁的观众或许对竞争激烈的男子比赛更感兴趣，因为这些比赛也不再是一家独大：美国选手理查德·麦克德莫特出人意料地赢得500米比赛；苏联选手安茨·安特松在1500米比赛中取胜；挪威选手克努特·约翰内森获得5000米比赛金牌；瑞典选手容尼·尼尔森在10000米比赛中夺冠。当得知第一次参加国际比赛的麦克德莫特要向教练借冰鞋时，首场比赛的观众们都为此感到忍俊不禁。最后一场比赛则颇具争议，尼尔森是唯一一位在起风前完成滑行的选手，他的胜利也得益于比竞争对手更好的冰面条件。这种欢声笑语和热烈讨论也是体育运动的一部分。

女子越野滑雪比赛则没有任何争议和质疑，克拉夫季娅·博亚尔斯基赫在两场竞争异常激烈的比赛中斩获金牌，首先是10公里项目（苏联队包揽金银铜牌），而后是苏联冬奥会历史上的第一个5公里金牌。在3×5公里接力赛中，她同样为团队的胜利贡献了一份力量，最终苏联队以领先瑞典队2分钟和领先芬兰队3分钟的优势夺冠。她在三场越野滑雪比赛中登上最高领奖台，苏联队在该项目产生的9枚奖

克拉夫季娅·博亚尔斯基赫展示三块金牌。她在本届奥运会夺得越野滑雪女子3×5公里接力、5公里、10公里三项冠军

牌中狂揽6枚，简直是粉碎所有悬念的无情机器。在男子比赛中，有两位选手成为蒂罗尔州塞费尔德村附近赛道上的绝对主角：芬兰选手埃罗·门蒂兰塔在前两场比赛中获胜。第一场30公里比赛中，他击败挪威选手哈拉尔·格伦宁根和苏联选手伊戈尔·沃龙奇欣夺冠；第二场15公里比赛中，他再次击败哈拉尔·格伦宁根和瑞典选手西克斯腾·耶恩贝里，后者则收获了个人第七枚奥运奖牌。那么谁会是比赛的最大赢家呢？

在35岁生日前夕，耶恩贝里在50公里比赛中以领先同胞阿斯萨尔·伦隆德1分多钟的优势拔得头筹，获得了个人的第八枚奥运奖牌，并且还是一枚金牌。同样的结果也出现在4×10公里接力赛中：在埃罗·门蒂兰塔和阿斯萨尔·伦隆德的最后对决中，胜利的天平最终偏向了瑞典队一方。芬兰队和苏联队以落后冠军8秒和12秒的成绩分列第二名和第三名。西克斯腾·耶恩贝里的奥运生涯迎来完美的告别：9枚奖牌，其中4枚金牌，缔造了令人钦佩的惊人纪录。我们会为之欢呼鼓掌，但会真的为之心潮澎湃吗？

我们在雪橇比赛中也会抛出这个问题，这项运动在因斯布鲁克冬奥会上首次亮相，显然并不存在运动传统或者历史战绩。然而德国队却以势不可当的姿态碾压所有对手，仿佛一切都已事先预设好：6枚个人赛奖牌中的5枚被德国队收入囊中。奥地利队在双人雪橇项目上的胜利（实际上是包揽金银牌，意大利队获铜牌）让比赛呈现出一边倒的态势。在1964年冬奥会上，许多项目的金银牌都是被同一个国家包揽的，其中包括冬季两项：苏联队夺冠热门弗拉基米尔·梅拉宁以3分多钟的领先优势击败了同胞亚历山大·普里瓦洛夫。在比赛中，只有这两位选手射击时全部命中目标。

斯阔谷冬奥会上曾爆出过冷门的两个比赛项目在因斯布鲁克冬奥会上回归了常态。在北欧两项中，

继上次德国选手（格奥尔格·托马）夺冠后，一位来自北欧的选手，确切来说是一位名叫托尔莫德·克努森的挪威选手毫无悬念地赢得了比赛。简而言之，就是回归到人们熟悉的那种状态。1960年，美国队在冰球比赛中爆冷夺冠，而这次苏联队重新夺回头把交椅。直至1980年，又一次成为冬奥会东道主的美国队才再次打破苏联队对冰球金牌的垄断。获得前三名的苏联、瑞典和捷克斯洛伐克全都是欧洲国家。这是加拿大队自1920年以来首次未能站上领奖台。历史的风向标已经转向。

激情来源于其他项目。在托尼-西罗斯奥林匹克滑雪跳台（标准台，K70）和伯吉瑟尔滑雪跳台（大跳台，K90），挪威选手托拉尔夫·恩甘和芬兰选手韦科·坎科宁上演了一场精彩的双人对决，过程悬念迭起、曲折跌宕，直至最后一跳才以圆满结局收尾。挪威选手在标准台上夺冠，芬兰选手在大跳台上获胜：皆大欢喜。这两位选手的表现说明国际奥委会从因斯布鲁克冬奥会开始增加第二个比赛项目（大跳台）的决定是正确的。

伊格尔斯的雪车赛道点燃了观众们的激情，主办方特意将奥地利士兵在山坡上切割出来的2万块冰块运送至比赛场地，精心整修赛道。在1960年美国斯阔谷冬奥会

奥地利士兵依靠人力用筐把
雪运上赛道

上，由于主办方认为修建赛道的费用过高，于是雪车项目未被列入正式比赛。在奥地利，由于气温回升和周围温度严重影响了首次使用的人造冰面，它险些被弃置不用。如果真是这样，那就太可惜了。英国队和加拿大队分别爆冷在双人雪车和四人雪车比赛中夺冠，而这两个国家甚至在国内连一条雪车赛道都没有。这两支奥运冠军车队得到了命运的眷顾，或者说是得益于意大利选手欧金尼奥·蒙蒂（两次获得铜牌）堪称典范的公平竞争精神，后者曾帮助两支车队维修车辆，使得他们能够最终取胜。奥运会结束后，蒙蒂因其体育精神而获得首枚顾拜旦奖章。奥林匹克运动确实是一个大家庭。

年轻的克里斯蒂娜和马里耶勒·戈瓦切尔在阿克萨米尔·利祖姆山的滑雪赛道上奉献了一场精彩的比赛。由于气温回升，主办方不得不从其他地方运来4万立方米的积雪。2月1日，19岁的克里斯蒂娜·戈瓦切尔战胜18岁的妹妹赢得了高山滑雪回转比赛，这个场景可并不多见。人们对这场比赛赞不绝口，即便翻阅史册，也再难寻如此出色的兄弟姐妹。两天后，这两位法国女选手在大回转比赛中又一次摘金夺银，缔造了令人难以企及的纪录：这一次马里耶勒击败了克里斯蒂娜。在这两场比赛中，美国女选手让·索贝尔都登上了领奖台。对克里斯蒂娜来说，这是她职业生涯的巅峰。对马里耶勒来说，这

姐姐克里斯蒂娜（左）和妹
妹马里耶勒（右）被法国观
众高高举起

仅仅是个开始。在四年后的格勒诺布尔，她虽然没能卫冕大回转的冠军，但却接替姐姐站上了回转比赛
的最高领奖台。在两届奥运会之间，她在1966年智利波蒂略高山滑雪世锦赛上大放异彩，赢得了滑降、
大回转和两项全能的冠军，仅在回转比赛中不敌另一位法国女选手安妮·法莫斯，屈居亚军。

法国男子滑雪队也在因斯布鲁克收获颇丰，弗朗索瓦·邦利厄夺得大回转金牌，莱奥·拉克鲁瓦在
滑降赛中摘得银牌。东道主奥地利队的表现也不相伯仲，在主场赢得三枚金牌（埃贡·齐默尔曼和约瑟
夫·施蒂格勒在男子滑降和回转赛中获胜，克里斯特尔·哈斯在女子滑降中摘金），两枚银牌和两枚铜
牌，其中还以惊人表现包揽了女子滑降的金银铜牌。奥地利滑雪选手也是全家齐上阵：滑降比赛亚军埃
迪特·齐默尔曼与埃贡是一对姐弟。澳大利亚选手罗斯·米尔恩在伊格尔斯赛道进行滑降训练时不幸撞
树身亡，悲剧的阴影始终在赛场上空盘旋。

奥林匹克滑冰场很快迎来了闭幕式，这是开闭幕式首次不在同一地点举行。但在此之前，花样滑冰
运动员们率先令座无虚席的看台为之沸腾。在男子项目中，人们不知道更应该向谁表示祝贺：是向赢得
当天唯一一块金牌，同时也是其职业生涯中唯一一块奥运金牌的德国选手曼弗雷德·施内尔多费尔？还
是向在15岁生日前两天获得铜牌的美国选手斯科特·艾伦？斯科特·艾伦也由此成为冬奥会历史上最
年轻的奖牌得主。作为女子比赛的夺冠热门，荷兰女选手萧克耶·戴克斯特拉在专程前来观赛的荷兰王

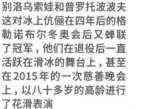

别洛乌索娃和普罗托波波夫
这对冰上伉俪在四年后的格
勒诺布尔冬奥会后又蝉联
了冠军，他们在退役后一直
活跃在滑冰的舞台上，甚至
在2015年的一次慈善晚会
上，以八十多岁的高龄进行
了花滑表演

综
述

室面前轻松夺冠。

这届双人滑比赛在未来数十年内持续引发着关注，奖牌的归属直至2013年才尘埃落定。苏联冰上
伉俪柳德米拉·别洛乌索娃和奥列格·普罗托波波夫毫无悬念地赢得了比赛，他们开启了苏联在该项目
上的长期统治。在节目表演结束后，德国组合玛丽卡·基柳斯和汉斯－于尔根·博姆勒领先加拿大组合
德比·威尔克斯和盖伊·雷维尔获得银牌。但两年后，德国组合因为在冬奥会前草率签订了一份职业运
动员合同，不得不退回奖牌。美国人艾弗里·布伦戴奇在担任国际奥委会主席（1952—1972年）期间铁
面无私：和奥运会上其他选手一样，滑冰运动员也必须是业余选手。1966年，加拿大组合获得补发的银
牌，在因斯布鲁克冬奥会上排名第四的美国组合维维安和罗兰·约瑟夫顺延获得铜牌。故事就此画下了
句号？并非如此。1987年，国际奥委会的态度逐渐放宽，于是决定把奖牌还给德国组合。但如何处理
1966年颁发的奖牌呢？直至2013年，国际奥委会才明确自己的立场：苏联组合获得金牌，加拿大组合
和德国组合分享银牌，美国组合保留铜牌。激情终会被时间平息。

在最终的奖牌榜上，东道主奥地利以12枚奖牌（包括4枚金牌）位列第二位，领先于正逐渐找回昔
日荣光的挪威（3枚金牌）。苏联依然雄踞奖牌榜榜首：11枚金牌、8枚银牌和6枚铜牌，共计25枚奖
牌。几乎等同于第二名和第三名奖牌相加的总数。

跳台上的巅峰对决

在跳台滑雪比赛中，芬兰选手韦科·坎科宁和挪威选手托拉尔夫·恩甘奉献了一场精彩的对决，结局皆大欢喜。

 故事

芬兰选手韦科·坎科宁，1940年1月5日出生于芬兰索特卡莫，参加斯阔谷冬奥会时只有20岁，在跳台滑雪项目中仅排在第40名。而比他大4岁的挪威选手托拉尔夫·恩甘（1936年10月1日出生于梅尔达尔）甚至连赴美参赛的机会都没有。但从那时起，他们两人都有了长足的进步。恩甘在1961年获得挪威冠军，1962年冬一飞冲天，成绩斐然，获得标准台世界冠军，并在参加的26场比赛中豪取22胜。第二年，他在著名的跳台滑雪四山巡回赛（德国的奥伯斯多夫和加尔米施－帕滕基兴，奥地利的因斯布鲁克和比绍夫斯霍芬）中全部夺冠，实现了该项目的巅峰成就。1964年1月，就在因斯布鲁克冬奥会开始前，韦科·坎科宁取代他登上了冠军的领奖台。

在奥地利举行的这届冬奥会上，一个跳台滑雪的个人小项被列入正式比赛项目。除了在蒂罗尔州塞费尔德的托尼－西罗斯奥林匹克滑雪跳台上进行的"标准台"（K70）比赛之外，在因斯布鲁克的伯吉瑟尔跳台上，还举行了新项目"大跳台"（K90）的比赛。数以万计的观众在现场观看了每位选手的三次跳跃。因为只有最好的两次成绩才会被计入排名，选手们被激励着不断挑战自我；他们还有允许自己失误的机会。

1964年1月21日，坎科宁在标准台比赛中首先出现失误。在第一跳失误只跳出77米后，他排在第29位，远远落后于第一跳取得79米佳绩而位列第一的恩甘。但他马上调整状态，在第二次跳出了80米的全场最远距离，并获得了极高的姿势得分：他的排名

上升至第4位，而恩甘凭借78.5米的出色表现仍然稳居领先位置。在第三轮中，韦科·坎科宁的表现更胜一筹：两人都跳出了79米的距离，但坎科宁这一跳的成绩要高于恩甘，后者因落地不稳而被扣分。最终悬念揭晓，韦科·坎科宁以229.90分夺金，托拉尔夫·恩甘以226.30分摘银。

九天后，他们二人在"大跳台"项目的冬奥会首秀上再次相遇。这一次，伯吉瑟尔K90跳台下聚集的观众更多了，大家都嗅到了复仇的气息。信心满满的坎科宁从起点飞跃而出，落地距离为95.5米，创下本场比赛中距离最远的一次跳跃。他与排名第二的恩甘（93.5米）拉开了差距。第二轮助滑道的距离较短。两位选手都跳出了90.5米，但恩甘凭借完美的落地姿势反超，而坎科宁出现了落地失误。之前在"标准台"上获得铜牌的挪威选手托杰·布兰采格（92米和90米）排在他们二人之后，至少已经锁定了一枚奖牌。

最后一轮的出发点再次降低。托拉尔夫·恩甘没能扛住压力。他乱了阵脚，发挥失常，只跳出了73米，而后布兰采格跳出了87米的距离。坎科宁似乎有望将第二枚奥运金牌收入囊中，成为标准台和大跳台双料冠军，而且他跳出了88米的距离，但是失误也如影随形：他着陆时一只手触碰到地面，被扣除了姿势得分。托拉尔夫·恩甘以230.70分的总成绩赢得胜利成功"复仇"，韦科·坎科宁的成绩是228.90分。另一位挪威选手托杰·布兰采格以227.20分紧随其后。站上领奖台的三位选手成绩如此接近，这是从未有过的情况。

故
事

现场记者围堵标准台比赛亚军选手托拉尔夫·恩甘，认为他获得了冠军。实际冠军获得者韦科·坎科宁在他们身后刚刚完成制胜一跳

123

一个冬天的童话

第一次参加冬奥会雪车比赛的加拿大队白手起家，不可思议地夺得冬奥会金牌，他们的故事宛如童话。

因斯布鲁克冬奥会雪车项目迎来了新鲜血液的注入，有两个国家的队伍出人意料地获得雪车项目的冠军，两国国内甚至连一条雪车赛道都没有。

英国队就不必赘述，此前曾两获冬奥会奖牌，分别是1924年夏蒙尼冬奥会银牌和1936年加尔米施－帕滕基兴冬奥会铜牌。罗宾·狄克逊和托尼·纳什在因斯布鲁克冬奥会双人雪车比赛中获胜，足以说明该项目在英国的长足发展。意大利选手欧金尼奥·蒙蒂公平竞争的体育精神令他们受益匪浅，他借给英国组合一个车轴螺栓，帮助他们完成比赛并战胜两个意大利组合夺得冠军。蒙蒂本人获得第三名。

加拿大队在四人雪车比赛中的胜利，则是一个奇迹，甚至是一个玩笑，如同一个不可思议的童话。1956年，维克·埃默里在欧洲旅行时，碰巧参加了科尔蒂纳丹佩佐冬奥会的雪车比赛，这个来自蒙特利尔、能讲一口流利的英语和法语的男人彻底爱上了这项运动。回到加拿大后，他在兄弟约翰的帮助下，创立了劳伦琴雪车协会。无论是在本地区，还是在全国范围内，都找不到一条冰上赛道，更没有一个国际高水平教练能够培养或训练这两兄弟。

获得四人雪车比赛冠军的加拿大雪车选手埃默里安慰获得铜牌的意大利队员蒙蒂。如果不是蒙蒂的帮助，第一次参加雪车比赛的加拿大队很有可能拿不到冠军

于是，他们移居欧洲，参加了几场比赛，并在意大利选手欧金尼奥·蒙蒂的建议（后者是该项目的积极推广者）下开始训练。

维克·埃默里和约翰·埃默里兄弟先是参加了双人比赛，后在1959年与道格·阿纳金和彼得·柯比一起参加了他们的首届普莱西德湖世锦赛四人雪车角逐。他们获得了第13名，这对于一支两年前才刚刚起步的队伍来说，算是不错的成绩了。在因斯布鲁克冬奥会前，维克·埃默里自信满满地说："我不知道奖牌会是什么成色，金牌、银牌还是铜牌，也不知道会是两枚还是四枚，但我确信我们会把奖牌带回家。"加拿大代表团的其他成员听到都笑了起来，觉得他有点狂妄。诚然，加拿大雪车项目先驱者们的备战条件比较简陋：他们在一家普普通通的健身房里进行训练，并尽可能利用普莱西德湖的奥林匹克赛道。1月31日，在进行双人雪车比赛的伊格尔斯赛道上，维克·埃默里（舵手）和彼得·柯比（刹车手）在第一轮中滑出了最好成绩，但接下来几轮却表现平平，未能登上领奖台。他们排在第4位，期待的奖牌未能兑现。

五天后，加拿大四人雪车组合在第一轮中依然用时最短，打破了赛道纪录，但这次他们在第二轮中挺住了。维克·埃默里负责驾驶雪车，他的兄弟约翰·埃默里推车助力，道格·阿纳金和彼得·柯比控制刹车。这台雪车让加拿大队在比赛的第一个晚上处于领先位置，但它的状况很糟糕：后轴已经弯曲。意大利人欧金尼奥·蒙蒂又一次发扬了高尚的体育精神：他让自己的机械师帮助加拿大队修理雪车。2月6日，他们在第三轮中滑出第二快的成绩。第二天（即2月7日），在这个被载入冬奥会历史的日子，他们的表现更加出色，在第四轮也是最后一轮滑行中获得第一名，此前从未参加过冬奥会雪车比赛的加拿大，战胜奥地利和意大利夺得金牌。

维克·埃默里与迈克尔·扬、杰拉尔德·普雷斯利和彼得·柯比搭档，共同获得四人雪车的世界冠军，并在第二年的圣莫里茨比赛中再获双人雪车的铜牌（与迈克尔·扬搭档）。"如果你赢不了第二次，你就不是一个真正的冠军"，维克·埃默里如是说。继他们之后，雪车运动在加拿大逐渐发展起来。如今，加拿大以5枚金牌、2枚银牌和2枚铜牌的成绩在历届冬奥会雪车项目奖牌榜上名列第五。维克·埃默里的"后辈们"不会再让人嘲笑了。

雪橇金牌组合

前两届冬奥会雪橇冠军都来自德国。托马斯·克勒和奥特伦·恩德莱因从一开始就确立起一个传统优势项目。

2010年，当一名格鲁吉亚选手在温哥华冬奥会的一次训练中丧生时，人们更多的将矛头指向了赛道而非雪橇本身。21岁的诺达尔·库玛利塔什维利在速度接近140公里/小时的时候，于最后一个弯道处不幸遭遇意外，这是赛道上最快的弯道。他的雪橇冲出赛道，撞上了旁边的护墙。事故发生后他陷入昏迷，几分钟后被救护车送往医院，不治身亡。在他之前也有其他运动员在冬奥会开始前不幸殒命，比如瑞士选手尼古拉·博沙泰，1992年他在

阿尔贝维尔的速度滑雪（表演项目）训练中与铲雪车相撞身亡，但库玛利塔什维利是第一位在比赛或正式项目训练中丧生的运动员。

惠斯勒赛道被诟病为速度最快、难度最高，以及有史以来最危险的雪橇滑道。国际雪橇联合会（FIL）和国际雪车联合会（IBSF）制定了更为严格的竞赛资格标准，以确保惠斯勒赛道不会成为一些运动员的噩梦。虽然赛事的观赏性会打一些折扣，例如来自汤加群岛的雪橇选手未能达标，但对于经验不足的选手来说，确实规避了

托马斯·克勒赢得男子单人
雪橇冠军

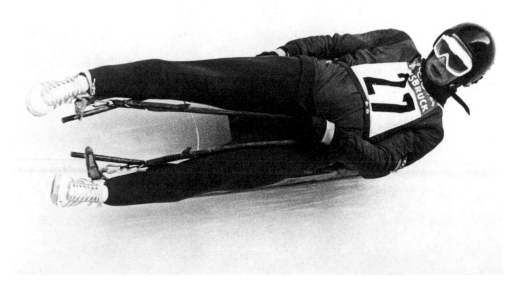

风险。别忘了在2006年都灵冬奥会上，双人雪橇比赛在塞萨纳－帕里奥赛道上发生过多起事故，有些甚至非常严重。

雪橇是一项危险的运动，非常危险。是否过于危险？在将这项运动列入冬奥会正式比赛项目之前，国际奥委会就进行了激烈的辩论，1955年国际雪车联合会才在奥斯陆举办了第一届世界锦标赛。两年后，国际雪橇联合会成立。但直至1964年，这项运动才被列入奥运会正式比赛。这个延迟是由于1960年斯阔谷冬奥会缺少赛道。在因斯布鲁克冬奥会开始前两周，出生于波兰的英国雪橇运动员卡齐米日·凯－斯科兹佩基在一次训练中丧生，关于安全问题的讨论再次甚嚣尘上。最终在奥地利的伊格尔斯赛道上，这个项目正式亮相，共有男子单人、女子单人和男子双人三个小项，雪橇赛程从1月30日持续至2月4日。

德国的雪橇人才培养体制已经成为孕育冠军的摇篮，并将在未来几十年内持续证明这一点。在因斯布鲁克冬奥会上，这个项目的首批奥运冠军来自德国，主要是东部地区，这点丝毫不令人意

外。虽然联邦德国和民主德国是两个独立的国家，但两国在1964年（最后一次）仍以德国联队的名义参赛。在女子比赛中，20岁的奥特伦·恩德莱是当之无愧的王者：她在每一轮中都滑出了最快成绩，而且越滑越快，除了已经锁定胜局的最后一轮。她的同胞也是她的对手、1962年和1963年世界冠军艾尔·盖斯勒在第四轮滑行中犯规。最终，奥特伦·恩德莱以近3秒的优势击败艾尔·盖斯勒夺冠。后来，她在1965年的达沃斯（瑞士）和1967年的哈马什兰德（瑞典）获得世锦赛冠军，并于1970—1990年担任民主德国奥委会委员。

在男子比赛中，两位德国雪橇运动员，1962年世界冠军托马斯·克勒和克劳斯·迈克尔·邦萨克之间的较量如果用一句话来概括，那么就是他们二人在四轮滑行中牢牢占据着前两名。在他们之后，他们的同胞汉克·普伦克始终位列第三。德国队强势包揽全部奖牌：克勒以0.27秒的优势领先邦萨克夺得金牌，普伦克摘得铜牌。

23岁的托马斯·克勒来自民主德国的茨维考，他在1967年瑞典哈马什兰德世锦赛上获得了大满贯，先是在单人项目中战胜了迈克尔·邦萨克，而后又与其合作赢得双人项目冠军。在1968年格勒诺布尔冬奥会上，这对形影不离的搭档在单人项目中分获银牌（克勒）和铜牌（邦萨克）后，又在双人项目中夺金。托马斯·克勒是1984年萨拉热窝冬奥会和1988年汉城夏奥会民主德国代表团的团长。

1968 格勒诺布尔

1968年格勒诺布尔冬奥会会徽

第10届冬奥会
1968年格勒诺布尔

地点 格勒诺布尔（法国）

开幕式 1968年2月6日（2月4日开赛）

闭幕式 1968年2月18日

开幕式致辞人 夏尔·戴高乐（法国总统）

运动员宣誓代表 莱奥·拉克鲁瓦（法国高山滑雪运动员）

奥运圣火点火人 阿兰·卡尔马特（法国花样滑冰运动员）

参赛国家和地区数量 37

参赛人数 1158（947名男运动员和211名女运动员）

大项数量 6（雪车、雪橇、冰球、滑冰、滑雪、冬季两项）

分项数量 10（雪车、雪橇、冰球、速度滑冰、花样滑冰、高山滑雪、越野滑雪、

跳台滑雪、北欧两项、冬季两项）

小项数量 35

1968年格勒诺布尔冬奥会奖牌

摘要

共有加拿大的卡尔加里、芬兰的拉蒂、美国的普莱西德湖、日本的札幌、挪威的奥斯陆和法国的格勒诺布尔6个城市竞选主办第十届冬奥会。在投票表决中，格勒诺布尔赢得了胜利。格勒诺布尔是法国东南部一座古老的城市，远在古希腊、罗马时期就已驰名于世。

开幕式上，当最后一个火炬手阿兰·卡尔马特登上主火炬塔的时候，组织者把一只麦克风放在了他的胸前，强有力的心跳声响彻全场。这位后来成为议员的前花样滑冰奥运亚军承认，其实场上听到的并不是他的心跳声，而是组织方为了保证效果提前就准备好的。

两个德国自1956年组成德国联队参加了三届冬奥会，从本届开始首次分两队参赛，即德意志联邦共和国（西德）代表团和德意志民主共和国（东德）代表团。

6万名观众在格勒诺布尔奥林匹克体育场参加了开幕式，该体育场是为本届冬奥会而新建的临时建筑。

格勒诺布尔首次通过彩色电视信号进行转播冬奥会。

在跳台滑雪比赛中，苏联选手弗拉基米尔·别洛乌索夫（金牌）和捷克斯洛伐克选手伊日·拉什卡（银牌）在冬奥会历史上首次突破了100米大关。

奖牌榜

排名	国家	金牌	银牌	铜牌	合计
1	挪威	6	6	2	14
2	苏联	5	5	3	13
3	法国	4	3	2	9
4	意大利	4	0	0	4
5	奥地利	3	4	4	11
6	荷兰	3	3	3	9
7	瑞典	3	2	3	8
8	联邦德国	2	2	3	7
9	美国	1	5	1	7
10	民主德国	1	2	2	5
	芬兰	1	2	2	5

概况

充满魅力的节日盛会

综述

格勒诺布尔冬奥会是首次通过彩色电视信号进行转播的冬奥会

　　格勒诺布尔冬奥会变得与众不同，是因为现代化创新真正融入了冬奥会，各种奇闻趣事也随之而来。历史上第一次在冬奥会前进行女性特征检查。同样，第一次在冬奥会期间要求运动员进行反兴奋剂测试，此举是为了保证竞赛的合法性和公平性。国际奥组委决定未来将继续采用样本标记的方法进行兴奋剂检测。其实在墨西哥夏季奥运会期间，奥组委就严格施行了这一检测。这一新机制也在格勒诺布尔冬奥会上得以施行，其间一共进行了86次检测，在比赛期间对参赛者进行随机抽查，结果显示没有运动员呈现阳性。历史上第一例兴奋剂丑闻是在墨西哥夏季奥运会上爆出的，一位瑞典现代五项运动员在比赛中服用了兴奋剂。

　　格勒诺布尔冬奥会同样标志着奥运比赛正处在向严格化、科技化过渡的阶段。第一次冬奥会赛事的电视转播画面不再是黑白的，而是全彩的，这也成为这届冬奥会的亮点。国际知名服装品牌巴尔曼首次为冬奥会的女接待员设计了制服。这次冬奥会还聚集了来自乐坛、影视圈、电影圈的明星，他们前来观赛想一睹冬奥冠军的风采。1969年上映的美国电影《恐怖速降》(Downhill racer)曾在格勒诺布尔冬奥会开幕式上取景。这部电影由迈克尔·里奇执导，罗伯特·雷德福和热内·哈克曼主演。电影中的部分镜头和场景取自冬奥会开幕式。法国导演克罗德·勒鲁什和弗朗索瓦·赖兴巴赫的纪录片《法国十三天》也是在冬奥会期间摄制的。这部纪录片展现了运动员的竞技场面、冠军的私生活，以及围绕冬奥会所组织的各种表演。

每届奥运会，无论是在夏奥会还是冬奥会，都会产生"国王与皇后"。得益于1607名技术人员的努力，格勒诺布尔冬奥会首次采用全彩及电视卫星进行转播，"国王与皇后"凭借个人魅力迅速征服了全世界的亿万观众。

能配得上"格勒诺布尔国王"的选手，绝对是来自法国的让-克洛德·基利，他在高山滑雪大项中一举承揽了三个小项的金牌。这三个小项分别是滑降、大回转及回转，它们对技术有着截然不同的要求，但是基利都能做到极致。此外，他还有着迷人的笑容和感人的成长经历。他的父母离异，父亲将他抚养成人。他儿时身体不好，经常生病，但他有着坚韧不拔的意志力和过人的聪明才智。他还非常幽默，在取得回转赛冠军后，他听到队友马里耶勒·戈瓦切尔（女子回转项目冠军）宣布他们的订婚消息，他大笑起来——他并不知道这个

综
述

佩姬·弗莱明赢得花样滑冰比赛冠军，这也是美国队在本届冬奥会上的唯一金牌

"惊喜"。虽然这只是个天大的玩笑，但恰好证明了让-克洛德·基利是所有女性的理想伴侣。

而冬奥"皇后"则当属来自美国的佩姬·弗莱明，当时她还不满20岁（1968年7月27日才是她20岁的生日）。她出身贫寒，家人为了支持她的兴趣爱好作出了很大的牺牲，她的妈妈亲自设计并制作了她所有的比赛服装，她的爸爸为了让她得到更好的训练环境曾两度举家迁移。在为美国队夺得了本届冬奥会唯一一枚金牌后，佩姬·弗莱明专门感谢了她的家人。她为11500名现场观众和亿万电视观众带来了精彩绝伦的表演，9名评委一致表达了对她的喜爱。面对来自民主德国的加比·赛费特和来自捷克的

综
述

法国人让－克洛德·基利的魅力有多大，看看他的支持者就知道了，站在他身后的是《罗马假日》的女主角奥黛丽·赫本（左1）和法国时尚传奇名媛杰奎琳·德里贝斯（左2）

哈娜·马什科娃两位技术更为优秀的代表性选手，佩姬·弗莱明凭借优美的动作更好地诠释了花样滑冰比赛的艺术性。

冬奥会刚结束不久，就有广告商想要与"格勒诺布尔的冰上皇后"谈合作了。佩姬·弗莱明也不再仅仅是一名业余运动员，她被封为美国的国民女英雄。她与舞台剧《冰之疯狂》签署了一份50万美元的巡演协议，并开始频繁出现在维生素、洗衣粉和胶带纸的广告中。再后来，她成功转型成了电视解说评论员，经常与同样是奥运冠军的迪克·巴顿（1948年和1952年冬奥会冠军）搭档做解说。2008年2月，在纪念1968年冬奥会举办40周年的纪念活动中，她受邀担当了格勒诺布尔市的荣誉代表。

让－克洛德·基利和佩姬·弗莱明的形象——年轻、美貌，其冠军风采完全展现了格勒诺布尔冬奥会是一届带有迷人色彩的节日盛会。法国总统戴高乐曾经希望这是一届有魅力的冬奥会。格勒诺布尔市长要求市民以最大的热情接待前来观赛的1万多名观众："我们需要微笑，在街上，当我们开车的时候，一定要尊重行人，停车致以微笑。"事实上大家也是这么做的。

这届冬奥会的比赛场地之间都离得很远——格勒诺布尔处于山谷最低点，海拔只有204米到600米。冬奥会期间建成了三个奥运村，高山滑雪在尚鲁斯滑雪站，北欧滑雪（越野滑雪、冬季两项和北欧两项）在奥特兰，同步配置的桑拿洗浴室让斯堪的纳维亚人非常满意；冰上项目也同样在奥特兰举行。主奥运村由8座塔楼和12栋建筑组成，这个新建成的区域在冬奥会期间接待了6万余人。一位住在这儿的参赛运动员调侃道："这里就像是一个小城市，一切都是新的，这儿有三个餐厅，我们每天都要挨个儿尝一下，都快消化不良了。"

1968年2月6日星期二，6万名观众参加了开幕式。在冰球开赛两天后，冬奥会开幕式在这个专门设计的场馆中举行。当圣火台被最后一棒火炬手——花样滑冰运动员阿兰·卡尔马特，未来的法国体育部部长点燃的时候，当他的心跳通过扩音器在整个赛场响起的时候，直升机向观众席和各国运动员代表团撒下玫瑰花瓣雨。在真正开始竞技比赛之前，这一场景体现了法国人骨子里的浪漫。

参赛队伍水平高超。有时，比赛中会出现感人至深的场景，比如，意大利雪车运动员欧金尼奥·蒙蒂的夺冠，他在40岁的时候才取得了奥运冠军。有时，比赛中又会出现具有代表性的场面，比如，捷克斯洛伐克的冰球运动员战胜了苏联运动员这件充满戏剧性的事件。在"布拉格之春"开始的一个多月后，面对苏联的控制，捷克人民开始了抵抗活动。但是，如此精彩绝伦的胜利并未能阻挡苏联在其他项目上取得胜利。雪橇运动员克劳斯·邦扎克和托马斯·克勒为民主德国挣得一枚男子双人项目金牌也同样算是经典场面。德国的两部分（德意志联邦共和国和德意志民主共和国）在1956年、1960年及1964年都还是以一支队伍的形式参加奥运会，但是在1968年他们分成了两个队，有不同的队歌和旗帜。不久之后，德意志民主共和国（民主德国）成为奥林匹克运动崛起的新力量。

由于冰球比赛采用积分制，直到最后一轮苏联队以5－0大胜加拿大队，才最终锁定冠军

综述

由于这种特殊情况，德意志民主共和国成了比赛中被孤立的一支队伍。三名民主德国雪橇运动员因为加热雪橇冰刀而被取消了参赛资格，事实上这种行为是比赛规则中明令禁止的。一份疑似官方的诉愿书中甚至提出对民主德国的禁赛诉求。首次以独立的队伍参加冬奥会，民主德国共取得了5枚奖牌（1金、2银、2铜），与芬兰并列奖牌榜第十位。

这届冬奥会上，挪威共取得了14枚奖牌，又一次位列奖牌榜榜首。其中，他们在优势项目上夺得了6枚金牌。在奥特兰山的越野滑雪场，哈拉尔·格伦宁根取得了15公里越野滑雪的金牌，奥勒·埃勒夫塞特取得了50公里越野滑雪的金牌，还有两项接力赛的金牌分别来自男子4×10公里和女子3×5公里，最后冬季两项项目的金牌得主是马格纳尔·索尔贝里。在与越野滑雪有关的比赛中，挪威共取得了5枚金牌。

在速度滑冰项目上，挪威选手弗雷德·安东·麦耶尔分别在5000米和10000米项目中获得1金1银2枚奖牌，同样，马格纳·托马森和伊瓦尔·埃里克分别在500米和1500米项目中取得了银牌，这些成绩使得挪威在奖牌榜上超越了苏联，再现了昔日的辉煌。苏联在本届冬奥会上共取得了13枚奖牌，其中包含新增项目——冬季两项中的男子4×7.5公里接力赛收获的金牌。同时，在这届冬奥会上，主办国法国以9枚奖牌的总数进入了奖牌榜前三名，这是冬奥会历史上第一次。在这9枚奖牌中，8枚（包含4枚金牌）来自于高山滑雪项目。但国际奥委会主席艾弗里·布伦戴奇拒绝为高山滑雪获奖运动员颁发奖牌，因为美国人布伦戴奇正在为抵制参赛者的业余性及插入广告作斗争。他怀疑高山滑雪运动员是为了推广他们的运动装备而参赛…… 对于以严格著称的布伦戴奇主席来说，运动是一件严肃的事情。他也不喜欢高山滑雪项目的金牌获得者，因为维尔凯克是镇上的酒吧服务员，同时也是一档电视节目里的小号演奏者。挪威越野滑雪运动员奥勒·埃勒夫塞特，在他29岁生日这天取得了50公里越野滑雪比赛冠军，他是挪威的一名护林员，同样也是他们那个时代的流行乐歌手。

综述

美国人艾弗里·布伦戴奇在开幕式上发表讲话，他是唯一一位来自欧洲之外的国际奥委会主席。对奥林匹克运动商业化和职业化，布伦戴奇始终持坚决反对意见

蒙蒂，一个与众不同的人

欧金尼奥·蒙蒂的冬奥会成绩无疑是出色的，然而对他的最佳褒奖还是那枚"顾拜旦奖章"。

1965年5月20日，联合国教科文组织总干事雷内·马尤向蒙蒂（右）颁发了历史上第一枚"顾拜旦奖章"

事故造成膝盖韧带撕裂，他的滑雪生涯就此终结，但与此同时，他的雪车生涯才刚刚开始。他很快就表现出了过人的天赋，在科尔蒂纳丹佩佐取得了2枚银牌。从1957年开始，他多次取得世界冠军。在他的职业生涯中，他总共取得了9次世界冠军。

当蒙蒂和他的队友在这个项目上占上风的时候，雪车项目却从冬奥会比赛项目中消失了。1960年，斯阔谷冬奥会的主办方以建造成本过高、参赛人数又太少（只有九个国家报名）为由，拒绝为雪车项目建造一条昂

1956年，欧金尼奥·蒙蒂首次入选意大利奥运代表团，参加了科尔蒂纳丹佩佐冬奥会，在双人雪车和四人雪车项目上为东道主队夺得2枚银牌。他并不是一名年轻的选手，他于1928年1月23日出生在意大利波尔查诺－波岑，第一次参加冬奥会雪车比赛时已经28岁了。蒙蒂运动生涯的开端原本是高山滑雪，而不是雪车项目，他曾获得过高山滑雪回转和大回转全国冠军，同行们亲昵地叫他"飞翔的红棕色头发男人"。1951年，他因一次严重的滑雪

贵的赛道。这一年，蒙蒂和他的队友在双人雪车和四人雪车项目中都夺得了世界冠军。当时这位领军人物已经32岁，他决定继续自己的雪车运动生涯。1964年因斯布鲁克冬奥会，他取得了3枚奖牌（奖章）——在四人雪车和双人雪车项目上获得2枚铜牌和1枚从来没有颁发过的"顾拜旦奖章"。这是历史上首次颁发"顾拜旦奖章"，我们甚至在猜测如果没有蒙蒂的话，这块奖章可能都不会被创造出来。这块奖章是为了表彰他公平比赛的精神和慷慨大度的品格，后

来，人们也将"顾拜旦奖章"称之为"公平竞赛奖"。

当时，在双人雪车比赛中，意大利队在第一赛段创造了最快速度，他们当然想在这个项目上夺得金牌。当蒙蒂和队友们在赛道出发处依次等候时，他发现旁边的主要对手——英国组合罗宾·狄克逊和托尼·纳什惊慌失措，英国人的雪车上少了一颗螺栓，没有这颗螺栓，他们无法参加比赛。蒙蒂毫不犹豫把自己的备用螺栓给了英国组合，使他们得以继续比赛。最终英国队取得了冠军，紧随其后的是另一对意大利组合，蒙蒂和他的队友获得第三名。意大利民众对他这种骑士风度的行为进行了指责，面对这样的指责他回答道："纳什和狄克逊他们赢了，不是因为我给了他们螺栓，他们赢了只是因为他们以更快的速度完成了比赛而已。"

几天后，加拿大队夺得四人雪车的冠军。这一次依旧是得益于蒙蒂，意大利队又一次屈居第三。比赛前，加拿大队的雪车出了故障，如果不是蒙蒂和机械师帮助他们修好了雪车，他们可能也要退赛了。这两次事件维护了意大利队的声誉，然而那一年蒙蒂已经36岁了，所有人都认为这个年纪不可能再拿冬奥会冠军了。最终颁发给他"顾拜旦奖章"，可能也是以此作为"告别"的纪念。

在格勒诺布尔，距离2月5日双人雪车比赛开始仅剩几天的时候，欧金尼奥·蒙蒂——这个善良的人刚刚过完他的40岁生日。通常来说，他

这个年龄的世界冠军都应该当上教练员或者顾问了，但他却没有。在阿尔普迪埃赛道上诞生了两个奇迹，在双人雪车项目中，意大利队和德国队在第四赛段结束后有着同样近乎完美的表现，在这种情况下，胜利将属于在最后一个赛段用最短时间完成比赛的一方，最终是蒙蒂和他的队友卢西亚诺·德·保利斯代表意大利雪车队夺得了冠军。6天后，四人雪车比赛第二赛段由于天气原因被迫暂停，按照规则，最终排名需通过已完赛的比赛结果来决定。意大利雪车队又一次夺得了冠军，意大利队凭借一个40岁的领军人物，获得了两次近乎奇迹一样的胜利。

1956年他获得2枚银牌，1964年获得2枚铜牌，1968年在他40岁的时候获得了2枚金牌，这是蒙蒂的冬奥会成绩。这样的成绩单无疑是出色的，然而最佳的褒奖还是那枚"顾拜旦奖章"，它证明了欧金尼奥·蒙蒂是一个与众不同的人。

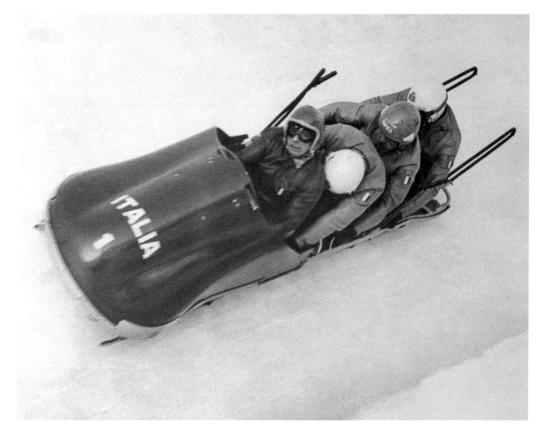

欧金尼奥·蒙蒂在本届冬奥会四人雪车比赛中赢得第二枚金牌，坐在他身后的三个队友依次是：罗伯托·赞多内拉、马里奥·阿玛诺和刹车手卢西亚诺·德·保利斯

男人？女人？

奥地利高山滑雪女运动员埃丽卡·施尼格尔在冬奥会开幕前被告知，她"没有通过"女性性别检测。通过手术，埃丽卡后来变身成了埃里克……

在冬奥会开幕前几周，滑降夺冠热门奥地利女选手埃丽卡·施尼格尔突然得知自己其实是男儿身，于是退出了比赛。

早上6点15分，在切尔维尼亚训练中心，一个横跨瑞士和意大利边境的大型滑雪胜地。电话铃响起时，正准备吃早餐的埃丽卡·施尼格尔接到因斯布鲁克诊所的医生打来的电话，要求她尽快来一趟诊所。在诊所内一个类似临时法庭的小房间里，她见到了奥地利滑雪联合会主席、高山滑雪项目负责人、国家队教练和医生们。

前一天，埃丽卡在这里接受了详细的体检，在棉签上留下一些唾液进行性别检测，并能让医生检查她的遗传基因。现在，她一大早被告知将无法参加下一场比赛，也无法参加即将在格勒诺布尔举行的冬奥会：她必须退赛。在没有得到明确解释的情况下，埃丽卡终于知道自己"没有通过"女性性别检测。已经写好的新闻稿宣告了她的退役。世界在她脚下坍塌，她机械地在文件上签字，却不明白其中的所有含义。"您能告诉我到底发生了什么吗？"她恳求道，"我想继续滑雪，我不能离开体育"，她惊慌失措，六神无主。"这条路，你只能自己走下去"，联合会主席对她说。她的冠军生涯就这样结束了。埃丽卡彻底陷入了迷茫，她向医生寻

从埃丽卡·施尼格尔变成埃里克后，虽然不能继续比赛，但他还是继续从事与滑雪相关的事业

求答案，而医生自己也很难用语言来描述她身上发生的事情，于是她要求继续住院观察。其中一位医生汉斯·马贝格对她格外关心，他是第一个正式告诉她，她有男性生殖器，并且有可能进行手术的人。蒂罗尔州这位被视为先驱者的泌尿科医生将陪伴埃丽卡度过性别"过渡"期。

1968年6月初，在诊所住了6个月，经历了4次手术后，埃丽卡·施尼格尔终于出院了。"我的阴茎从卡住的空腔中被取出，终于接触到我自己的皮肤。通过血管，又延长了我的尿道。我的睾丸已经露了出来"，他如是说道，"这太艰难了。19年来，我一直都以埃丽卡的身份生活，而现在我必须改变所有行为，成为埃里克。我过去习惯了去女卫生间……"

在1967年11月那次一锤定音的测试之前，没有人敢公开质疑施尼格尔的性别。她是一位颇具天赋的滑雪运动员，在1966年智利波蒂略世界锦标赛上夺冠后备受赞誉，她在那里首次登场就为奥地利赢得了唯一的冠军。埃丽卡领先了法国女选手马里耶勒·戈瓦切尔0.79秒。"我已经尽力了，我对埃丽卡无计可施"，这位亚军在赛后说道。"新星""战无不胜""超级冠军"：当时人们对埃丽卡丝毫不吝惜溢美之词。19岁时，她成为整个国家的骄傲，并被视为数月后格勒诺布尔冬奥会的夺冠热门。在距此不远的圣热尔韦举行的大回转世界杯比赛上，她刚刚赢得了冠军。

她速度快、力量强，极具天赋。在训练中，她的成绩有时候甚至比男运动员还要好。她的队友卡尔·施兰兹在波蒂略世锦赛获得季军，她感叹道："能在滑降比赛中胜过我的，不可能是个女人！"但她的疑虑被归结为嫉妒。在冷战时期，的确有人怀疑过东欧的女运动员们作弊，因为她们身材太过高大，不够女性化。但对身高只有1.66米的埃丽卡并没有太在意，她参加了第一次兴奋剂检查，而且本人也通过了女性性别检测。她认为这个程序是"一项初步检查，完全正常"。

然而，部分竞争对手对她的表现发出了质疑。她的外貌也常被嘲笑。从童年时代起，埃丽卡就不得不忍受这种议论。周围人认为，滑雪使她过度"男性化"。但这也是最佳的疗愈方法。平坦的胸部、蓬乱的短发、宽大的下巴……但在滑雪坡道上，这有什么关系呢？只有速度才是最重要的，纷繁复杂的声音都会逐渐消失。"人们给她起了个安托万的昵称，因为她和当时著名的法国男歌手安托万十分相像"，马里耶勒·戈瓦切尔回忆道，"奥地利队的姑娘们不和她一起洗澡，她不来月经……"

当她面临职业生涯终结的挫折时，只有同胞奥尔加·帕尔支持她。埃丽卡在15岁时加入奥地利青少年滑雪队，二人随后成为挚友。帕尔说："我们住在同一个房间，这很有趣，我们经常开怀大笑。"几周后，在埃丽卡缺席比赛的情况下，她成为格勒诺布尔的滑降冠军。奥地利滑雪联合会不希望再听到关于她的消息，于是禁止其参加滑雪比赛，无论是男子还是女子项目。"我真的很想在格勒诺布尔冬奥会上取胜，我有这个能力"，埃里克如今遗憾地说道。对于奥地利的决策层而言，唯一重要的是波蒂略世锦赛的金牌，在避免丑闻的同时必须不惜一切代价保住这块金牌。

通过手术，埃丽卡变身成为埃里克，结婚后育有一女，取名为克莱尔。他个人决定将世锦赛金牌归还给真正的主人——马里耶勒·戈瓦切尔。金牌归还仪式于1988年11月14日在奥地利的一个电视演播室内举行。当时一些报纸上出现了这样的标题："作弊者归还奖牌。"法国选手马里耶勒·戈瓦切尔相信她的对手是诚实的，并对其遭遇表示同情："埃里克承受了很多痛苦，我对他的遭遇十分同情。当'她'在波蒂略获得金牌时受到了热烈的追捧，而几年后，当'他'从医院走出来时，只有母亲陪在身边。我很自豪我们一直都是朋友。"

格勒诺布尔冬奥会结束后50年，70多岁高龄的施尼格尔仍在其家乡克恩滕州的阿格斯多夫镇上经营着一家少儿滑雪学校。

舒斯 —— 首个冬奥吉祥物

舒斯（Schuss）是首个出现在冬奥赛场的吉祥物。虽然它并非官方吉祥物，但无疑是当年的赛场明星。

故
事

格勒诺布尔冬奥会向来被视为第一届现代冬季奥运会，大量的周边产品涌现也是该届冬奥会的特征之一。在法国，冬奥会的标志几乎随处可见，盘子、杯子、雪球、钢笔、打火机、别针、钥匙圈上都能见到，甚至还有两个专为冬奥会而推出的香烟品牌，一个以主办城市"格勒诺布尔"命名，另一个则以主办地所在省份"伊泽尔"命名。如今，通过体育竞赛来为烟草品牌做推广必然是十分不当的行为。值得一提的是，在当年冬奥会期间未售出的香烟最终都送到了军队。

但在众多光怪陆离的创意中，仅有一个引起了时任国际奥委会主席布伦戴奇的注意。当时，格勒诺布尔奥组委计划设计一个吉祥物，以宣传冬奥会。1967年8月，奥组委选择了海豚作为吉祥物，以此向冬奥会举办地多菲内致敬。多菲内是格勒诺布尔所在省份的旧称，在法语中，海豚（dauphin）与多菲内（Dauphiné）发音相近。媒体很快就曝光了这个海豚吉祥物，但海豚是一种生活于海洋的哺乳动物，与冰雪世界相去甚远，所以这个创意很快就被否定。而后，组委会委托了巴黎一家营销公司寻求更好的方案。

最终，法国青少年动画片导演艾琳·拉法格的方案有幸中选。拉法格女士设计了一个布偶，并很快将该布偶的作品版权转交给了格勒诺布尔奥组委。这只布偶的造型与海豚相差巨大，是一个以滑雪姿态站在雪板上的卡通人形，但它更加贴近冬奥会的主题。

第一个冬奥非官方吉祥物：舒斯

这只布偶被命名为"舒斯"。它有一个蓝色的身体，红色的脑袋像乒乓球一样圆，身体呈现闪电造型，整体采用了法国国旗的配色：蓝、白及红色。时任法国总理乔治·蓬皮杜亲自向法国广播电视公司下达许可，允许其推广"奥林匹克代言人"舒斯。在当时，电视上不允许播放广告。因此法国广播电视公司无法直接使用舒斯的形象，既不能制作成动画片，也不能推广其他产品。

但推广渠道多得是。营销公司以格勒诺布尔奥组委的名义，签署了多份使用舒斯形象的商业合同。随后，舒斯就以小型塑料摆件、家具装饰物以及大型充气人偶等形式出现在了人们的视线中，此外，在笔记本封面、徽章、活页夹、明信片、盘子等餐具和其他众多载体上，都能看到舒斯的形象。

为了感谢这项伟大的设计，人们还生产了很多舒斯布偶。那家受委托的营销公司原本只期待能售出1万只，最终惊喜地接到了8.4万只的订单。这些布偶上市之后很快就被一抢而空。

冬奥会的第一个非官方吉祥物无疑是当年最耀眼的明星，备受各地人民喜爱。舒斯的走红也是当年最出乎意料的事件之一。随后，国际奥委会决定，此后每届奥运会的组委会都要在其组织的奥运会期间，设计并推广一个吉祥物。从那时起，舒斯的后代们相继出现。

140

1972
札幌
第 11 届
XI

第11届冬奥会
1972年札幌

地点 札幌（日本）

开幕式 1972年2月3日

闭幕式 1972年2月13日

开幕式致辞人 裕仁（日本天皇）

运动员宣誓代表 铃木惠一（日本速度滑冰运动员）

裁判员宣誓代表 浅木文雄（日本）

奥运圣火点火人 高田秀喜（日本高中生）

参赛国家和地区数量 35

参赛人数 1006（801名男运动员和205名女运动员）

大项数量 6（雪车、雪橇、冰球、滑冰、滑雪、冬季两项）

分项数量 10（雪车、雪橇、冰球、速度滑冰、花样滑冰、高山滑雪、越野滑雪、
跳台滑雪、北欧两项、冬季两项）

小项数量 35

1972年札幌冬奥会会徽

1972年札幌冬奥会奖牌

摘要

冬季奥运会首次在亚洲举办。此前，冬奥会主办城市都在欧洲（8次）或美洲（2次）。1964年，亚洲已经举办过夏季奥运会（东京）。这是冬奥会首次在百万人口以上的大城市举办。

1971年12月28日，奥运圣火在奥林匹亚的赫拉神庙前点燃，随后空运到冲绳岛（当时由美国管辖）完成了第一棒火炬接力。

为抗议苏联和东欧国家"变相派出职业选手参赛"，加拿大自1969年以来一直拒绝参加国际比赛。因此，1920年以来共获得6枚金牌的加拿大队也缺席了本届冬奥会冰球项目比赛。

奥地利高山滑雪选手卡尔·施兰兹是滑降项目的夺冠热门，但就在奥运会开幕前三天，他因为授权允许在广告中使用他的名字和照片，被认定为职业运动员而失去参赛资格。

费尔南德斯·奥乔亚成为本届冬奥会最大的黑马。此前默默无闻的他，在21岁时以1秒的领先优势夺得高山滑雪回转项目的冠军，为西班牙实现了冬奥会金牌"零的突破"。

苏联领先于民主德国在奖牌榜上独占鳌头，共获得16枚奖牌，其中半数是金牌。东道主日本获得3枚奖牌，其中包括历史上第一枚冬奥会金牌。

奖牌榜

排名	国家	金牌	银牌	铜牌	合计
1	苏联	8	5	3	16
2	民主德国	4	3	7	14
3	瑞士	4	3	3	10
4	荷兰	4	3	2	9
5	美国	3	2	3	8
6	联邦德国	3	1	1	5
7	挪威	2	5	5	12
8	意大利	2	2	1	5
9	奥地利	1	2	2	5
10	瑞典	1	1	2	4

概况

群情激昂的日本观众

札幌冬奥会实际上开始于1月31日，即开幕式前三天，其过程颇具戏剧性。几天前，刚刚抵达奥运村的奥地利选手卡尔·施兰兹就对国际奥委会主席、美国人艾弗里·布伦戴奇发表了一些令人震惊的言论，后者是一个不折不扣的纯业余主义捍卫者。根据施兰兹的说法，美国人是脱离现实的老古董，如果真的要执行如此严格的业余主义规则，那么只有富人才能参加奥运会。在施兰茨所处的时代，滑雪装备制造商克耐思为他提供了赞助，虽然当时"赞助"这个词还不存在，但这与奥运规则是相悖的。而且更糟糕的是，他还大肆吹嘘一番："有人说我靠滑雪一年能赚3.6万美元，私下里说，我赚得比这更多！"

国际奥委会的回应毫不留情。1月31日，国际奥委会以28票赞成，14票反对的结果，裁定禁止卡

原计划在1940年举办冬奥会的札幌，因为"二战"未能如愿，迟来32年的冬奥会开幕式让日本观众群情激昂

尔·施兰兹参加札幌冬奥会。这名运动员曾获得3次世界锦标赛冠军，2次世界杯总排名第一，而且自赛季开始以来，他共获得3次滑降冠军，分别是在夏蒙尼和基茨比厄尔（两次）。换句话说，作为重大赛事的夺冠热门，他在33岁这一年无缘冬奥会。由于无法证明施兰兹的常规收入，国际奥委会的裁决依据是他几个月前曾身着某咖啡品牌赞助的球衣参加过一场足球友谊赛，以及一则为克耐思品牌做的广告，广告上出现了他的名字和脸。奥地利的明星运动员甚至在比赛开始前就不见了踪影。

高中生高田秀喜点燃了本届冬奥会的主火炬。火炬从奥林匹亚传到日本本土后，大会组织了1.5万名年龄在11—20岁之间的青少年进行了火炬接力跑

变相的职业化问题确实在当时曾引起热议。想要将成绩提高到更高的水平就需要规范的日常训练，那么如何协调工作和体育运动之间的关系呢？举例来说，加拿大人不明白，他们在北美职业冰球联赛中的职业球员被剥夺了参加冬奥会的资格，而苏联以及其势力范围内的东欧国家却可以派出只担任虚职、投入全部精力从事体育运动的军人或警察。愤愤不平的加拿大决定从1969年起不再参加任何其认为不公平的国际比赛，因此加拿大冰球队并未参加本届冬奥会。自1956年首次参加冬奥会，苏联的"业余选手们"后来又在1964年和1968年两度夺冠。本届冬奥会上，他们以四胜一平的成绩获得金牌。没有北美职业冰球联赛的职业选手参赛的美国队获得银牌，捷克斯洛伐克队获得铜牌。

在专为冬奥会设计建造的手稻山（回转和大回转）和惠庭山（滑降）赛道上，卡尔·施兰兹的缺席只是出现的第一个意外，其他看似不可能的事情也接连发生。的确，实力强大的奥地利队遭遇重创，给其他参赛队伍留下了可乘之机。譬如，一位来自瑞士的17岁少女玛丽－泰勒斯·纳迪格力压奥地利夺冠热门选手安娜玛丽·莫泽－普罗尔赢得了滑降和大回转两个项目的冠军。出乎所有人的意料：就在奥运会开始前几周，她才刚刚登上过世界杯比赛的领奖台。此外，还有一个感人的小故事。玛丽－泰勒斯·纳迪格说鼓舞自己的动力源自于电影《万能金龟车》中的那辆大众甲壳虫小汽车，它的耐力和速度简直令人惊叹。正是她在札幌赛道上展示出的耐力和速度，帮助她赢下了两枚金牌。瑞士运动员是这个项目的最大赢家：伯恩哈德·鲁西在卡尔·施兰兹缺席的情况下成为夺冠热门，他战胜年轻的同胞罗兰·科隆宾夺得金牌；埃德蒙·布吕格曼和维尔纳·马特尔在大回转比赛中不敌意大利选手古斯塔沃·托尼，分获第二名和第三名。瑞士队共获得6枚奖牌，其中金牌3枚，遥遥领先于获得4枚奖牌的奥地利队和获得3枚奖牌的意大利队。意大利队的奖牌得主均来自同一家族，回转季军罗兰多·托尼是大

综述

综
述

回转冠军和回转亚军古斯塔沃的表哥。

相较于少女玛丽－泰勒斯·纳迪格的双料冠军，绰号"帕基托"的弗朗西斯科·费尔南德斯·奥乔亚在回转比赛中的胜利更令人大吃一惊。这位21岁的西班牙选手是一名水平优秀但却很谦虚的滑雪运动员，此前从未取得过比第六名更好的成绩。然而，他却在这次比赛中实现了飞跃，为西班牙夺得了历史上第一枚冬奥会金牌。对于西班牙而言，更出名的要数斗牛士，而非滑雪运动员。因此，这就比较容易理解为何西班牙代表团在开幕式上指定他为旗手。费尔南德斯在后来的职业生涯中只赢过一场比赛，即1975年在扎科帕内举行的比赛。他在1976年和1980年两届冬奥会上都表现平平，同样的情况在1968年就已经出现过。他的妹妹布兰卡在1992年阿尔贝维尔冬奥会的回转比赛中获得铜牌。

无论是纳迪格或是费尔南德斯·奥乔亚，还是获得回转比赛金牌的美国女选手芭芭拉－安·科克伦，年轻人始终是札幌冬奥会的焦点。这毫不奇怪，因为奥运会火炬在日本的传递是由11岁至20岁的男孩和女孩完成的，而且在2月3日真驹内速度滑冰场举行的开幕式上，主火炬塔最终是由一名16岁的高中生点燃的。这届开幕式后来也成为奥运史上的经典。在同一条速滑赛道上，16岁的美国选手安娜·亨宁在500米比赛中加冕；17岁的德国选手莫妮卡·霍尔茨纳·加维纳斯在1000米比赛中折桂；21

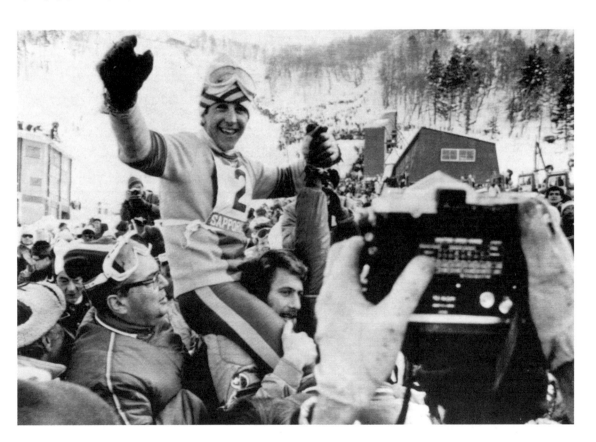

西班牙代表团的旗手费尔南德斯在赢得回转比赛冠军后和观众一起庆祝

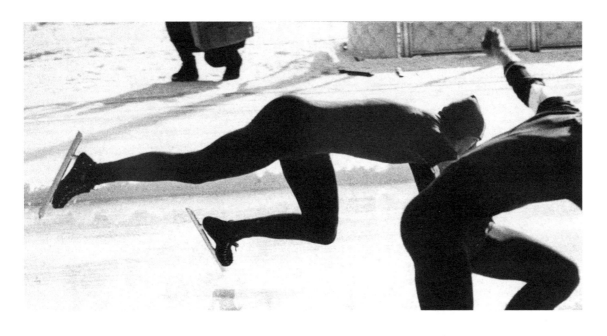

阿德·申克在500米速滑比赛中刚一出发就滑倒了

岁的美国选手黛安娜·霍勒姆在1500米比赛中夺冠。但年轻人的风暴并未席卷速滑3000米长距离项目，登上冠军领奖台的是一位老将——34岁的荷兰女选手克里斯蒂娜·凯泽。男子比赛在这方面没有太多值得讨论的：仅有的两位冠军都是27岁。由于荷兰夺冠热门阿德·申克在500米速滑比赛中摔倒，德国选手埃哈德·凯勒趁机夺得该项目金牌。埃哈德·凯勒和阿德·申克都出生于1944年，后者获得了另外三个项目的冠军。这位伟大的冠军虽然未能实现大满贯的梦想，但他凭借一臂之力，确立了荷兰在该项目中的优势地位。

依旧是在冰面上，自从雪橇被列为正式比赛项目，另一个传统已然建立：德国运动员，尤其是民主德国运动员，占据着统治地位。双人比赛的首轮因出发挡板存在技术问题而被取消，但此时已有半数选手完成了比赛。因此，最终胜负就取决于仅有的一轮成绩，意大利组合保罗·希尔德加特纳和瓦尔特·普赖克纳（他们的姓名都与德国有些渊源）与民主德国组合奥尔斯特·赫姆莱因和赖因哈德·布雷多夫在两次滑行后用时相同打成平手，这是规则完全没有预料到的。两对组合并列冠军，铜牌由另一支民主德国队获得。这是一场颇具意义的比赛，因为在总共产生的9枚奖牌中，只有意大利的这枚奖牌没有被民主德国队收入囊中，民主德国队在男子（冠军沃尔夫冈·沙伊德尔）和女子（冠军安娜－玛丽亚·穆勒）两个组别的单人雪橇比赛中包揽了金银铜牌。

不过在日本，包揽金银铜牌只是让那些从事雪橇运动的专业人士倍感兴奋。普通大众仍然沉浸（并且在很长一段时间内）在前一天宫之森标准台上举行的跳台滑雪比赛中，其全部奖牌也是由同一国家的运动员包揽的。12月6日（周日）是一个被载入史册的日子，是一个让日本人无比自豪的日子：日本队

14支队伍开始竞争男子4×10公里越野滑雪接力赛，苏联队最后赢得了冠军

在札幌奥运村，芬兰越野滑雪运动员埃罗·门蒂兰塔（上）和尤哈·米托（下）正在享受当地的特色放松方式。他们把身体埋在木头屑和泥土混合物中，并加热到60摄氏度

综述

的三名跳台滑雪运动员包揽了金银铜牌！在4万名欣喜若狂的观众面前，笠谷幸生登上了最高领奖台，他的两位同胞金野昭次和青地清二分别获得第二名和第三名。日本此前从未在这一项目上获得过奖牌，而且也从未在任何冬奥会项目上获得过金牌。这项壮举理所当然地令整个日本为之沸腾。五天后，5万名观众涌入大仓山跳台竞技场，希望见证本国运动员再创佳绩。然而，他们的希望化为了泡影——波兰年轻的跳台滑雪选手沃伊切赫·福尔图纳在第一跳时遇到了顺风的有利条件，并最终从所有选手中脱颖而出。获得银牌和铜牌的分别是瑞士选手瓦尔特·施泰纳和民主德国选手赖纳·施密特。

日本在本届冬奥会上未再获得其他奖牌。日本人亲切地将三位民族英雄称为"旭日飞行队"，未来还会有许多优秀的后辈继承他们的事业。在这场激发了整个民族集体情感的比赛之后，在整个冬奥会的64.2万名现场观众心目中，部分低调夺冠的运动员并没有引发太多共鸣。在举行花样滑冰比赛的真驹内滑冰场内，无论是分获个人赛冠军的捷克斯洛伐克选手翁德雷·内佩拉和奥地利女选手贝娅特丽克丝·舒巴，还是获得双人滑冠军的苏联组合伊琳娜·罗德尼娜和阿列克谢·乌兰诺夫，他们喜悦的泪水对于日本观众而言，注定没有那么珍贵。在札幌西北12公里处的手稻山赛道上，联邦德国组合沃尔夫冈·齐默勒和彼得·乌茨施奈德的双人雪车冠军或瑞士队的四人雪车金牌都只得到了礼貌性的掌声。挪威选手马格纳尔·索尔贝里是首位成功卫冕冬奥会冠军的运动员，他的表现赢得了日本民众的敬意，但显然并未使得他们欢呼雀跃。

而在北欧两项中，跳台滑雪依旧是在给日本选手带来好运的宫之森跳台举行的。这一次，中野秀树幸运地排名榜首，再次引发了观众的欢呼。但在第二天的15公里越野滑雪比赛结束后，他的最终排名跌至第13位，远远落后于夺冠的民主德国选手乌尔里希·韦林，后者在接下来的两届冬奥会上成功卫冕，实现了奥运金牌的三连冠。

在位于西冈长达37公里的赛道上，冬季两项和越野滑雪选手的表现吸引了观众们的注意。苏联选手加琳娜·库拉科娃获得5公里和10公里越野滑雪冠军，并帮助苏联队赢得接力赛的金牌。凭借这3枚金牌，她实现了前所未有的大满贯壮举。在札幌冬奥会上获得3枚金牌的唯有她和荷兰滑冰选手阿德·申克两人。苏联队以绝对优势主导了全部比赛，共获得5枚金牌、2枚银牌和1枚铜牌。除了在女子项目上取得的胜利，苏联男队以及维亚切斯拉夫·韦杰宁（50公里比赛季军）还分别在接力赛以及30公里越野滑雪赛中夺金。挪威选手波尔·泰杜姆捍卫了斯堪的纳维亚的荣誉，除了在30公里和接力赛中获得银牌外，他还获得了50公里比赛的冠军。瑞典选手斯文-奥克·伦德巴克则获得15公里比赛的冠军。

在越野滑雪项目中的绝对优势帮助苏联稳坐总奖牌榜首位。与1956年首次参加冬奥会时一样，苏联队以16枚奖牌（8金、5银和3铜）位居第一，紧随其后的是民主德国队（4金、3银和7铜，共计14枚奖牌）。瑞士，这个1972年人口尚不足800万人的小国，共获得10枚奖牌（包括4金、3银和3铜）。

成为传奇的阿德·申克

四场比赛中斩获三金，速滑选手阿德·申克已经不仅仅是荷兰的民族英雄了。

阿德·申克展示他在本届冬奥会获得的三枚金牌

荷兰自1924年第一届冬奥会以来获得的130枚奖牌中，有120枚是由本国速滑运动员获得的。在1972年札幌冬奥会上，这一比例还要更高。

这个西欧小国之所以能在总奖牌榜上排名第四，完全要归功于速度滑冰选手。女子项目中，安特基·迪尔斯特拉获得1枚银牌（1000米）和2枚铜牌（1500米和3000米）；克里斯蒂娜·凯泽获得1枚金牌（3000米）和1枚银牌（1500米）；男子项目中，实力超群的阿德·申克获得3枚金牌（1500米、5000米和10000米）；此外男

子10000米银牌也由荷兰选手获得。荷兰队共获得9枚奖牌。

不得不说，滑冰是属于他们的运动。13世纪，它诞生于荷兰。当时的居民们通过结冰的运河从一个村子去往另一个村子。滑冰那时并不是一种运动，而是一种出行方式。渐渐地，人们开始组织一些滑冰比赛。据说第一场比赛是在1676年举办的。两个世纪后的1889年，荷兰顺理成章地举办了第一届世界速滑锦标赛。但在荷兰最受欢迎的比赛无疑是特登托赫特滑冰赛，赛道全长约200公里的耐力赛在荷兰北部弗里斯兰地区的11个城市巡回进行，又称"11城市巡回赛"。由于全球气候变暖，最后一届是在1997年举行的。

根据荷兰滑冰协会的统计，几乎每三个荷兰人中就有一个拥有自己的冰鞋。所有人都期盼着河流和水道在严寒下冻住，然后跑到冰面上去滑冰。此外，荷兰还有16条练习速度滑冰必不可少的400米环形赛道。相比之下，美国只有4条。位于荷兰海伦芬的Thialf滑冰场是最著名的一座滑冰场，被誉为滑冰者的"麦加"：它能容纳12500名观众，比赛现场的气氛可与足球比赛现场相媲美。

1944年9月16日，阿德·申克出生于安娜保罗娜小镇，这里不仅有着历史悠久的滑冰传统，也诞生了许多在奥运会上大放异彩的运动员。当阿德·申克抵达札幌时，他已经在四年前的格勒

诺布尔冬奥会上获得了1枚1500米银牌；他在世锦赛和欧锦赛上均有奖牌入账；他是1500米、5000米和10000米这三个距离（冬奥会总共四个距离）的世界纪录保持者。他的目标很明确，就是要实现大满贯，赢得所有荣誉。

1972年2月4日，他在札幌冬奥会上开启了奖牌之旅，尽管当天狂风暴雪，但他还是在5000米比赛中以4.57秒的领先优势战胜了第二名的挪威选手罗尔·格伦沃尔德。然而第二天，他庞大的身躯（1.9米，90公斤）摔倒在真驹内赛道的冰面上，希望也随之化为泡影。在500米比赛中，他刚滑出四步就摔倒在地，最终以第34名完赛。四年前格勒诺布尔冬奥会500米冠军联邦德国选手埃哈德·凯勒成功卫冕。有些人可能会自暴自弃，但阿德·申克不会。随后，他接连在1500米和10000米比赛中取得了无可置疑的胜利。他是札幌冬奥会上唯一一位获得3枚金牌的运动员。

两周后的世界锦标赛上，他毫无悬念地实现了自己期待的四连冠。为纪念他的整个职业生涯，荷兰将一种花命名为阿德·申克金番红花。

"二连冠"索尔贝里

挪威选手马格纳尔·索尔贝里在重压下发挥出了最佳水平。他在札幌冬奥会成为第一个成功卫冕的冬季两项选手。

在1968年格勒诺布尔冬奥会上，挪威人对于成绩斐然的前世界冠军奥拉夫·约尔德没有入选冬奥会阵容非常不满。取而代之的是一名31岁的警察（出生于1937年2月4日），他来自索克内达尔，没有太多相关的背景资料。然而，这个决定是明智的。尽管天气非常阴沉，能见度较低，但身材瘦长的马格纳尔·索尔贝里（1.8米，68公斤）还是战胜了苏联夺冠热门选手亚历山大·吉洪诺夫和他的同胞弗拉基米尔·贡达尔采夫，二人各被加罚了两次。

三天后，在首次被列入正式比赛的4×7.5公里接力中，苏联人报了一箭之仇，获得了团体赛胜利，但马格纳尔·索尔贝里还是随挪威队获得了1枚银牌。同年，他获得了由挪威最知名的报纸《晨报》颁发的重量级体育金奖，而就几个月前，该报还对他入选冬奥会阵容颇为惊讶。

索尔贝里正在追赶冬季两项比赛最大的夺冠热门苏联选手吉洪诺夫

格勒诺布尔冬奥会结束四年后，他再次参加了札幌冬奥会。他仍然从事警察一职，即便已经35岁了，但这次再没有人觉得他不应该参赛了。1969年和1971年，他在世锦赛上获得2枚个人铜牌和2枚接力银牌，证明了自己的实力。在1972年，他的竞技状态已经不在巅峰时期，教练们原本没有打算派他出征冬奥会。如果这样，他就会失去一个卫冕奥运冠军的机会。索尔贝里最终还是出现在了开幕式方阵中，甚至被选为了代表团的旗手，这也反映出挪威人民对他的敬意。

原定于周二举行的20公里个人赛因暴雪推迟到2月9日周三举行。不再是夺冠热门的马格纳尔·索尔贝里率先展现出了雄心壮志。在第一处射击点，他处于领先位置，而夺冠新热门苏联选手亚历山大·吉洪诺夫似乎已经处于崩溃边缘。接下来局势变得有些复杂，索尔贝里前两次射击都出现了脱靶，瑞典选手拉尔斯-约兰·阿尔维德松跃居首位，意大利选手维利·贝尔廷紧随其后，而索尔贝里则跌至第七位。他后来慢慢追赶上来。在格勒诺布尔冬奥会上，射击环节的优异表现帮助他赢得了胜利，但这次帮到他的却不是射击技术，而是出众的越野滑雪技术。从第三个射击点出来，他上升到了第四位。最后一个射击点过后，他重回领先位置，民主德国选手汉斯约尔格·克瑙特紧随其后，而之前的领先者贝尔廷刚刚被加罚了四分钟。

最后几公里直至终点线前，金牌之争在马格纳尔·索尔贝里和汉斯约尔格·克瑙特二人之间展开。在最后的直道上，马格纳尔·索尔贝里以12秒1的优势战胜了汉斯约尔格·克瑙特。瑞典选手阿尔维德松获得铜牌，而吉洪诺夫未能登上领奖台。挪威的教练们再一次作出了正确的选择。迄今为止，马格纳尔·索尔贝里仍然是冬奥会历史上唯一一位在冬季两项个人项目中成功卫冕的运动员。他也是冬奥会个人项目中年龄最大的奥运冠军。参加札幌冬奥会20公里比赛的那天，他已经35岁零4天了。挪威队在接力赛中只获得了令人失望的第四名，索尔贝里赛后宣布退役。随后，他安然地做回了本职工作，继续从事警察一职。

笠谷幸生和他的飞行队

日本跳台滑雪运动员笠谷幸生、今野昭次和青地清二在标准台比赛中包揽金银铜牌，让1972年2月6日变成了一个举国欢庆的节日。

笠谷幸生作出了很大的牺牲。1971—1972年冬，他在跳台滑雪四山巡回赛的前三站中获胜，即奥伯斯多夫、加尔米施-帕滕基兴和因斯布鲁克。四山巡回赛是每个跳台滑雪运动员都梦想登上的领奖台。当时他28岁（1943年8月17日出生于北海道岛），在1970年捷克斯洛伐克上塔特拉山世锦赛上夺得银牌，一战成名。他很有可能成为首位在这一重量级比赛中夺冠的日本运动员。这是一种真正的认可。然而他放弃了，让挪威选手因戈尔夫·默克在比绍夫斯霍芬赢得了最后一站的胜利，并夺得总成绩冠军。笠谷幸生返回日本，和全队一起备战冬奥会。

札幌冬奥会之前，日本在冬奥会上仅获得过一枚奖牌。在1956年科蒂纳丹佩佐冬奥会上，猪谷千春在高山滑雪回转中获得银牌，负于所向无敌的奥地利选手托尼·塞勒。1972年，日本成为冬奥会主办国，需要用新的奖牌来庆祝这一盛会，这也是关乎民族自尊心的问题。日本的四位跳台滑雪运动员笠谷幸生、今野昭次、青地清二和藤沢隆都是世界顶尖选手，其中笠谷幸生是冠军的大热人选。他参加过1964年因斯布鲁克和1968年格勒诺布尔两

故事

届冬奥会，虽然未能大放异彩，但也收获了参赛经验。于是为了不错过奥运会，他在欧洲获胜后返回日本，为实现这唯一的目标而全力备战。

宫之森跳台是专门为冬奥会而建的，在距离日本首座大仓山跳台以南一公里的林地里，被用于举行大跳台比赛。2月6日星期天，观众们都聚集于此。毫不夸张地说，全北海道岛乃至全日本人民都期待着本国选手们的表现，他们被统称为"旭日飞行队"。比赛开始时，紧张的气氛弥漫在赛场上。

作为真正的领军人物，笠谷幸生率先跳出84米的成绩，这也是本场比赛中的最远距离。青地清二以83.5米紧随其后，今野昭次以82.5米位列第三，藤沢隆以81米排名第四：四名日本选手在第二轮开始前占据了前四名的位置。压力并没有将他们压垮，反而令他们一飞冲天。笠谷幸生身着45号比赛服又一次从跳台滑下，起跳腾空。他这次跳出了79米，又是第二轮56名选手中的最远距离。他的成绩为244.2分，比第二名高出10分，成为第一位

在冬奥会上获得金牌的日本运动员。今野昭次同样跳出了79米。虽然他的姿势得分较低，但234.8分的成绩足以锁定1枚银牌。至于跳出77.5米的青地清二，他的分数是220.5分，也成功站上了领奖台。于是，日本三位选手独占了领奖台。藤沢隆没能顶住压力，在68.0米的失败一跳后跌至第23名。

日本这次包揽全部奖牌创造了历史：迄今为止，只有挪威跳台滑雪选手在1932年普莱西德湖和1948年圣莫里茨两届冬奥会上实现过包揽。在笠谷幸生退赛后获得四山巡回赛冠军的因戈尔夫·默克获得第四名。一位名不见经传的波兰少年沃伊切赫·福尔图纳获得第六名。而五天后，他在大仓山大跳台上赢得了胜利，日本选手则全军覆没。但当日本选手因获得的成功而陷入欢庆与追捧的旋涡之中，除了接受这样的结果，还能如何呢？除了媒体和名人，数百名支持者已经在奥运村门前聚集了五天，他们刚想下车准备比赛，车辆就被一拥而上的人群团团围住……50年过去了，那个荣耀之日依旧深深留在日本国民的记忆中。

今野昭次银牌、笠谷幸生金牌、青地清二铜牌（从左至右），藤沢隆因为最后一跳失误跌至第23名。笠谷幸生是第一位获得冬奥金牌的亚洲选手

因斯布鲁克

1976

第 12 届
XII

第12届冬奥会
1976年因斯布鲁克

概况

1976年因斯布鲁克冬奥会会徽

地点 因斯布鲁克（奥地利）

开幕式 1976年2月4日（2月2日开赛）

闭幕式 1976年2月15日

开幕式致辞人 鲁道夫·基希施莱格（奥地利总统）

运动员宣誓代表 维尔纳·德莱－卡特（奥地利雪车运动员）

裁判员宣誓代表 维利·克斯廷格（奥地利）

奥运圣火点火人 克里斯特尔·哈斯和约瑟夫·费斯特曼特尔

吉祥物 雪人

参赛国家和地区数量 37

参赛人数 1123（892名男运动员和231名女运动员）

大项数量 7（冰球、冬季两项、雪车、雪橇、越野滑雪、高山滑雪、滑冰）

分项数量 10（冰球、冬季两项、雪车、越野滑雪、北欧两项、跳台滑雪、高山滑雪、花样滑冰、速度滑冰、雪橇）

小项数量 37

1976年因斯布鲁克冬奥会奖牌

摘要

1976年冬奥会原先的主办者是美国的丹佛市。然而，丹佛市民在1972年11月15日的公投中反对以发行公债的方式资助冬奥会筹备及其设施建设。投票还涉及环境保护问题。于是，丹佛放弃了承办权，因斯布鲁克递出申请，愿意接手。

遵照国际奥委会的意愿，第一个冬季奥运会官方吉祥物诞生了。

和1964年一样，随着冬奥会的临近，缺雪问题越来越严重。主办方不得不动用1000辆卡车从布伦纳山口运雪。但大雪在开幕式前一周姗姗来迟，之前备用的雪派不上用场了。

两个面积很小的欧洲国家首次在冬奥会上亮相。但安道尔（位于法国与西班牙之间，面积468平方公里）和圣马力诺（位于意大利东北部，面积61平方公里）的表现平淡无奇。

冰舞首次被列入正式比赛。苏联选手统治了这一新项目。此外，还新增了速度滑冰男子1000米，奥运会小项的总数达到37个（札幌冬奥会为35个）。

在花样滑冰的历史上，美国选手特里·库比卡第一次在比赛中成功完成后空翻，同时这也是最后一次：后空翻很快就因为危险系数过高而被禁止使用。

奖牌榜

排名	国家	金牌	银牌	铜牌	合计
1	苏联	13	6	8	27
2	民主德国	7	5	7	19
3	美国	3	3	4	10
4	挪威	3	3	1	7
5	联邦德国	2	5	3	10
6	芬兰	2	4	1	7
7	奥地利	2	2	2	6
8	瑞士	1	3	1	5
9	荷兰	1	2	3	6
10	意大利	1	2	1	4

概况

"最佳替补"因斯布鲁克

手持火炬的哈斯和费斯特曼特尔一起点燃了两个主火炬

　　四年前，三名日本跳台滑雪运动员包揽了金银铜牌，一举成为日本的民族英雄。而在冬奥会之前，奥地利已经有了一位民族英雄。1953年12月3日，弗朗茨·克拉莫出生于奥地利的摩斯瓦尔特(Mooswald)。参赛时他只有22岁，但其漫长的职业生涯才刚刚开始。他后来还获得"弗朗茨大帝"和"克拉莫特快"的绰号。弗朗茨·克拉莫很快成为滑降项目的王者，对于大多数专业选手而言，他至今仍是有史以来最伟大的滑降运动员。在本届冬奥会之前，他已经于1974年赢得过滑降世界杯冠军，1975年赢得8个冠军，1976年赢得6个冠军。在整个职业生涯中，他共获得25次胜利，41次登上领奖台。这是两个空前绝后的纪录，然而，他的理念从未改变过："胜败乃兵家常事。"

　　崇拜他的奥地利人甚至无法想象他会失败。1976年2月5日，8万名观众齐聚在帕茨科托弗赛道下，准备见证他们的冠军在自己的国家取得胜利。前冬奥冠军瑞士选手伯恩哈德·鲁西完成了一次完美的滑降，压力也由此转嫁给了所有对手，包括克拉莫。克拉莫在中途的大部分时间都略微落后，在最后关头放手一搏。他冒着差点失去平衡的风险以1分45秒73的成绩完赛。鲁西落后了克拉莫0.33秒（1分46秒6）。弗朗茨·克拉莫击败伯恩哈德·鲁西和意大利选手赫伯特·普兰克加冕冬奥会冠军。奥地利在本届冬奥会上迎来了开门红。他们已经有了自己的英雄。

奥地利选手弗朗茨·克拉莫夺得冠军后被记者和观众团团围住

几天后，和1964年冬奥会一样，高山滑雪的其他比赛项目移师到阿克萨米尔·利祖姆山赛道举行。一位联邦德国女选手令内行的观众们都欣喜若狂。罗西·米特迈耶在三场比赛中两度获胜，获得滑降和回转冠军。在她职业生涯的前十年中，她从未在大型国际滑降比赛中获得过冠军。在大回转决赛中，她以0.12秒之差落后于18岁的加拿大选手凯西·克赖纳获得亚军。她也因这0.12秒之差与大满贯失之交臂，还从未有女运动员实现过大满贯壮举。但这究竟算是失败还是近乎完美的成功呢？

事实上，很多女运动员都在因斯布鲁克冬奥会上实现了卫冕。和罗西·米特迈耶一样，苏联选手赖莎·斯梅塔尼娜除了获得一枚银牌外，还获得两个滑雪项目的冠军。但并非是高山滑雪，而是在蒂罗尔州塞费尔德举行的越野滑雪比赛中。在5公里项目中，身高仅1.57米的芬兰选手海伦娜·塔卡洛战胜赖莎·斯梅塔尼娜夺得金牌。但在10公里的比赛中，结果发生了逆转，斯梅塔尼娜凭借着0.87秒的微弱优势击败了小个子芬兰选手。在首次以四人一组进行的接力赛中，结果也是相同的，斯梅塔尼娜收入了第二枚金牌。原来的越野滑雪3×7.5公里接力已经被4×7.5公里接力取代。这并非冬奥会滑雪场出现的唯一变化，运动装备逐步升级：木质滑雪板已经被玻璃纤维滑雪板所取代。

女子越野滑雪赛事因一件丑闻而蒙羞。奥运会卫冕冠军加琳娜·库拉科娃必须退还在本届冬奥会上获得的5公里铜牌（由她的同胞尼娜·费奥多罗娃递补）：这位苏联女选手因使用了含有麻黄碱（反兴奋剂条例规定的禁用物质）的滴鼻液而被取消资格。直至2002年，她仍是唯一一位因兴奋剂检测阳性而失去冬奥会奖牌的运动员。比较奇怪的是，库拉科娃还是被允许参加接下来的比赛，并在10公里比赛中获得铜牌，然后又在接力赛中夺冠……这个裁决颇为怪异。同样怪异的结果还出现在男子15公里接力中，苏联选手尼古拉·巴菇科夫与芬兰选手阿托·科伊维斯托进行了一场非同寻常的对决，在比赛进行到三分之二时，后者为了躲避站在赛道正中间的观众而摔倒。同样的不幸又在4×10公里接力中重演，民主德国接力队第二位选手阿克塞尔·莱塞因与观众相撞，导致膝盖受伤而被迫退赛。在个人赛中遭遇

综述

意外的芬兰队赢得了接力赛金牌。

在谢尔盖·萨韦利耶夫赢得30公里金牌后，这些接连出现的意外帮助苏联队的尼古拉·巴菇科夫获得15公里金牌，并在接力赛中斩获铜牌。除了在50公里长距离比赛中一无所获，苏联队在每场比赛中都至少有一枚奖牌入账。挪威选手伊瓦尔·福莫在比赛中越战越勇，击败民主德国选手格特－迪特马尔·克劳泽和瑞典选手本尼·瑟德格伦夺得金牌。挪威也由此成为首个在连续三届冬奥会上蝉联50公里长距离项目冠军的国家。

北欧国家的参赛选手们在北欧滑雪另外两个项目中的表现就更不尽如人意了。在北欧两项中，卫冕冠军民主德国选手乌尔里希·韦林成为继挪威选手约翰·格勒图姆斯布拉滕（1932年）之后，第二位成功卫冕该项目金牌的运动员。四年后，他在普莱西德湖冬奥会上再创佳绩。他的同胞们也主宰了跳台滑雪标准台比赛。与1964年一样，标准台比赛是在托尼－西罗斯奥林匹克滑雪跳台举行的。1974年跳台滑雪世锦赛双料冠军汉斯－格奥尔格·阿申巴赫在每一轮中都发挥得极其出色，最终战胜队友约亨·达内伯格轻松夺冠。在4万名狂热观众的面前，两位奥地利运动员在伯吉瑟尔大跳台上包揽了金银牌。数天前获得标准台季军的卡尔·施纳布尔获得冠军，银牌和铜牌分别由17岁的奥地利选手托尼·因瑙尔和

世界一级方程式赛车冠军杰基·斯图尔特（右），正在好奇地摸着联邦德国雪橇选手德姆莱特纳（本届冬奥会获得一枚铜牌）的异形头盔。对于追求极限速度的运动员而言，最大化减少空气阻力是他们共同的追求

民主德国选手亨利·格拉斯获得。大跳台前八名以及跳台滑雪项目全部奖牌获得者都是奥地利或民主德国选手，北欧选手没有得到幸运女神的眷顾。

在漫长而陡峭的伊格尔斯雪车赛道上，首次参加雪车项目竞逐的民主德国运动员赢得了2枚金牌。民主德国从1972—1973年冬才开始参加国际比赛，雪车参赛运动员之前大多从事其他项目。在缺乏经验的情况下，前标枪运动员迈因哈德·内默和前十项全能运动员伯恩哈德·格梅斯豪森发挥出色，在四场双人雪车比赛中赢得三场胜利，顺理成章地加冕。几天后，二人又与约亨·巴博克和伯恩哈德·莱曼组队赢下四人雪车的金牌。35岁的迈因哈德·内默虽然经验最少，但他成为继德国选手安德烈亚斯·奥斯特勒（1952年）和意大利传奇运动员欧金尼奥·蒙蒂（1968年）

苏联速滑运动员塔季扬娜·阿维尼娜展示她在本届冬奥会上获得的奖牌（2金2铜）

之后，历史上第三位同时获得双人赛和四人赛金牌的雪车舵手。

在雪橇比赛中，民主德国选手甚至实现了大满贯。德特勒夫·金特领先两届世锦赛冠军联邦德国选手约瑟夫·芬特和他的同胞汉斯·里恩获得金牌。汉斯·里恩之后与诺贝特·哈恩组队赢下双人雪橇冠军，获得了些许安慰。在女子雪橇比赛中，三届欧锦赛和世锦赛冠军玛吉特·舒曼在两轮滑行后排名第五，暂时处于落后的位置。但她在接下来的两轮滑行中表现优异，战胜同胞乌特·鲁勒德夺得冠军。民主德国队获得雪橇项目全部9枚奖牌中的5枚，包括3枚金牌。

在因斯布鲁克冬奥会上，有一位女运动员二次站上领奖台，比罗西·米特迈耶和赖莎·斯梅塔尼娜还要多一次。相较1964年冬奥会，速滑赛道的冰面质量有了很大改善。苏联选手塔季扬娜·阿维尼娜获得4枚奖牌，其中包括2枚金牌。她在自己最擅长的1500米以及500米项目中只获得了第三名。但她在接下来的比赛中实力爆发，势不可当，先在1000米比赛中以0.14秒的优势击败美国选手利娅·普洛斯，又在3000米比赛中以0.04秒的微弱优势战胜了年仅15岁的民主德国选手安德雷·埃里希。美国女选手希拉·扬是三届世界速滑短距离锦标赛冠军，同时也是两届世界自行车场地锦标赛（竞速）冠军，她在本届冬奥会上获得500米金牌、1500米银牌（落后于苏联选手加林娜·斯杰潘斯卡娅）和1000米铜牌。

在男子组中，金牌的归属则较为均衡：苏联选手（500米：叶甫根尼·库利科夫）和美国选手（1000米新项目：彼得·穆勒）在短距离项目中获胜；挪威选手和荷兰选手在长距离项目中夺冠。挪威选手扬·埃伊尔·斯托霍尔特在生日当天获得1500米金牌，5000米金牌由他的同胞斯滕·斯滕森获得。荷兰选手皮特·克莱恩在10000米比赛中夺冠。荷兰选手汉斯·范·赫尔登在1500米、5000米和10000米中获得3枚铜牌。与法国滑冰运动员结婚后，范·赫尔登代表法国队参加了1984年和1988年两届冬奥会。

苏联队在冬季两项中扭转了颓势，尼古拉·克鲁格洛夫在20公里个人赛中夺冠，由叶利扎罗夫、比亚科夫、克鲁格洛夫和吉洪诺夫组成的队伍获得接力赛冠军，继1968年和1972年后再度卫冕。在万众瞩目的冰球赛场，加拿大队和瑞典队的缺席给了苏联队可乘之机：前两支球队最好的球员因为在北美职业冰球联赛参加职业比赛，而被冬奥会拒之门外。唯一有能力与苏联竞争的球队是捷克斯洛伐克队。决定冠军归属的巅峰对决即将开启，捷克斯洛伐克队队长弗兰蒂泽克·波斯皮希尔在对阵波兰队后被抽中进行兴奋剂检测。他的教练率先承认波斯皮希尔服用过一种含可待因的药物，虽然国际冰球联合会允许使用，但却是国际奥委会禁用的。波兰队与捷克斯洛伐克队的比赛成绩被取消，事实上苏联队已经提前锁定奥运冠军。不过苏联队事先却不知道这个结果，因为上述决定是在决赛结束后才宣布的，以免打破所有悬念。不过没什么关系，苏联队最终以4-3的比分获得胜利，实现了冬奥会四连冠。

苏联冰球队员在攻入捷克斯洛伐克队一球后振臂庆祝，他们不知道的是，在比赛开始之前，苏联队已经实现了冬奥会冰球四连冠

综
述

由于1976年慕尼黑奥运会发生了恐怖袭击事件，导致本届冬奥会安保力度远高于往届。安保人员正牵着警犬在巡逻（左），而所有进入奥运村的车辆都必须经过严格检查（右）

　　这是继1972年德国慕尼黑奥运会之后举办的第一届奥运会，当时巴勒斯坦"黑色九月组织"的8名恐怖分子在奥运村将以色列运动员劫为人质。这次行动导致以色列奥运代表团11名运动员遇害，1名联邦国警察殉职，5名恐怖分子被击毙，3名歹徒被抓获。在距离发生慕尼黑惨案的巴伐利亚州不远的因斯布鲁克市，本届冬奥会组织有序，运行平稳。他们重塑了奥林匹克运动本不该失去的那种积极向上和满怀希望的形象。对于在冬奥会开始前不到三年才指定的替补主办地而言，这是一项伟大的壮举。

　　东道主甚至没有错过任何作品所必需的那丝丝诗意。诗意来源于奥林匹亚体育场，冰舞比赛在此拉开帷幕，吸引了众人的目光。柳德米拉·帕克霍莫娃和亚历山大·戈尔奇科夫这对优雅的冰上组合与生活中的情侣加冕该项目冠军。还有一个关于伊琳娜·罗德尼娜的美丽爱情故事。后者曾被札幌冬奥会时的搭档抛弃，此后又携手亚历山大·扎伊采夫重获双人滑冠军，亚历山大还成为她的丈夫。获得个人金牌的美国女选手多萝西·哈米尔与英国选手约翰·柯里一同跟随美国教练卡洛·法西训练，师出同门的二位高徒在各自性别组中，用优雅的表演为本届冬奥会增添了一抹诗意，尤其是约翰·柯里让人刮目相看。几年来，柯里以其超凡脱俗的姿态让世界各地的观众大饱眼福，却因技术相对薄弱而难得评委青睐。1976年，他终于将滑冰的灵巧和艺术的优雅完美融合，创下了花样滑冰运动员有史以来的最高分。

"三金王"乌尔里希·韦林

冬奥会史上获得冠军次数最多的北欧两项运动员不是北欧人，而是德国人。他在因斯布鲁克已经是第二次获胜了。

1972年札幌冬奥会上，乌尔里希·韦林夺得北欧两项的金牌，但他当时还没有拿出他日后的"独门绝技"。

韦林在自己参加的首届冬奥会上就表现出色，并在之后的冬奥征程中建立起难以撼动的地位。在宫之森跳台举行的北欧两项中，他在第一个小项获得第4名，远远落后于日本选手中野秀树，但他凭借15公里越野滑雪的第3名，最终收获金牌。芬兰选手劳诺·米耶蒂宁（总排名第2）在跳台上表现得更为出色，但在越野滑雪中落后了两分钟。他的同胞卡尔－海因茨·卢克（第3名）在越野滑雪中用时最短，但在跳台滑雪中仅位列第17名。至于日本选手中野秀树，他在15公里越野滑雪中发挥不佳，最终排在第13名。没有人能像韦林那样技术全面。当年他只有19岁半，或许还在寻找着自己的定位。

1949年10月7日，民主德国成立。之后不到三年，韦林于1952年7月8日在哈勒出生。他很小就开始学习滑雪，并很快发现了自己在滑雪跳台上的天赋，逐渐在地区和全国比赛中崭露头角。他开始练习北欧两项，不久后意识到自己的越野滑雪不如跳台滑雪那般出色。但这并不重要：他另辟蹊径，开始在自己的强项上下功夫。他没有为了提高越野滑雪成绩而加强训练，反而孜孜不倦地打磨跳台滑雪的技术。

道理也很简单，先打后谈，兵不厌诈，他要做的就是在第一轮中击败对手，在第二轮中遏制对手。奇怪的是，这种看似矛盾的训练方法发挥了惊人的作用：1971年，他以欧洲青少年冠军的头衔开启了自己的国际比赛生涯，并入选札幌冬奥会名单。他的目标并不是获得奖牌，而是为将来积累经验。后来的事情我们已经都知道，他从札幌带回了北欧两项金牌。两年后，他在法伦世锦赛上夺冠，证明了自己的实力。

1976年因斯布鲁克冬奥会前，韦林的技术已经达到巅峰状态，被人们视为夺冠热门。在伯吉瑟尔跳台上，他跳出了整场比赛中最好的三次成绩，而最终排名只取两次成绩。他的领先优势足以使他以越野滑雪第13名的成绩完赛后，仍然能够保住金牌。第二名和第三名是两位德国选手，一位是来自联邦德国的乌尔班·黑蒂希，另一位是民主德国的康拉德·温克勒。继1932年挪威选手约翰·格勒图姆斯布拉滕之后，韦林成为第二位卫冕北欧两项冠军的运动员。

在亚洲的札幌和欧洲的因斯布鲁克两次加冕，韦林又参加了1980年普莱西德湖冬奥会。并非一切都像看起来那般轻而易举：他在1978年拉赫蒂世锦赛中只获得第三名，负于他的同胞康拉德·温克勒和芬兰选手劳诺·米耶蒂宁。他的另一位同胞、只有21岁的乌韦·多措尔是这个项目一颗冉冉升起的新星。韦林从一开始就表现抢眼：他在前两轮中都跳出了最佳成绩，并凭借80米和85米的两跳奠定了明显的领先优势。1976年因斯布鲁克冬奥会上的情景再次上演，虽然韦林在越野滑雪中表现平平（第9名），但已经足够让他战胜芬兰选手约科·卡尔亚莱宁（银牌）和康拉德·温克勒（铜牌），将金牌收入囊中。

乌尔里希·韦林的越野滑雪水平并不突出，但他依靠高超的跳台滑雪技术，实现了在北欧两项的强力统治

米特迈耶的漫长等待

这位德国高山滑雪运动员花了近十年的时间来打磨最好的滑雪技术。在因斯布鲁克，她臻于完美的技术令她势不可当。

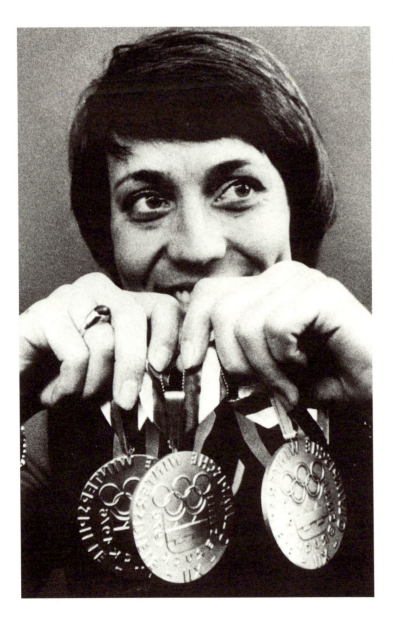

**米特迈耶在本届冬奥会获得
2金1银的战绩**

　　一个运动员突然之间达到了之前从未有过、未来也不会再有的水平，这就是所谓如有神助的状态。在某一个赛季、一个时期、一个时刻甚至一个瞬间，高水平的运动员会摇身一变成为出类拔萃的冠军，就像电影中那些普通人穿上战袍后变身超级英雄一样。

　　罗西·米特迈耶的战袍是一套白色滑雪服，在因斯布鲁克冬奥会之前没有任何神奇之处。1950年8月5日，她出生于联邦德国的赖特伊姆温克尔，在少年时代就展现出了过人的天赋。她在16岁时首次参加世界杯，当年获得总成绩第27名。17岁时，她入选德国奥运队并参加了格勒诺布尔冬奥会。这一次，她没能崭露头角。在接下来的几个赛季，她的表现足以说明她是个优秀的滑雪者，但不是一个伟大的滑雪者。1975—1976年赛季初，她从未在世界锦标赛上获得过奖牌，在札幌冬奥会上也没能登上领奖台。

　　在世界杯上，她赢得了几场回转比赛的冠军：1969年施伦斯站、1970年沃斯站、1973年施伦斯站、1974年阿贝托内站和上塔特拉山站、1975年科蒂纳丹佩佐站。在回转比赛的九个赛季中，她虽然共获得六次胜利，但没有一次是在知名赛道上取得的。因斯布鲁克冬奥会开始前，她在赛季开局的表现有所提高：赢得了两个回转（巴德加斯坦站和科珀山站）、一个大回转（科珀山站）和一个全能（科蒂纳丹佩佐站）的冠军。然而，没有人相信这些成绩能让她在

166

冬奥会上一鸣惊人。这位身材结实的小个子运动员（55公斤，身高1.59米）是参赛阵容中年龄最大的女选手，年轻的对手们给她起了个"奶奶"的绰号，带有一点亲切感，也显露出些许优越感。这是她的第三届冬奥会，她已经26岁了，这在当时的人们看来是个应该知难而退的年纪，所以没有人畏惧她，尤其是在比赛开始前。

但突然间，她如有神助。在阿克萨米尔·利祖姆山的赛道上（距离因斯布鲁克约20公里的一处滑雪场，曾举办过1964年冬奥会比赛），"奶奶"找到了合身的"超人"战袍。她从赛道上飞驰而下，以0.52秒的优势击败夺冠热门奥地利选手布丽吉特·托奇尼格，干脆利落地获得了胜利。在这场不可思议的胜利之后，她再添一枚回转项目金牌，但这次没有那么令人大吃一惊，因为这是她的强项。另一位奥地利选手帕梅拉·贝尔虽然在第一轮中滑出了最快成绩，但米特迈耶在第二轮中实现反超，击败意大利选手克劳迪娅·焦尔达尼（0.33秒）和汉尼·文策尔，赢得了她的第二枚金牌。铜牌得主汉尼·文策尔则为列支敦士登——一个面积只有160平方公里的欧洲小国——赢得了奥运会历史上的第一枚奖牌。比赛异常残酷：42名选手中只有19人完赛。

"奶奶"的人气立刻水涨船高，她需要在警察护送下才能回到酒店。在她的祖国德国，一家报纸毫不犹豫地写道："我们的罗西只会下金蛋！"当然，大家肯定会联想到奥地利选手托尼·塞勒和法国选手让–克洛德·基利在1956年和1968年实现的壮举，他们在同一届冬奥会高山滑雪项目中包揽了3枚金牌。这次大回转比赛最后一次采用单轮赛制。在半程时，米特迈耶领先加拿大选手凯西·克赖纳0.5秒，处于先头位置，大满贯的成就几乎唾手可得。但她在后半程靠近一个旗门时，犯了一个小错误。米特迈耶以0.12秒之差惜败……18岁的年轻的克赖纳几乎被这个老套的恶作剧弄懵了，完全没有反应过来。在领奖台上，克赖纳和法国选手达妮埃尔·德贝纳尔（铜牌）将米特迈耶高举上肩头，以示尊重。这是奥运精神的象征。

与唾手可得的胜利失之交臂固然令人失望，但米特迈耶很快就恢复了她常常挂在脸上的灿烂笑容。从未获得过任何重要奖项的她，在一周内成为滑降和回转的奥运会冠军和世界冠军（当时的冬奥会同时授予两个头衔）。她还获得了全能世界冠军，以及大回转的奥运银牌和世锦赛银牌。这些成绩最终帮助她收获了第一个也是唯一一个世界杯积分总冠军，同时还有回转和全能的水晶球。快乐而充实的"奶奶"可以退休啦。

冬残奥会的诞生

首届冬残奥会在恩舍尔兹维克（瑞典）举行。现在的冬残奥会与1976年的第一届已无太多相同之处，但万事总得有一个开始。

在因斯布鲁克冬奥会闭幕六天后，位于斯德哥尔摩以北500公里的瑞典小镇恩舍尔兹维克（人口约2万人）于1976年2月21日至28日举办了第一届冬残奥会。冬残奥会由国际斯托克曼德维尔运动会联合会组织，瑞典国王卡尔十六世·古斯塔夫亲自宣布冬残奥会开幕。15个欧洲国家和加拿大应邀派出198名选手（161名男运动员和37名女运动员）参赛。联邦德国在奖牌榜上排名第一，共获28枚奖牌，其中包括10枚金牌。

冬残奥会只有高山滑雪和越野滑雪两个分项，但考虑到不同的残疾类型，共设置了53个小项。为确保公平竞争，参赛者按照残疾类型和等级分组，旨在让运动能力相近的运动员同台竞技。

伦敦附近的白金汉郡斯托克·曼德维尔医院的神经学家路德维格·古特曼爵士被誉为残奥会之父。早在1948年，他就在医院的场地上组织了第一届世界轮椅和截肢者运动会，即后来的斯托克·曼德维尔运动会的雏形。其目的在于通过体育锻炼，使得第二次世界大战的受害者和截瘫的老兵们慢慢恢复。两支队伍进行了射箭比赛。

1976年第一届冬残奥会会徽

此后，比赛规模逐渐扩大。1960年，第九届斯托克·曼德维尔运动会在1960年夏季奥运会闭幕后的一周在罗马举行。这届运动会后来也被视为第一届"残疾人奥林匹克运动会"。16年后，第一届冬残奥会以独立运动会的形式在瑞典拉开帷幕，当年的冬季奥运会则是在奥地利的因斯布鲁克举行的。直至1992年，冬残奥会才和冬奥会在同一城市举行，当时法国的阿尔贝维尔市（在邻近的蒂涅滑雪场设有赛区）主办了这届冬残奥会，并效仿1988年汉城（今首尔）残奥会以来的做法，为参赛运动员提供了与奥运会运动员相同的设施和场地。

参加冬残奥会比赛的残疾人类别包括肢体残疾或视力残疾：四肢瘫和截瘫、神经系统后遗症、截肢和其他肢体残疾、脑瘫、重度残疾（肌瘫、电动轮椅）、全盲和视力障碍。除了第一届恩舍尔兹维克冬残奥会上的高山滑雪和越野滑雪项目，逐渐还新增了一些适合残疾运动员的项目，如：冰壶、冬季两项、冰球和单板滑雪。国际残奥委会创建于1989年，目前包括182个国家及地区的残奥委员会。残奥会四年一届，由国际残奥委会（而非国际奥委会）负责组织，影响力不断增强。现在的冬残奥会与1976年的第一届已无太多相同之处，但万事总得有一个开始。

1976年第一届恩舍尔兹维克冬残奥会奖牌榜

排名	国家	金牌	银牌	铜牌	合计
1	联邦德国	10	12	6	28
2	瑞士	10	1	1	12
3	芬兰	8	7	7	22
4	挪威	7	3	2	12
5	瑞典	6	7	7	20
6	奥地利	5	16	14	35
7	捷克斯洛伐克	3	0	0	3
8	法国	2	0	3	5
9	加拿大	2	0	2	4

历届冬季残奥会概况

年份	城市	参赛国家数量	参赛运动员数量
1976	恩舍尔兹维克（瑞典）	14	250
1980	耶卢（挪威）	18	350
1984	因斯布鲁克（奥地利）	22	350
1988	因斯布鲁克（奥地利）	22	397
1992	蒂涅/阿尔贝维尔（法国）	24	475
1994	利勒哈默尔（挪威）	31	471
1998	长野（日本）	32	571
2002	盐湖城（美国）	36	416
2006	都灵（意大利）	41	550
2010	温哥华（加拿大）	44	506
2014	索契（俄罗斯）	45	576
2018	平昌（韩国）	49	570
2022	北京（中国）		

故事

第 13 届
XⅢ

普莱西德湖 1980

第13届冬奥会
1980年普莱西德湖

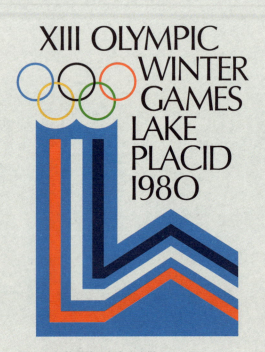

1980年普莱西德湖冬奥会会徽

概
况

地点 普莱西德湖（美国纽约州）

开幕式 1980年2月13日（2月12日开赛）

闭幕式 1980年2月24日

开幕式致辞人 沃尔特·蒙代尔（美国副总统）

运动员宣誓代表 埃里克·海登（美国速度滑冰运动员）

裁判员宣誓代表 特里·麦克德莫特（美国）

奥运圣火点火人 查尔斯·摩根·克尔博士（美国亚利桑那大学精神病学专家）

吉祥物 罗尼（浣熊）

参赛国家和地区数量 37

参赛人数 1072（840名男运动员和232名女运动员）

大项数量 6（雪车、雪橇、冰球、滑冰、滑雪、冬季两项）

分项数量 10（雪车、雪橇、冰球、速度滑冰、花样滑冰、高山滑雪、越野滑雪、
跳台滑雪、北欧两项、冬季两项）

小项数量 38

1980年普莱西德湖冬奥会奖牌

摘要

这是继1932年之后，普莱西德湖第二次举办冬奥会。作为1948年、1952年、1956年、1968年和1976年冬奥会的申办城市，这座纽约州的小城（3000名居民）最终在1974年底被国际奥委会指定为1980年冬奥会的主办地（普莱西德湖是投票当日唯一的候选城市）。

冬奥会期间，普莱西德湖的气温在零下25℃到零上5℃之间（海拔仅568米），由于缺少积雪，如果不大量使用雪炮，赛事将无法顺利举行。冬奥会历史上首次使用人造雪为天然雪层（5—22cm）加固加厚。

中国首次参加冬奥会，派出由28名运动员组成的代表团（16名男运动员和12名女运动员）参加5个项目的比赛。这是中国自1952年以来第一次参加奥运会，包括夏季和冬季奥运会在内。

在1976年之前，台湾以"中华民国"的名义和旗帜参加冬奥会。1979年，国际奥委会恢复了中华人民共和国奥委会的合法席位，要求台湾在1980年冬奥会上以"中国台北"的名称参赛，并更换新旗帜。台湾代表团拒不服从决定，依旧使用原名称与原旗帜出现在奥运村。台湾代表团被禁止入场，并被取消参赛资格。

奖牌榜

排名	国家	金牌	银牌	铜牌	合计
1	苏联	10	6	6	22
2	民主德国	9	7	7	23
3	美国	6	4	2	12
4	奥地利	3	2	2	7
5	瑞典	3	0	1	4
6	列支敦士登	2	2	0	4
7	芬兰	1	5	3	9
8	挪威	1	3	6	10
9	荷兰	1	2	1	4
10	瑞士	1	1	3	5

概况

接踵而至的"奇迹"

1979年12月24日，平安夜，苏联入侵阿富汗。复杂的国际形势让普莱西德湖冬奥会蒙上了政治阴影

普莱西德湖冬奥会因"冰上奇迹"而闻名于世，这场冰球比赛是美国队与苏联队在进入奖牌轮后的首次对决。双方的实力差距看上去悬殊巨大。教练维克托·吉洪诺夫带领四名传奇球员鲍里斯·米哈伊洛夫、亚历山大·马尔采夫、弗拉基米尔·彼得罗夫、瓦列里·哈拉莫夫和门将弗拉季斯拉夫·特雷蒂亚克，以及两位年轻的优秀选手维亚切斯拉夫·费金索夫和谢尔盖·马卡罗夫帮助苏联冰球队在冬奥会比赛中豪取四连胜。若非苏联冰球协会的禁止，两位年轻球员不难在北美职业冰球联赛（北美冰联）中找到自己的位置。在首轮对决中，苏联队先后击败日本队（16-0）、荷兰队（17-4）和波兰队（8-1），之后又击败两个奖牌的有力竞争者芬兰队（4-2）和加拿大队（6-4）。

面对强敌，美国队则只有来自明尼苏达和波士顿的大学生球员应战，他们最好的北美职业冰球联赛球员未被获准参赛。赫布·布鲁克斯只能借助一些并不成熟的经验来执教这支球队。队员们都很年轻，平均年龄22岁，而且经验不足。布鲁克斯确信他们缺乏击败苏联队的绝对天赋，在异常艰苦的准军事化备战过程中，布鲁克斯锻造出了非同一般的团队精神，并传授给队员们一种以快速流畅见长的欧式滑冰技巧。他试图从当时荷兰足球队成功运用的"全攻全守"理论中得到启发，让队员们在所有位置上都能打比赛。球队通过63场热身赛强化备战效果。但就在冬奥会开始前几天，纽约麦迪逊广场花园举行的最后一场比赛将这种理论的局限性暴露无遗：苏联队以10-3的比分给他们上了一课。

在普莱西德湖，继首场与瑞典队战平（2-2）后，年轻的美国队连赢四场，先后击败捷克斯洛伐克队（7-3）、挪威队（5-1）、罗马尼亚队（7-2）和西德队（4-2）。当美国队在麦迪逊广场花园面

综 述

这是冬奥会冰球历史上最伟
大的一战，年轻的美国大学
生以 4 — 3 战胜了苏联队后
欢呼雀跃

对强敌时，他们正梦想着奥运金牌……在他们专为冰球而买下的滑冰场里，克鲁托夫的进球让他们很快失掉一分。巴兹·施耐德设法帮美国队扳回比分，但苏联队的马卡罗夫又夺回领先优势。约翰逊在第一局结束前最后1秒成功扳平比分。但马尔采夫打进的一球又再次拉开比分。在比赛还剩最后10分钟时，苏联队以3-2领先，这时"冰上奇迹"发生了：美国队在两分钟内连进两球，约翰逊和队长迈克·埃鲁齐翁各进一球，美国队取得领先。剩下的时间属于美国队门将吉姆·克雷格，他阻挡住了无敌苏联队的猛烈反攻，他在终场哨响前完成了至少39次扑救！

在东西方集团关系紧张的冷战时期，每个美国家庭都通过电视屏幕见证了这场胜利（4-3）。这是具有全国性影响的一件大事。只要击败芬兰队就能够锁定冠军：两天后，美国队以4-2的比分实现了这一目标。和1960年时一样，美国队依旧是主场作战的高手，他们战胜苏联队赢得冬奥会冠军的头衔。这场胜利是如此不可思议，以至于几年后好莱坞专门以此为题拍摄了一部电影。2002年，参加1980年冬奥会的冰球队员们在盐湖城冬奥会开幕式上点燃了主火炬塔。

冬奥会期间还发生过另一个奇迹，但影响力要稍小一些。一个人口只有2.5万的欧洲小国在奖牌榜上名列第六，仅次于瑞典，但却领先于芬兰和挪威这两个历史悠久的冬季运动强国。在白面山滑雪场的赛道上，滑雪女运动员汉尼·文策尔发挥异常出色：她先是在滑降中获得银牌，金牌由奥地利选

汉尼（左）和安德烈亚斯（右）这对来自列支敦士登的兄妹在高山滑雪项目中大放异彩

手安娜玛丽·莫泽-普罗尔获得，随后又在回转和大回转比赛中夺冠，差一点就像四年前的罗西·米特迈耶一样完成包揽三金的壮举。由此，她为小国列支敦士登赢得了首枚奥运金牌。此外，汉尼的弟弟安德烈亚斯·文策尔再添一枚男子大回转银牌，以上就是列支敦士登在本届冬奥会上所获的全部奖牌。奥运历史上最小的参赛国家首次在冬奥会上夺冠，共获得4枚奖牌，其中2金2银。

如果说这是一个奇迹的话，那么它的出现并非巧合。在1976年因斯布鲁克冬奥会上，男子组的威利·弗罗梅尔特和女子组的汉尼·文策尔曾帮助列支敦士登赢得两枚回转赛的铜牌。在1984年萨拉热

窝冬奥会上，安德烈亚斯·文策尔在大回转赛中再获铜牌，乌尔苏拉·康策特在回转赛中也收获1枚铜牌。在1988年卡尔加里冬奥会上，保罗·弗罗梅尔特同样在回转赛中获得季军。这种传承的稳定性既属于国家，也源于家族。列支敦士登最近一次获得奥运奖牌是在2018年平昌冬奥会上。蒂娜·维瑞兹在超级大回转比赛中获得铜牌。蒂娜是汉尼的女儿，即安德烈亚斯·文策尔的侄女。

一位在回转和大回转赛事中称霸多年的超级冠军在普莱西德湖冬奥会的滑雪比赛中再次登顶。和汉尼·文策尔一样，英格玛·斯滕马克也是本届冬奥会上的双料冠军。他在两场比赛中都依靠第二轮的优异表现而最终取胜。但这个结果也是公平的，因为瑞典人已经连续称霸了数个赛季。然而，奥地利选手莱昂纳德·施托克在男子滑降比赛中的胜利更令人称奇，他此前从未获得过世界杯比赛的胜利，而且锁骨伤势才刚刚痊愈。他之所以能够入选冬奥会，一方面是他在三场预选赛中获得两胜，另一方面得益于他的教练。莱昂纳德·施托克战胜同胞彼得·维恩斯伯格和加拿大选手史蒂夫·波德博尔斯基获得冠军。

普莱西德湖冬奥会的另一个冰上奇迹也源于美国选手的惊人壮举。在四项女子速滑比赛中，金牌分别由不同国家的选手获得：18岁的民主德国选手卡琳·卡尼亚获500米冠军；苏联选手娜塔莉亚·彼得鲁谢娃获1000米冠军；荷兰选手安妮·博金克获1500米冠军；挪威选手比约格·埃娃·延森获3000米冠军。而在男子速滑比赛中，有一位选手独揽了全部金牌：他就是埃里克·海登，一位21岁的美国医学生。从短距离到长距离项目，即500米、1000米、1500米、3000米、5000米和10000米，他都是当之无愧的佼佼者。詹姆斯·B.谢菲尔德滑冰场的冰面是位于普莱西德湖高中足球场内的一条室外跑道，一般认为这种赛道的滑行速度较慢，但这并无大碍。埃里克·海登的每一次胜利都打破了奥运会纪录或世界纪录。实际上，凹凸不平的冰面才是他最难缠的对手，甚至还差一点让他在1500米的比赛中摔倒。即便是在只有四个距离的比赛项目时，历史上也没有一个选手能够包揽全部金牌。而在男子项目增至五个距离后，海登做到了。埃里克·海登以5枚金牌的成绩成为单届奥运会夺得金牌最多的运动员。这一纪录直至2008年才被游泳运动员迈克尔·菲尔普斯改写。然而在冬奥会上，这一纪录至今无人打破。这是一项难以企及的成就。

本届冬奥会见证了许多连胜的成就。海登的成就被载入奥林匹克史册。1972年冬奥会上，民主德国选手乌尔里希·韦林曾获北欧两项冠军，1976年，他成为唯一卫冕该项目的运动员，后来他又在普莱西德湖冬奥会上夺得金牌，实现三连冠。花样滑冰运动员伊琳娜·罗德尼娜也斩获了同样的佳绩：她在札幌与阿列克谢·乌兰诺夫携手加冕，在因斯布鲁克与亚历山大·扎伊采夫共同夺冠，在普莱西德湖又与搭档亚历山大再获冠军，获得了裁判们的一致认可。凭借着三连冠，她追平了索尼娅·海妮的纪录，后者在1928年、1932年和1936年连获三次个人冠军。至于苏联冰舞组合纳塔利娅·利尼丘克和根纳季·卡尔波诺索夫，他们能够夺冠是因为一位苏联裁判给匈牙利组合克里斯蒂娜·赖格齐和安德拉斯·绍洛伊打出了离奇的低分。

在霍文伯格山越野滑雪赛道上，苏联队在一系列比赛中表现出超强实力。1976年冬奥会双料冠军赖莎·斯梅塔尼娜在5公里比赛中第三次夺冠。赖莎·斯梅塔尼娜还为自己的职业生涯增添了1枚银牌，在接力赛中，苏联队以1分钟之差败于民主德国队，其中30公里比赛冠军德国选手芭芭拉·佩措尔德表现十分出色。在男子比赛中，斯梅塔尼娜的同胞尼古拉·齐米亚托夫是当之无愧的主角。他先是在30公里个人赛中获胜，而后又帮助苏联队在接力赛中取胜，最后他在要求极高的50公里比赛中折桂，结束了地狱般的赛程。他共获得3枚金牌，成为普莱西德湖冬奥会越野滑雪项目的大赢家。

而芬兰选手尤哈·米托则不太走运。在因斯布鲁克，他因0.06秒之差而与越野滑雪15公里比赛铜牌失之交臂。四年后，他又遭遇了更残酷的打击：他以0.01秒之差落后于瑞典选手托马斯·瓦斯贝里，错失金牌！冬奥会结束后，国际滑雪联合会作出决定，计时应当只以十分之一秒为单位，即使这样更容易出现平局。对于米托而言，这个新规定来得太晚了。

苏联代表团的旗手在冬季两项4×7.5公里接力中将自己的奥运金牌总数提升至4枚，但他却从未获得过1枚个人金牌。1968年冬奥会20公里比赛亚军亚历山大·吉洪诺夫曾四次作为苏联接力队成员参赛并夺取金牌，分别为1968年格勒诺布尔冬奥会、1972年札幌冬奥会、1976年因斯布鲁克冬奥会和1980年普莱西德湖冬奥会。他是首位在同一项目上连续四次获得奥运冠军的运动员。其他获奖运动员还包括越野滑雪20公里和接力赛冠军、10公里银牌得主阿纳托利·阿利亚比耶夫（苏联）和10公里冠军、20公里和接力赛银牌得主弗兰克·乌尔里希（民主德国）。

在旧赛道旁的新雪橇赛道上举行的双人赛中，1976年冬奥会冠军汉斯·里恩和诺伯特·哈恩成为首个在雪橇项目上成功卫冕的组合。德特勒夫·金特（民主德国）和恩斯特·哈斯平格（意大利）在处于领先位置时摔倒，与奖牌擦肩而过。而在女子项目中却迎来了连胜的终结：德国女选手历史上第一次与雪橇冠军失之交臂。薇拉·佐祖拉（冠军）、梅利塔·绍尔曼（民主德国）和英格丽达·阿曼托瓦（季军）一同登上了领奖台。冠军和季军两位选手分别来自苏联和拉脱维亚。佐祖拉至今仍是唯一一位来自非德语区的冬奥会雪橇冠军。但是，德国选手在雪车项目中依旧保持着统治地位，甚至比以往更加强势。瑞士和民主德国雪车选手在霍文伯格山的滑雪赛道上分享了全部奖牌，该滑雪赛道于1932年正式启用，并在1978年和1979年进行了全面翻新。瑞士选手获得双人雪车的金牌和四人雪车的银牌，德国选手则包揽了其余4枚金牌。这次没有出现冰上奇迹。

英特维尔跳台滑雪中心也未爆出冷门。奥地利选手托尼·因瑙尔在1976年获得大跳台银牌，1980年又以两轮优异的表现轻松摘得标准台金牌。民主德国选手曼弗雷德·德克特和日本选手八木弘和并列亚军。大跳台比赛竞争较为激烈，芬兰选手约科·特尔梅宁最终以第二跳117米的成绩获胜，领先于奥地利选手胡贝特·诺伊佩尔和芬兰选手亚里什·普伊科宁。

中华人民共和国在恢复国际奥委会合法席位三个月后，从北方的黑龙江、吉林两省和解放军体工队选拔优秀冰雪运动员，组队代表新中国首次出征奥运会。6名教练员、28名运动员在普莱西德湖亮相，参加了速度滑冰、花样滑冰、越野滑雪、高山滑雪、冬季两项共5分项18小项的角逐。中国运动员首次出征的最好成绩是冬季两项男子4×7.5公里第14名。当时谁能想到，几十年后，北京会成为世界上第一个先后举办夏奥会和冬奥会的城市。

中国代表团参加普莱西德湖冬奥会开幕式

在总奖牌榜上，苏联依旧凭借本届冬奥会的出色表现雄踞榜首，共获得22枚奖牌（10金、6银和6铜），排在老对手民主德国之前，后者虽获得23枚奖牌，但金牌数只有9枚（还有7银和7铜）。同之前主办冬奥会时一样，美国再次凭借12枚奖牌（6金、4银和2铜）的成绩提升了名次。

综述

流星般的齐米亚托夫

苏联选手尼古拉·齐米亚托夫在普莱西德湖成为第一位在同一届冬奥会上获得三枚金牌的越野滑雪运动员。

尼古拉·齐米亚托夫是那种有点神秘感的冠军，通常在很长一段时间里都很低调，但在你意想不到的时候，就会突然出现在聚光灯下。他就像划过黑暗的流星，来去匆匆。当他来到普莱西德湖时，关于他本人的资料寥寥无几，没有人料到他能站上领奖台。但他却摘得了本届冬奥会的首枚金牌，再加上另外两枚，他成为第一位在同一届冬奥会上斩获三金的越野滑雪选手。

1955年6月28日，齐米亚托夫生于莫斯科，后来在首都西南方70公里外的鲁米扬采沃小镇长大。滑雪是当地的传统运动，他自然从很小的时候就开始接触滑雪。他显露的天赋引起教练阿列克谢·霍洛斯托夫的关注，并开始对他重点培养。于是，他退出了苏联历史最悠久、规模最大的体育社团斯巴达克（以奋起反抗的罗马奴隶、格斗运动员斯巴达克斯命名）。他立刻得到了军队的征召，可以毫无后顾之忧地开始训练了。他是苏联队运动员的典型代表之一，负责通过赢得比赛为国争光。

1978年，他入选芬兰拉赫蒂越野滑雪世界锦标赛阵容。22岁时，他首次在国际舞台亮相就摘得30公里比赛的铜牌。然而，这次旗开得胜却被人们归功于他的好运气。他接下来的表现的确令人失望，在15公里比赛中仅获得第五名，而且苏联队也未能站上接力赛的领奖台。这是苏联队第一次缺席领奖台。1978年和1979

尼古拉·齐米亚托夫正在参加男子30公里越野滑雪比赛

年，他接连在苏联比赛中获得奖牌，但只局限在苏联范围内，人们对他入选普莱西德湖冬奥会阵容还是有些惊讶。大学生齐米亚托夫在当时并不是明星，更绝非日后的苏联"滑雪王"。负责奥运会选拔的教练们或许知道一些旁观者接触不到的信息。

在烟花绚烂的开幕式结束后第二天，他于2月14日参加了个人在普莱西德湖冬奥会上的第一场决赛，希望在霍文伯格山上也能为自己燃起庆祝的烟花。

他修长的身影（身高1.83米，体重68公斤）在30公里赛道的前三分之一处已经处于领先位置。冬奥会现在已经没有男子30公里的比赛了。他将领先优势保持到终点并战胜了他的同胞亚历山大·扎维亚洛夫（银牌）和保加利亚黑马伊万·列巴诺夫，后者为保加利亚赢得了第一枚冬奥会奖牌。齐米亚托夫具有强大的韧性、耐力和决心，但肌肉力量逊于其他选手。因此在三天后15公里的比赛中，他仅名列第五。但在4×10公里接力中，他为战胜挪威队和芬兰队发挥了重要作用。最后在2月23日，尼古拉·齐

米亚托夫在50公里比赛中完成了他的杰作：他再次与同胞亚历山大·扎维亚洛夫展开激烈较量，在42公里处开始发力，然后逐渐扩大领先优势。他最终以领先芬兰选手尤哈·米托3分钟的优势夺得金牌，被芬兰选手赶超的扎维亚洛夫屈居季军。在九天共105公里的赛程中，尼古拉·齐米亚托夫通过三场酣畅淋漓的胜利，完成了从意外入选奥运阵容到成为民族英雄和国际越野滑雪标志性人物的蜕变。

后续如何？他在国际竞赛的舞台上销声匿迹了。四年中，他没有赢得任何重大比赛的胜利。直至1984年萨拉热窝冬奥会前夕，他又突然出现了。他如流星般再次闪耀光芒，在一系列比赛中创下佳绩，其中包括苏联杯30公里比赛。他在波斯尼亚的伊格曼高原滑雪场（冬奥会比赛场地）一马当先，又一次登上最高领奖台，成功卫冕30公里奥运金牌。他在两届冬奥会上共收获4枚金牌。然后，他又一次从公众的视野中消失了。2002年，他以俄罗斯队教练的身份重返冬奥会：他的队员们赢得了2金、1银和1铜。

故事

小身板蕴藏大能量

30岁的苏联花样滑冰运动员伊琳娜·罗德尼娜在普莱西德湖冬奥会上第三次蝉联双人滑冠军，这次是与她的第二位搭档合作。

她异常激动。在与阿列克谢·乌兰诺夫在札幌冬奥会上获得双人滑冠军后，她也曾动情落泪。这不是喜悦的眼泪，或者说不仅仅是喜悦的眼泪。当时两人是搭档和朋友，但阿列克谢却爱上了与安德烈·舒莱金搭档参赛的柳德米拉·斯米尔诺娃。而斯米尔诺娃和舒莱金组合（札幌冬奥会亚军）恰恰是罗德尼娜和乌兰诺夫的最大竞争对手。他们的短节目和自由滑得分均排名第一，轻而易举地赢得了胜利，尽管赛前备战因为错综复杂的关系而倍加艰难。罗德尼娜知道分开的结局已经在所难免。不久之后，当

她的搭档乌兰诺夫与她的对手斯米尔诺娃结婚时，昔日搭档彻底分道扬镳：阿列克谢·乌兰诺夫不可能再像在札幌冬奥会那样，在比赛中战胜自己的妻子。那时身处真驹内滑冰场的罗德尼娜无法预测自己接下来的职业生涯将走向何方。所以在自由滑结束还没离开冰面时，她就落下了眼泪，被各种各样的情绪冲昏了头脑。伊琳娜·罗德尼娜感到很孤独。

通过在全国范围内物色新搭档，她遇到了亚历山大·根纳季耶维奇·扎伊采夫，一位来自列宁格勒的优秀滑冰运动员，以高质量

扎伊采夫和罗德尼娜，他们在冰面上是最好的搭档，在生活中是最好的伴侣

的跳跃而著称。他被这个大他3岁、身高1.52米的小女人吓到了（她的生长发育受到了肺炎反复发作的影响），她的个性如此强势，而且天赋过人。二人第一次见面，他就结结巴巴说不出话来。她很有魅力。九个月后，他们获得了布拉迪斯拉发世锦赛冠军，一切都是那么梦幻。在表演短节目时，由于技术问题，音乐中断了，但他们依旧继续滑行，仿佛根本没有注意到音乐的问题，二人的默契程度似乎像是已经闭着眼睛在一起排练了很多年。如痴如醉的观众们起立为二人鼓掌；裁判们也不甘示弱，给他们打出了最高分。札幌的眼泪已经擦干：后乌兰诺夫时代已经开始。23岁的她拥有了未来，甚至还拥有一位爱人，她在1975年9月嫁给了扎伊采夫。

在1976年冬奥会开始时，罗德尼娜和扎伊采夫更换了教练斯坦尼斯拉夫·茹克，开始跟随塔季扬娜·塔拉索娃训练。但这并没有影响到他们的征程：他们自配对以来还未尝过败绩。在因斯布鲁克，他们显然得到了裁判们的一致认可。这是扎伊采夫的第一个奥运冠军，罗德尼娜的第二个。在她之前，还从未有过女选手与两位不同搭档分别获得奥运金牌。四年后，她在普莱西德湖冬奥会上再添一金，依旧是和她的丈夫搭档。在亚洲（札幌）和欧洲（因斯布鲁克）展示过她的天赋后，她又征服了美国观众和国际裁判，成为自1936年挪威选手索尼娅·海妮之后第一个蝉联三届奥运冠军的滑冰运动员。此后再没有人能够超越她。

普莱西德湖冬奥会的胜利具有特殊意义：在接连获得十个欧洲冠军和十个世界冠军之后，伊琳娜·罗德尼娜在1978—1979年冬暂时离开了冰场。1979年2月23日，她生下了长子亚历山大。美国组合兰迪·加德纳和塔伊·巴比伦亚借此机会赢得了世界冠军，她的同胞玛丽娜·切尔科索娃和谢尔盖·沙赫赖加冕欧洲冠军。1980年1月底，欧洲锦标赛在瑞典哥德堡的斯堪的纳维亚体育馆拉开帷幕。随着这对已经为人父母的夫妻搭档重回赛场，玛丽娜·切尔科索娃和谢尔盖·沙赫赖只能拱手让贤，在普莱西德湖同样屈居次席。由于加德纳腹股沟受伤，美国组合选择了退赛。裁判们给伊琳娜·罗德尼娜和亚历山大·扎伊采夫的完美表现再

次打出了最高分。伊琳娜当时已经30岁159天，到了应该退役的年龄。作为真正的民族女英雄，她在多年之后又重返冬奥会：在传奇冰球门将弗拉季斯拉夫·特雷蒂亚克的陪同下，点燃了2014年索契冬奥会的圣火。

五场比赛，五枚金牌

在普莱西德湖速度滑冰赛道上，从短距离到长距离，从500米到10000米，美国速滑选手埃里克·海登横扫全部金牌。

美国选手埃里克·海登在普莱西德湖冬奥会上最危险的对手，是参加1500米比赛时滑冰场冰面上一处较深的划痕。他差一点摔倒，但好在很快稳住，重新找回了自己的节奏，并以领先第二名挪威选手凯·斯滕斯耶梅特1秒37的优势夺得金牌。虽然中途耽误了一些时间，但他还是以1分55秒44的成绩刷新了奥运会纪录。2月21日，他获得第四枚个人金牌，也是第四个奥运会纪录。他的成绩已经追平了1964年赢得全部四项女子速滑比赛冠军的苏联选手利迪娅·斯科布利科娃。

埃里克·海登1958年6月15日出生于威斯康星州的麦迪逊市。他17岁时就参加了因斯布鲁克冬奥会的500米和5000米速滑比赛，分获第7名和第19名。他当时已经进入斯坦福大学学习，并于1984年获得理学学位，1991年获得医学博士学位。除了滑冰，海登还擅长其他运动：很小的时候，他就在父亲的影响下接触了击剑运动，他还练过冰球和足球，后来才决定和妹妹贝丝一起进行速度滑冰训练，贝丝也是美国国家队的一员。

自1977年以来，海登连续三次获得世锦赛全能冠军，四次

获得五枚金牌的海登毫无疑问是本届冬奥会最受关注的运动员

蝉联世界速滑短距离锦标赛冠军；他在比赛中八次打破1000米、1500米、3000米、5000米、10000米的世界纪录，这还没算上他创下的多项世界青年纪录。这些成绩足以说明他有能力赢下普莱西德湖冬奥会的任何一场速滑比赛。

500米比赛于2月15日举行。海登的对手是卫冕冠军苏联选手叶夫根尼·库利科夫。赛况非常激烈，但在压力之下，库利科夫在最后一个弯道犯了一个致命的小错误。海登以38秒3的成绩获得第一名。5000米比赛在2月16日举行。挪威选手凯·斯滕斯耶

梅特在中间几圈一直处于领先位置。海登直到最后两圈才开始发力，他以7分02秒29再次夺冠，创造了新的奥运会纪录。2月19日，1000米比赛开始了，这次他的主要对手是一位加拿大选手加埃唐·鲍彻。海登始终保持着领先位置，最终以1分15秒18的成绩再夺金牌，并刷新奥运会纪录。鲍彻获得亚军。

在险些摔倒出局的1500米比赛开始前，海登见证了妹妹贝丝获得3000米速滑的铜牌。此后，他亲眼见证了美国冰球队在半决赛上演"冰上奇迹"，战胜了强大的苏联队。第二天，他迎来了属于自己的奇迹。2月23日，10000米比赛日。还差最后一步即可达成五连胜的成就。海登可以毫无保留地放手一搏了。他已经不满足于打破奥运会纪录了：他以14分28秒13的成绩将世界纪录提高了6秒2，并战胜了1976年冬奥会冠军荷兰选手皮特·克莱恩和挪威选手汤姆·埃里克·奥克斯霍尔姆，后者获得了个人的第二枚铜牌。凭借着五枚金牌，埃里克·海登打破了单届奥运会个人项目获得金牌最多的纪录。直至2008年，游泳运动员迈克尔·菲尔普斯才打破这一纪录。然而在冬奥会上，这一成绩依然无可匹敌。那他能做得更好吗？显然不能。于是他选择结束滑冰运动生涯。五年后，他获得了美国公路自行车赛冠军，并参加了环意大利自行车赛。1986年，他参加了环法自行车赛。

男子500米速滑比赛，海登在过弯道时显示出强大的下肢力量

萨拉热窝

1984

第14届冬奥会
1984年萨拉热窝

Sarajevo ´84

1984年萨拉热窝冬奥会会徽

地点 萨拉热窝（南斯拉夫，今天的波黑）

开幕式 1984年2月8日（2月7日开赛）

闭幕式 1984年2月19日

开幕式致辞人 米卡·什皮利亚克（南斯拉夫社会主义联邦共和国主席团主席）

运动员宣誓代表 博然·克里扎伊（南斯拉夫高山滑雪运动员）

裁判员宣誓代表 德拉甘·佩洛维奇（南斯拉夫）

奥运圣火点火人 桑达·杜布拉维奇（南斯拉夫花样滑冰运动员）

吉祥物 武科

参赛国家和地区数量 49

参赛人数 1272（998名男运动员和274名女运动员）

大项数量 6（雪车、雪橇、冰球、滑冰、滑雪、冬季两项）

分项数量 10（雪车、雪橇、冰球、速度滑冰、花样滑冰、高山滑雪、越野滑雪、跳台滑雪、北欧两项、冬季两项）

小项数量 39

1984年萨拉热窝冬奥会奖牌

摘要

萨拉热窝冬奥会并未被当时的国际局势影响，在和平的气氛中举行。南斯拉夫作为首个举办冬奥会的社会主义国家，举办了一届堪称完美的盛会。很难想象，8年之后的萨拉热窝及整个南斯拉夫将经历惨烈的战争。

萨拉热窝冬奥会是萨马兰奇出任国际奥委会主席后举办的首次奥运会。在其任期内举办的最后一届奥运会则是2000年悉尼夏季奥运会。

天公不作美，2月8日至9日夜间，萨拉热窝降雪量达40厘米，山中赛场积雪厚度达1米。次日，由于风速已达200公里/小时，男子滑降项目不得不推迟进行，其他若干项目也因天气原因推迟了数小时。

本届冬奥会首次出现了双胞胎兄弟获同一项目金银牌的情况，美国选手菲尔·梅尔和史蒂夫·梅尔在高山滑雪回转项目上分别获得冠亚军。

中国代表团派出了37名选手，参加了越野滑雪、冬季两项、高山滑雪、速度滑冰及花样滑冰5个分项26个小项的比赛。中国台北队也派出了14名选手参加比赛，这是海峡两岸选手第一次在奥运赛场同台竞技。

奖牌榜

排名	国家	金牌	银牌	铜牌	合计
1	民主德国	9	9	6	24
2	苏联	6	10	9	25
3	美国	4	4	0	8
4	芬兰	4	3	6	13
5	瑞典	4	2	2	8
6	挪威	3	2	4	9
7	瑞士	2	2	1	5
8	联邦德国	2	1	1	4
9	加拿大	2	1	1	4
10	意大利	2	0	0	2

概

况

和平的避风港？

综述

萨拉热窝冬奥会开幕式，这是历史上第一次在社会主义国家举办冬奥会

为抗议苏联对阿富汗进行军事干预，50多个国家（包括美国）抵制了1980年莫斯科夏季奥运会。3年半之后，萨拉热窝冬奥会方才得以举办。而紧随其后的，便是1984洛杉矶夏季奥运会，当时的苏联及其盟国一致决定不参加洛杉矶奥运会。官方说法是苏联担心其代表团在美国的安全，但事实上这更像是一种反击。在这种情形下，奥运节日的氛围已荡然无存，冷战以及东西方紧张局势扭曲了奥林匹克的全球性及和平意义。

而夹在两届气氛紧张的夏季奥运会中间的萨拉热窝冬奥会，倒像是演奏了一支相对缓和的插曲。一切都很和平，就像在古希腊时，奥林匹克休战的传统阻止了民族之间的摩擦、冲突和战争。在这场首次由社会主义国家举办的冬奥会上，没有相互敌对，人们对竞技的热情不减。多达49个国家参与其中就是最好的证明，相比四年前多了12个参赛国，创下了冬奥参与国家和地区的数量纪录。参加了普莱西德湖冬奥会的所有国家悉数到场，此外，更早前曾参与冬奥的国家重新进入赛场，也有国家首次派遣代表团加入到冬奥大家庭。

当然，东西方之间的对峙并不会因为冬奥会而彻底停滞。和往常一样，北美职业冰球选手是否能够与冰球国家业余队选手享受同样参赛资格这一问题引发了辩论。国际奥委会此前已经禁止职业选手参加奥运会，但国际冰球联合会则认为这一禁令只针对曾有北美冰联出赛记录的选手。其中差别在于，禁令针对的人群是否包括在冬奥会之前签署了职业合同，但计划在冬奥会之后再参加职业竞赛的选手。

最终，国际奥委会坚持己见，苏联也因此赢得了冰球比赛的冠军。由弗拉基米尔·克鲁托夫、伊戈尔·拉里奥诺夫和谢尔盖·马卡洛夫组成的"KLM战队"（KLM分别是三人姓氏的首字母）及传奇门将弗拉迪斯拉夫·特雷蒂亚克更是功不可没，1964—1976年，他们多次蝉联了冬奥会冰球冠军，最终又于1984年在萨拉热窝的冰球赛场上，战胜捷克和瑞典，再次夺得桂冠。而四年前在家门口夺冠的美国队仅位列第七。冰球项目的争论可谓由来已久，但并没有扰乱紧张的国际局势下相对宽松的冬奥气氛。萨拉热窝，和平的港湾。这是大众在这届精心组织的冬奥会结束之后的一致感想。

可谁能想到，仅仅八年之后，萨拉热窝深陷波斯尼亚战争的血雨腥风，冲突将这座曾经的奥林匹克之城暂时分割为两个独立的国家。不久之后的萨拉热窝沦为现代历史上遭受军事控制时间最长的城市，1992年5月至1996年2月29日，先后被南斯拉夫人民解放军和塞尔维亚克拉伊纳共和国军队包围。在此期间，共有近5000人在炮火中丧生，其中包括1500名儿童。报告显示，萨拉热窝在被围困期间，平均每天遭受329枚炮弹攻击，最高纪录发生在1993年7月22日，炮弹数量高达3777枚，枪林弹雨严重

摧毁了城市建筑，包括民用建筑和文化遗址。为冬奥会而新建的设施也未能逃过一劫。或许，冬奥会期间的和平氛围只是昙花一现。

1984年的冬奥会推动了城市的现代化进程，也为其基础设施注入了现代元素。道路交通得到很大程度的优化，新建的160公里公路不仅连接了萨拉热窝与多个山区景点，也实现了这些景点之间的互通。此外，萨拉热窝还翻新了火车站和机场跑道，修建了一座新的航空站。而这一切，全部毁于数年后的战火。奥运村建在莫伊米洛区，在冬奥会期间，近2000名运动员和随行人员曾下榻在这里的639间公寓中。为了迎接观看比赛的观众，萨拉热窝共计新建了九家酒店，并翻新了七家原有酒店。战争之后的奥运村摇摇欲坠。若干年后，在西班牙巴塞罗那（时任国际奥委会主席萨马兰奇的故乡）的帮助下，当地重修了奥运村建筑、伊格曼山上为越野滑雪和冬季两项比赛新建的场地，以及建在多布林亚的媒体村，这也是奥林匹克团结精神的体现。

建于1947年的科舍沃体育场历经了彻底的翻新修建，作为萨拉热窝冬奥会开幕式的举办场地，容

照片拍摄于1994年2月24日，曾经的萨拉热窝冬奥会训练场地，由于战争变成了一片墓地

综述

冰球卫冕冠军美国队对阵苏联队，双方运动员准备开球

纳了来自全球的4.5万名观众。相邻的泽特拉体育馆同样也是为了冬奥而建，场内可容纳8500名观众，是冰球、花样滑冰以及闭幕式的举办场地。战后，国际奥委会向泽特拉体育馆捐助了1150万美元的重建经费，1982年，时任奥委会主席安东尼奥·萨马兰奇先生见证了泽特拉体育馆落成，2010年，萨马兰奇逝世，泽特拉体育馆便以其姓氏命名，以示悼念。位于萨拉热窝城东南的特雷贝维，建有南斯拉夫历史上首个雪车雪橇赛道（长1300米，落差126米）。战争期间，这里成为波斯尼亚塞族部队的炮兵阵地。直至2014年，在志愿者和国家雪车联合会的帮助及国际雪橇联合会的资助下，才得以进行修复。而位于马洛·波列的跳台滑雪场则在战时被用作火箭发射场，周围场地被改造成掩体。

今日的萨拉热窝已经是波斯尼亚－黑塞哥维那的首都，沉浸于失而复得的和平之中。当年为冬奥会而建的设施也在逐渐恢复其本来的用途。奥林匹克博物馆精心守护着人们关于1984年冬奥会的记忆，毕竟那一届在友好氛围中成功举办的冬奥会在特殊时期是如此的珍贵。那一年，美国与苏联仅位列奖牌榜的第二和第三，在萨拉热窝拿下9金9银6铜共24枚奖牌的民主德国排在奖牌榜首位，该国在6年之后以非常和平的方式与联邦德国合并，德国实现了统一的梦想。而仅有1600万人口的南斯拉夫，也在数年之后走向了终结。

当时民主德国的获胜秘诀很简单：专注于国际上关注较低且夺牌潜力较大的项目，毕竟培养一名速滑运动员就能期待在三至四个项目中夺牌，但想在冰球项目上收获奖牌至少需要训练20名运动员。民主德国将所有雪车项目的金银牌收入囊中，获得了6块奖牌中的4块。在冬奥历史上，从未有第二个国家有过如此骄人的成绩。沃尔夫冈·霍普及迪特马尔·绍尔哈默成为双料冠军，伯恩哈德·莱曼和波格丹·穆西奥尔则两次登上亚军奖台。

女子速滑项目中也出现了相同的情形：克里斯塔·卢丁和卡尼亚·恩克在500米项目中双双夺牌，恩克在1000米及1500米项目中击败安德雷·埃里希问鼎冠军；此外，两位年轻的姑娘还与盖彼·灿格共同包揽了3000米项目的金银铜牌。仅速滑一项，民主德国就斩获了全部12枚奖牌中的9枚，其中8枚是金牌。被视为冬奥会巾帼英雄之一的恩克，以一己之力夺得两枚金牌和两枚银牌。男子速滑项目的奖牌分布则相对分散，加拿大选手加埃唐·鲍彻在500米项目中获得第三，紧接着又在1000米和1500米项目中勇夺金牌；苏联选手谢尔盖·福基切夫和伊尔戈·马尔科夫分获500米及10000米项目冠军；瑞典选手托马斯·古斯塔夫森则在5000米项目中为斯堪的纳维亚半岛赢得了荣耀。民主德国在男子速滑项目中获得两枚铜牌。

相比之下，民主德国花样滑冰选手卡特琳娜·维特的亮相则更具艺术性。当时，年仅18岁的维特接替了前辈阿奈特·珀奇，以完美的三部曲——规定动作、短节目和自由滑，一步步征服了所有对手。维特高超的技术动作给人留下了深刻印象，加之其无法掩盖的艺术天赋，很快就成为魅力四射的冰上巨星。男子花滑的赛场同样星光闪耀，年轻的美国选手斯科特·斯科韦尔·汉密尔顿力克强劲的对手布莱恩·奥瑟，获得单人项目金牌。此前，汉密尔顿已三次蝉联世锦赛冠军，本届冬奥会之后，他又成功实现了四连冠。而奥瑟在本届比赛中，规定动作得分排名仅列第七。在双人滑比赛中，苏联选手叶莲娜·瓦洛娃和奥列格·乌萨里坞的短节目和自由滑得分均位列第一，毫无悬念地拿下了双人项目金牌。他们也是1983年世锦赛冠军。

英国组合简恩·特维尔和克里斯多夫·迪安斩获冰上舞蹈冠军，并创造了该项目前所未有的高分纪录，其自由舞表演选择了拉威尔的《波莱罗舞曲》为背景音乐，堪称传奇之作。这段表演不仅让现场及全球电视观众叹为观止，全场9位评委一致为他们的艺术表现打出了满分6.0分。该项目的亚军和季军均来自苏联，亚军组合纳塔利娅·别斯捷米亚诺娃和安德烈·布金获得了1988年卡尔加里冬奥会金牌，季军组合玛丽娜·克利莫娃和谢尔盖·波诺马连科则在1992年阿尔贝维尔冬奥会中摘得该项目最高荣誉。竞争激烈程度由此可见一斑。到了1994年的利勒哈默尔冬奥会，职业选手再次拥有了参赛资格，已经36岁的特维尔和35岁的迪安重回赛场，已有十年不曾参赛的他们竟出人意料地获得铜牌，再次登上了奥运领奖台。

综述

综 述

英国组合简恩·特维尔和
克里斯多夫·迪安用完美
的表演征服了所有人，拿
到了史无前例的9个满分

雪橇项目上，民主德国的女选手们所向披靡，斯特菲·瓦尔特、贝蒂娜·施密特和乌特·奥伯霍夫纳包揽前三名，男队成员则在双人项目上不敌联邦德国及苏联，摘得铜牌。曾在12年前札幌冬奥会获得男子双人项目冠军的保罗·希尔德加特纳，作为本次冬奥会意大利代表团旗手，在雪橇单人项目中获得金牌。他也因此成为该项目中唯一一位能够在职业生涯中实现单人和双人项目"大满贯"的选手，先后获得欧洲杯（1971年、1974年、1978年和1984年）、世界杯（1971年和1974年）及冬奥会冠军。

民主德国在冰上项目的优势要大于雪上项目，相比滑雪板，民主德国选手似乎更擅长操控冰鞋。不过也有例外的情况发生。跳台滑雪

菲尔·梅尔（右）和双胞胎弟弟史蒂夫·梅尔（左）分获回转项目金、银牌

的70米跳台比赛中，尽管风势对比赛不利，但民主德国选手延斯·魏斯弗洛格依然力克20岁的芬兰强敌马蒂·尼凯南，获得金牌；但在90米大跳台项目中，尼凯南更胜一筹，领先于魏斯弗洛格获得冠军。在两位巨星的光芒下，其他选手的表现可谓乏善可陈。在冬季两项的接力赛中，苏联依然一马当先，战胜挪威和联邦德国，第五次获得该项目金牌。但在个人项目中，苏联选手甚至未能跻身前三，令人惊讶不已。在男子20公里个人赛中，联邦德国选手彼得·安格雷尔以超1分钟的领先优势战胜19岁的民主德国选手弗兰克－彼得·勒奇，获得金牌。铜牌得主埃里克·克瓦尔福斯来自挪威，他在男子10公里短距离决赛中，超越彼得·安格雷尔和马蒂亚斯·雅各布，获得金牌。最终，埃里克·克瓦尔福斯和彼得·安格雷尔分别以金、银、铜三枚奖牌的战绩告别了萨拉热窝。

挪威选手汤姆·桑德伯格以跳台第一、越野滑雪第二的成绩稳获北欧两项的冠军，与之相比，其余3位芬兰选手的表现稍显逊色。在越野滑雪的赛场上，芬兰女将玛丽亚－莉萨·哈梅莱伊宁一骑绝尘，先后获得10公里、5公里和20公里项目的冠军。她也因此成为萨拉热窝冬奥会唯一一名获得3枚金牌的女

综
述

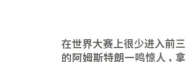

在世界大赛上很少进入前三的阿姆斯特朗一鸣惊人，拿到冠军后她高高举起了自己的滑雪板。1988年退役后，阿姆斯特朗还参与了萨拉热窝战后重建工作

选手，同时也斩获了4×5公里接力赛的铜牌，挪威、捷克分获该项目金牌和银牌。瑞典选手贡德·斯万也在本届冬奥会中收获了4枚奖牌，分别是15公里项目金牌、30公里铜牌（金、银牌分别归属于苏联选手尼古拉·齐米亚托夫和亚历山大·扎维亚洛夫）、50公里银牌及接力赛金牌。在50公里比赛中，他以不到5秒的劣势负于金牌得主托马斯·瓦斯贝里，随后又与瓦斯贝里联手为瑞典夺得接力赛金牌。越野滑雪共计产生了24枚奖牌，其中大半被芬兰和瑞典选手收入囊中。

高山滑雪项目可谓冷门频发。美国选手大放异彩，比尔·约翰逊获得滑降项目冠军，菲尔·梅尔与同胞兄弟史蒂夫·梅尔分获回转项目金、银牌；女子大回转项目中，黛比·阿姆斯特朗与克里斯蒂安·库珀进入最终角逐，为美国再添金、银牌各一枚。如此出色的表现令该项目的传统强国感到窒息。瑞士选手马克斯·尤伦获得男子大回转冠军，米凯拉·菲吉尼和玛利亚·瓦利泽尔的组合获得滑降双人项目冠军，保莱塔·马戈尼凭借优秀表现，为意大利赢回了女子回转项目金牌。奥地利仅仅获得一枚铜牌，着实有负其高山滑雪强国的称号，甚至不如获得两枚奖牌的小国列支敦士登。东道主运动员尤雷·弗兰柯在大回转比赛赢得一枚银牌，成为南斯拉夫历史上第一位获得冬奥会奖牌的运动员。弗兰柯也是该届冬奥会中南斯拉夫唯一夺牌的运动员。但幸运的是，南斯拉夫为冬奥会付出的热情和精心组织，在战火燃起之前收获了回报。

坚强与脆弱并存

玛丽亚－莉萨·哈梅莱伊宁，芬兰越野滑雪选手，萨拉热窝冬奥会唯一的三金女王，她的夺冠之旅伴随着与脆弱神经的顽强搏斗。

1976年因斯布鲁克冬奥会上的玛丽亚－莉萨·哈梅莱伊宁还不到20岁。1955年9月10日，哈梅莱伊宁出生于芬兰南卡累利阿区辛佩莱的一个小社区。数百年来，更确切地说，是自1683年以来，她的家族一直生活在那里。巧合的是，当年的小哈梅莱伊宁正是因为观看了1964年因斯布鲁克冬奥会，才立志要成为奥运冠军。她的远大理想在家人看来不过是句玩笑，1976年因斯布鲁克第二次举办冬奥会，她在女子越野滑雪10公里项目中排名第22，这样的成绩远不能令人信服。

1980年普莱西德湖冬奥会开幕时，哈梅莱伊宁已经24岁，自因斯布鲁克冬奥会之后，她的地位发生了些微变化：1978年，她在芬兰拉赫蒂举办的世界杯中与团队一起夺得了4×5公里接力赛冠军。虽然是团队的共同胜利，但她也是一位名副其实的世界冠军了。1978年，在一次国家队训练中，她爱上了哈里·基尔韦斯涅米。基尔韦斯涅米也参加了普莱西德湖冬奥会，并在男子4×10公里接力赛中获得了他的第一枚奥运会铜牌。在整个职业生涯中，他累计获得6枚奥运会铜牌。

在萨拉热窝冬奥会实现金牌梦时，哈梅莱伊宁已经是28岁的老将。在过去四年中，她不幸患上了神经衰弱症，大型比赛的巨大压力让她难以自如发挥。在哈里·基尔韦斯涅米的鼓励下，她

哈梅莱伊宁在20公里越野比赛中进入一段缓坡赛道

故事

193

大大增加了训练量，最终在1983年的世界杯上获得总分第一的成绩。到了1984年，虽然有旧疾复发的迹象，但她在萨拉热窝的表现仍然令人眼前一亮。首先，她以19秒的优势战胜1976年冬奥冠军、苏联选手赖莎·斯梅塔尼娜，获得10公里金牌；随后，在5公里赛道上，她又以10秒的优势险胜挪威选手贝丽特·奥恩利；最后，在20公里决赛中再次与斯梅塔尼娜狭路相逢，并再次获胜。第三次参加冬奥会的哈梅莱伊宁成为绝无仅有的三冠女王。此外，她所在的队伍还夺得了接力赛的铜牌。始终陪伴着她的哈里·基尔韦斯涅米在接力赛及个人15公里比赛中获得铜牌（这也是他奥运生涯的最佳个人成绩）。1984年8月，两人带着胜利的喜悦步入婚姻的殿堂。次年12月，他们的女儿呱呱坠地，取名艾丽莎。

1988年，32岁的哈梅莱伊宁迎来了卡尔加里冬奥会。她虽然顺利获得参赛资格，但无奈未能守住冠军宝座。越是在距离长的项目上，她的排名越是不尽如人意。5公里第五，10公里第九，20公里仅位列第11。最终，她同队友一道取得接力赛季军，才免于交上白卷。而她的丈夫哈里却没能拥有最后一丝幸运，六次出征冬奥会的他，仅此一次颗粒无收。加拿大成了他的失意之地。

1992年，36岁的哈梅莱伊宁第五次出征冬奥会，踏上前往阿尔贝维尔的征途。三年前，在芬兰拉赫蒂，她斩获第一枚也是唯一一枚世界杯10公里个人冠军，第二枚世界杯金牌则来自接力赛。1990年夏天，她的第二个女儿出生，生产之后她迅速恢复状态，在次年举行的意大利瓦尔迪菲摩世界杯中获得5公里银牌。但幸运之神未能始终伴随，哈梅莱伊宁在30公里角逐中仅列第31名，20公里位列第六以及接力赛位列第四的成绩，显然不足以驱散她内心的失落。

挪威利勒哈默尔是哈梅莱伊宁奥运生涯的第六站也是最后一站。那一年，她38岁。1993年在瑞典法伦获得的一枚15公里项目银牌让她重拾信心。最终，她以追逐赛第十名的成绩结束了最后一场比赛。她在5公里和30公里项目中新获得两枚铜牌，在长达18年的奥运征途中，她累计获得了七枚奖牌（三金四铜）。丈夫哈里虽然比她年长3岁，但依然继续奋斗在奥运赛场上。直至2001年，哈里涉及芬兰队内部组织的一起兴奋剂大案，令离开赛场的哈梅莱伊宁倍感焦虑。2011年，芬兰越野滑雪国家队的两位传奇人物最终劳燕分飞。

孤单创造的传奇

在获得双人项目冠军之后，意大利雪橇选手保罗·希尔德加特纳足足等了12年，才在萨拉热窝迎来人生首个单人项目冠军，也迎来了职业生涯的巅峰。

为迎接2006年都灵冬奥会，塞萨纳－帕里奥场馆新建了雪车、雪橇和钢架雪车赛道，并为赛道上的19个转弯命名。其中包括以形状命名的"钩子"（2号转弯）、"墙"（4号转弯）、"挡板"（12/13号转弯）。也有一些以景点或地名命名，比如赛场所在地"塞萨纳"（9号转弯），以及位于场馆对面山峰名"夏波顿"（14

号转弯）。值得一提的是，在赛道施工期间，当地还发现一处考古遗址，因而有一个转弯被命名为"博物馆"（11号转弯）。

19个转弯中只有三个以人名命名，分别是：在1948年圣莫里茨冬奥会为意大利获得首枚钢架雪车金牌的尼诺·比比亚（10号）；于1957—1968年获得六枚奥运奖牌和十枚世界杯奖牌的欧

意大利雪橇运动员希尔德加特纳
在经历了五届冬奥会后，终于获
得了单人雪橇比赛冠军

特纳已经是雪橇双人项目的欧洲冠军和世界冠军。他的搭档叫做瓦尔特·普赖克纳，名字听上去像日耳曼人。在1972年的札幌冬奥会上，两位年轻人凭借出色表现获得金牌。

原本，按照比赛规则，是以比赛的两轮用时相加决定选手胜负。但札幌冬奥会第一轮比赛因为起点处挡板出现技术问题，在赛程过半后被宣布取消，已有成绩记录宣告作废，这对当时处于领先地位的保罗和瓦尔特来说，堪称无妄之灾。随后，所有设备调试无误，第二轮比赛开始。这轮比赛结果将直接决定排名和奖牌。两位年轻选手并未受到巨大压力的影响，完成第一次滑降后，他们以0.06秒的优势领先民主德国组合奥尔斯特·赫姆莱因和赖因哈德·布雷多夫。在第二次滑降后，他们最终与民主德国组合总用时相同，并列双人雪橇第一名。

1976年因斯布鲁克冬奥会时，瓦尔特·普赖克纳患上了流感，对于是否继续参赛显得有些动摇。最终，他还是坚持完赛，但二人仅获得第11名，普赖克纳随后选择终止自己的雪橇生涯，希尔德加特纳则决定转向单人项目。1978年，他先后加冕欧洲冠军和世界冠军，随后在1980年普莱西德湖冬奥会上获得银牌。1984年，希尔德加特纳奔赴萨拉热窝，第三次进军冬奥会，已经31岁的他力克苏联选手谢尔盖·丹尼林和瓦莱里·迪丹，获得单人项目金牌。此时，距离他拿下冬奥会双人项目金牌已经过去了12年。他也曾参加1988年卡尔加里冬奥会，但仅获得第十名。

希尔德加特纳是唯一一名同时获得单人和双人项目冬奥会金牌（1984年、1972年）、世锦赛冠军（1978年、1971年）、欧锦赛冠军和世界杯冠军的运动员，他也因此收获了意大利国民的尊敬和喜爱。

金尼奥·蒙蒂（19号）；以及意大利乃至全世界雪橇传奇人物保罗·希尔德加特纳（17号）。可见，尽管时光流转，但人们对希尔德加特纳的职业经历和冬奥历程的尊敬不减。此外，希尔德加特纳曾在1984年萨拉热窝冬奥会和1988年卡尔加里冬奥会上，连续两次担任意大利代表队旗手，如此殊荣也足见意大利人民对他的钦佩和喜爱。

1952年6月8日，保罗·希尔德加特纳出生于意大利最东北部博尔扎诺省的崔聂斯，那是一座人口不足2000人的小城，毗邻奥地利边境，德语名叫做"Kiens"。当地海拔高度约800米，辖内的科隆普拉茨山脉围绕着滑雪胜地普兰德克罗尼斯（2275米）。除了滑雪，雪橇也是当地最常见的运动项目。18岁半时，希尔德加

特雷蒂亚克，世纪最佳门将

1980年普莱西德湖冬奥会冰球赛，苏联队惨败于美国队。四年后的萨拉热窝，苏联队一雪前耻。冰球守门员弗拉迪斯拉夫·特雷蒂亚克对此记忆犹新。

对阵捷克斯洛伐克的比赛中，特雷蒂亚克扑救瞬间

故事

就开始于那一瞬间。

少年时期的特雷蒂亚克加入了莫斯科中央陆军冰球俱乐部，在前锋位置上尝试了一段时间之后，他发现没有人愿意做守门员。正当他坚持向门将位置靠拢时，不幸遭到了第一次伤病：一枚高速飞转的冰球重重地砸在了他的前额。因为惧怕被球队除名，负伤的特雷蒂亚克不曾有丝毫抱怨。这项运动或许也因此受到了感动：没错，这就

特雷蒂亚克还是小男孩时就爱上了冰球，但这一切完全出于偶然。1952年4月25日，特雷蒂亚克出生于苏联莫斯科州德米特罗夫的一个乌克兰家庭，他的母亲是体育老师。有一天，母亲从衣橱里拿出了自己年轻时打草地曲棍球时用的球棍，递给了小弗拉迪斯拉夫。小弗拉迪斯拉夫拿起球棍来到花园里，学着不知在哪儿看到的运动员模样，用球棍推动小石子。或许他对冰球的爱

是那个将成为世界冠军的小男孩。

1984年4月12日，特雷蒂亚克代表苏联出征瑞典杯，对战捷克斯洛伐克，这是他职业生涯的最后一场比赛。遗憾的是，这个故事竟是以怨恨告终。当时，特雷蒂亚克已有意去了解中央陆军和苏联之外的冰球赛场。北美冰联的加拿大蒙特利尔俱乐部向他抛来了橄榄枝，但他明白，苏联政府绝不会允许他进行类似尝试，

2－0，苏联队战胜捷克斯洛伐克队取得冰球冠军后，特雷蒂亚克取下头盔仰天长啸

因而他决定结束职业生涯。一段时间后，特雷蒂亚克在接受苏联官方媒体《苏维埃体育报》采访时，直言苏联冰球运动员的生活让他感到疲惫厌倦，认为自己已经为国家尽到了应尽的义务，希望今后能将精力用于陪伴妻子塔季扬娜。之后，在2002年，他再次表示在为国家效力了15年（如果算青年队选拔，则是16年）之后，国家仍然不允许他自由加入北美冰联，他对此极度失望。

在1968—1984年，他屡创佳绩，在多次赛事中获得名次和奖牌。在莫斯科中央陆军冰球俱乐部效力期间（他累计出场次数达482场），他为球队获得了7次世界杯冠军，13次苏联锦标赛冠军，14次欧洲杯冠军，创下了无人可及的纪录。作为苏联国家队的一员，他曾291次为国出战，获得9次欧洲冠军、10次世界冠军以及3次冬奥会冠军，并于1972年和1974年两次参加苏联与加拿大职业选手的"世纪大战"。1989年，他成为首个入选国际冰联名人堂的非美国籍选手，同时也是唯一一名不曾参加过任何一场北美冰联比赛的选手。2000年，他被国际冰联选为世纪最佳阵容的守门员，俄罗斯也推选其为世纪最佳选手。

1984年，特雷蒂亚克怀着一个雄伟的短期目标在萨拉热窝迎来了最后一场国际大赛。他要洗雪四年前在普莱西德湖冬奥会上败给美国的耻辱。普莱西德湖夺冠在美国人看来是冰上奇迹，在苏联人看来却是毁灭性的灾难。但特雷蒂亚克并不是责任人，相反，在比赛顺利进行的情况下，主教练维克多·提卡诺夫意外换下了门将。在萨拉热窝的冰球场上，苏联的前锋线上，弗拉基米尔·克鲁托夫、伊戈尔·拉里奥诺夫和谢尔盖·马卡洛夫的三人组合势不可当，加之特雷蒂亚克誓死捍卫球门，苏联人最终成功驱散了四年前的阴霾。在决赛中，面对苏联的进攻，捷克斯洛伐克队几乎无计可施，以2-0落败。而特雷蒂亚克在1972年及1976年之后，第三次登上了冬奥会最高领奖台。但同时，他与加入北美冰联的长期目标却渐行渐远。他更倾向结束冰球运动员生涯。

故事就这样走到尽头了吗？特雷蒂亚克与冰球像是过于相爱的恋人。最终，特雷蒂亚克还是来到了北美冰联，以门将教练身份为芝加哥黑鹰队工作了15年。2006年4月25日，54岁的他当选为俄罗斯冰球联盟主席。他发起创建了一个协会，名为"加拿大的朋友"，通过该协会与北美联盟保持联系。同时，他始终在加拿大和俄罗斯两国指导守门员学校的相关工作，培养未来的冰球之星。

第15届冬奥会
1988年卡尔加里

Calgary '88

1988年卡尔加里冬奥会会徽

概况

地点 卡尔加里（加拿大）

开幕式 1988年2月13日

闭幕式 1988年2月28日

开幕式致辞人 让娜·索维（加拿大总督）

运动员宣誓代表 皮埃尔·哈维（加拿大越野滑雪运动员）

裁判员宣誓代表 苏珊安·莫罗－弗朗西斯（加拿大花样滑冰裁判）

奥运圣火点火人 罗宾·佩里（加拿大小学生）

吉祥物 海迪和豪迪

参赛国家和地区数量 57

参赛人数 1423（1122名男运动员和301名女运动员）

大项数量 6（雪车、雪橇、冰球、滑冰、滑雪、冬季两项）

分项数量 10（雪车、雪橇、冰球、速度滑冰、花样滑冰、高山滑雪、越野滑雪、跳台滑雪、北欧两项、冬季两项）；冰壶、短道速滑、自由式滑雪为表演项目

小项数量 46

1988年卡尔加里冬奥会奖牌

摘要

1988年卡尔加里冬奥会是首次在加拿大举办的冬奥会。此前，加拿大曾7次申办冬奥会（卡尔加里2次），均以失败告终。

与往届冬奥会持续12天不同，卡尔加里冬奥会的赛程长达16天，包含3个周末。

来自落基山脉的奇努克风（冬末从落基山脉东坡吹下的暖风）致使30项比赛延期举行。在冬奥会举行期间，当地气温最低达零下28摄氏度，最高则有22摄氏度。

速滑比赛首次在室内体育场举行。而高山滑雪比赛则在一块完全采用人工造雪的场地上进行。

民主德国选手卡特琳娜·维特成为继索尼娅·海妮（1932年和1936年冬奥会冠军）之后的首位蝉联女子花滑金牌的选手。

伴随着苏联解体、德国统一，卡尔加里是这两个国家在冬奥会赛场的最后亮相。

卡尔加里冬奥会火炬接力路线累计长达1.8万米，其中1.1万米为陆路。共有660万加拿大人填写了火炬手申请表，最终仅7342名幸运儿成为火炬手，他们中最小的只有4岁，最年长的已是百岁高龄。

卡尔加里冬奥会是史上第一届"无烟奥运"。

奖牌榜

排名	国家	金牌	银牌	铜牌	合计
1	苏联	11	9	9	29
2	德国	9	10	6	25
3	瑞士	5	5	5	15
4	芬兰	4	1	2	7
5	瑞典	4	0	2	6
6	奥地利	3	5	2	10
7	荷兰	3	2	2	7
8	联邦德国	2	4	2	8
9	美国	2	1	3	6
10	意大利	2	1	2	5

概况

喧嚣声浪中的变革

卡尔加里冬奥会开幕式，由于媒体宣传力度加强，冬奥会的关注度越来越高

　　时代在变。在1924年首届冬奥会或1896年首届夏季奥运会问世的时代，进行高水平运动训练和竞赛是贵族阶层的特权：这些人必须富有，至少不需要工作就能够负担得起训练、比赛和旅行的费用，单纯追求与来自世界各地同样出身名门的对手们切磋请教的快乐。国际奥委会主席就来自贵族阶层，如法国的皮埃尔·德·顾拜旦男爵以及比利时的亨利·德·巴耶-拉图尔伯爵。

　　渐渐地，一些国家政府和私人企业主发现，他们能够从获得了某项比赛冠军的国民或雇员身上得到利益，体育运动便开始平民化了。与此同时，人们开始了关于职业运动员与非职业运动员的讨论。因为运动员必须越来越多地放弃真实社会生活中的工作，不断增加训练量。体育比赛的种类和项目也越来越多，持续时间越来越长，越来越多的国家参与进来。

1988年之前，各届冬奥会历时只有12天，卡尔加里冬奥会延长至16天，共设39个小项（10个分项），而1924年夏蒙尼冬奥会只有16个小项（9个分项）。然而，这些还不是冬奥会发展史上的重要转折，相反，在媒体的大力渲染之下，冬奥进入过度膨胀的发展阶段。参加卡尔加里冬奥会的运动员有1423人，而媒体代表数量达到6838人（其中文字媒体2477人，视听媒体4361人），相当于每一名运动员对应五名媒体人员。这种火爆现象其实并不利于人们清晰地理解比赛本身。事物的外在大多肤浅，有时会凌驾于其本质之上，引人入胜的故事比竞技胜利更能吸引眼球。这也是"新规则"的一部分。

多年之后，谁还会记得在特殊的天气条件下，民主德国运动员是如何在双人雪车（苏联夺冠）和四人雪车（瑞士夺冠）项目中遗憾落败的呢？在某一轮比赛中，赛场温度竟高达14摄氏度；受大风影响，几乎每场比赛时，赛道上都铺满了灰尘。胜利者的名字，真正的竞技冠军，却被遗忘了。但所有人却都记得，那一年是牙买加首次参加冬奥会四人雪车项目竞逐，尽管牙买加队员们在第三次滑行中发生意外，未能完成比赛。5年后，以该事件为原型拍摄的电影《冰上轻驰》（原名Cool Runnings）大获成功。传闻轶事的价值超过了体育竞技本身。

2016年，另一部以卡尔加里冬奥会为灵感的故事片登上了大荧幕。片名叫做《飞鹰艾迪》（Eddie the Eagle），讲述了跳台滑雪赛场一个技术欠佳的选手的故事。25岁的英国选手迈克尔·爱德华兹在标准跳台滑雪比赛中总分仅得到69.2分，位列58名选手中的最后一位。该项目冠军得分为229.1分，即便是倒数第二的西班牙选手也获得了140.4分。在大跳台滑雪项目中，他同样保持了倒数第一的成绩，位列55名选手的最末位。第二跳之后，他的飞行距离仅为27.5米，而冠军马蒂·尼凯南的飞行距离为103米。

这名选手明显超重（其体重超过82公斤），因为远视眼的缘故，他不得不一直佩戴着眼镜，所以在跳跃过程中，经常因为镜片起雾，导致什么都看不清，完全不具备训练

爱德华兹在落地后高举双手，他的参与精神确实鼓舞人心，但为了保证比赛质量，奥运选拔赛也随之诞生

综述

综
述

意大利传奇选手汤巴正在通过门旗，他在本届冬奥会夺得2枚金牌

荷兰速滑选手伊凡·范·亨尼普赢得女子5000米比赛的冠军

有素的运动员特征。然而，两项倒数第一的成绩和拙劣的表现却换来了英雄般的待遇：人们称他为"飞鹰艾迪"，媒体争相对他进行采访，冬奥比赛还未结束，他就被邀请参加综艺节目《今夜秀》(The Tonight Show)。甚至在奥运会闭幕式上，冬奥组委主席弗兰克·金还在致辞时向他眨了眨眼，说道："在本届冬奥会上，有些运动员勇夺金牌，有些打破了世界纪录，还有一些人则像雄鹰一般飞翔。"

媒体的炒作热闹喧嚣，几乎掩盖了芬兰选手马蒂·尼凯南的惊人表现。在跳台滑雪赛场的70米标准跳台上，他两次跳出89.5米的全场最佳成绩，以17分的优势，领先捷克斯洛伐克选手帕维尔·普洛茨夺得金牌。在90米大跳台比赛中，他率先取得118.5米的惊人成绩，打破了由他本人在1984年萨拉热窝冬奥会上创下的世界纪录。这枚金牌可谓实至名归。尼凯南是首位在冬奥会上同时获得标准跳台和大跳台两个项目冠军的运动员。卡尔加里冬奥会上，跳台滑雪新增了团体项目。尼凯南所在的芬兰队成为该项目首支冠军队伍。在卡尔加里冬奥会上，尼凯南共获得了3枚金牌。同样斩获3金的还有荷兰速滑名将伊凡·范·亨尼普。尼凯南被誉为"飞翔的芬兰人"，这个称号是不是比"飞鹰艾迪"更有价值？

1990年，英国媒体过度炒作的现象促使国际奥委会收紧奥运会的准入条件。为了限制"民间"运动员的数量，奥运会候选选手必须有国际大赛经验，甚至某些项目的运动员排名必须在前50名。新规则实施后，迈克尔·爱德华兹即无缘1992年阿尔贝维尔冬奥会、1994年利勒哈默尔冬奥会和1998年长野冬奥会。在备战长野冬奥会时，爱德华兹得到了美国一家小航空公司美鹰航空的赞助。

依照新规则，越野滑雪赛场上也恐将无法再见到墨西哥选手阿尔瓦罗·马丁内斯的身影，在此前的比赛中，他以极大差距落后于其他选手，组委会担心他半途迷路，不得不派出志愿者前去寻找。他的最终成绩与冠军相差1小时18分钟，与倒数第二名选手的差距也足足有52分钟。越野滑雪是当年争议最大的一场比赛，因气温偏高，赛场的雪处于半融化状态。获得该项目冠军的是瑞典名将贡德·斯万，在1984年萨拉热窝冬奥会上，他已经夺得了个人15公里和接力赛的冠军。加上他在卡尔加里收获的接力赛金牌，瑞典队累计获得4枚冬奥金牌，一定程度上动摇了苏联在奖牌榜的霸主地位。苏联选手在4×10公里接力赛中获得第二，但米哈伊尔·杰维雅季亚罗夫和阿列克谢·普罗库罗夫分别获得15公里和30公里个人冠军。在女子项目中，苏联选手的表现更加惊艳，除接力赛冠军外，塔玛拉·吉洪诺娃、安菲萨·列兹佐娃和赖莎·斯梅塔尼娜包揽了20公里的前三名；维达·文采内和斯梅塔尼娜分别获得10公里金银牌；在5公里角逐中，吉洪诺娃与文采内分别收获了一银一铜。除去5公里冠军及10公里季军被芬兰选手马里奥·马蒂凯宁收入囊中外，苏联选手包揽了女子个人项目的其他所有奖牌。

同样的故事也发生在冰球赛场上。冰球比赛曾在三个不同场地进行：奥林匹克马鞍形体育馆、牛仔节竞技场以及冰球世锦赛的举办地大卫·鲍尔神父奥林匹克竞技场。1986年10月，国际冰球联合会决定，职业冰球选手也可以参加冬奥会，因而1988年卡尔加里冬奥会成为职业冰球选手的奥运首秀。然而即便冬奥会在加拿大举行，北美冰联的球队仍旧不允许其球员参赛。而苏联选手自1956年首次参加奥运会以来，已经在9届奥运会上获得了7枚金牌。

民主德国选手们在雪橇项目上的表现也令人印象深刻，雪橇项目共设置9枚奖牌，其中6枚被民主德国选手收入囊中（其中3枚金牌）。在雪橇女子项目中，民主德国女将们包揽了金银铜牌，上届冬奥会金牌得主斯特菲·瓦尔特击败了欧洲赛冠军乌特·奥伯霍夫纳和世锦赛冠军克斯汀·施密特，蝉联冠军称号。三位女将曾分别获得单轮比赛最佳成绩，冠亚军的总成绩差距仅为0.208秒。可比赛的胜负正取决于这毫厘之差，旁观者又能说些什么呢？对于媒体来说，技术拙劣的跳台"飞鹰"似乎比一贯优秀的雪橇选手有意思得多。

然而，对于真正的冠军来说，新事物不一定具有特别的价值。例如，法国高山滑雪选手弗兰克·皮卡尔虽然斩获了新增小项超级大回转的冠军，但他坦言道，相比之下，获得传统滑降项目的铜牌更令他骄傲。瑞士选手皮尔明·楚尔布里根和彼得·穆勒分获滑降项目冠亚军。弗兰克·皮卡尔从未获得世界杯冠军，冬奥首次高山滑雪超级大回转比赛过程可谓十分艰难，共计37位选手退赛，皮卡尔最终以1分零3秒的优势击败奥地利选手赫尔穆特·迈尔。四年之后，皮卡尔又一次回到滑降项目赛场并获得银牌。女子高山滑雪角逐中出现了两匹黑马，联邦德国选手玛丽娜·基尔和奥地利选手西格丽德·沃尔夫分别获得滑降和超级大回转项目冠军。奥地利选手休伯特·施特罗尔茨和阿妮塔·瓦赫特分别获得了新增小项——男子和女子全能冠军。

纳基斯卡人工滑雪场的明星，要数传统回转项目的选手们。意大利传奇选手阿尔伯托·汤巴同时获得回转和大回转两个项目的冠军，在四轮比赛（回转和大回转分别进行两轮比赛）中，他仅在大回转第一轮中获得最佳成绩。过程尽管有些惊险，但他还是凭借稳定的发挥夺得冠军。相较之下，瑞士女选手弗雷尼·施奈德要谨慎得多，她用不同的方式获得了与汤巴一样的收获：在大回转的第一轮较量中，施奈德艰难求存（仅位列第5），随后在大回转第二轮和回转项目全部两轮比赛中均获得第一。这两枚金牌为她之后出征高山滑雪世界杯赛奠定了领先地位：她在职业生涯中共赢得20次大回转和34次回转项目世界冠军，并在1994年利勒哈默尔冬奥会上收获了一金一银一铜（大回转金牌、全能银牌和大回转铜牌）。

在冬季两项比赛中，民主德国选手弗兰克·彼得·罗斯奇收获了10公里和20公里的双料冠军。苏联选手瓦莱里·梅德韦德采夫获得这两个项目的银牌，只在接力赛中圆了金牌之梦。在冬季两项的比赛过程中，阵阵狂风非常不利于射击。北欧两项中的跳台滑雪比赛也因为大风不得不推迟至次日进行。这也促成了冬奥历史上唯一一次同日进行的北欧两项比赛：上午进行跳台滑雪比赛，下午进行越野滑雪比赛。瑞士选手伊波利特·肯普夫很好地适应了这样的赛程安排，在获得单人项目冠军后，他与队友在团

民主德国选手罗斯奇正在
进行冬季两项20公里的比
赛，最终他赢得了冠军

体项目中又获得这项新增项目的银牌。

　　冬奥冠军们谱写了一个又一个美好的故事。例如，荷兰选手伊凡·范·亨尼普在1987年12月，即
卡尔加里冬奥会开幕前几个月，刚刚接受了足部手术。但手术没有对她的比赛产生任何影响，她在位于
卡尔加里大学的奥林匹克椭圆形室内速滑场中的精彩表现令人印象深刻。再例如，美国选手邦妮·布莱
尔战胜了民主德国选手，蝉联了500米速滑冠军。在1500米、3000米和新增小项目5000米竞逐中，伊
凡·范·亨尼普连夺3枚金牌，与跳台滑雪选手马蒂·尼凯南并列个人金牌榜首位。民主德国女选手们
（包括当时染上流感的卡琳·卡尼亚·恩克）赢得了速度滑冰15枚奖牌中的10枚，其中唯一的金牌由克
里斯塔·罗滕布格尔在1000米项目中获得，这枚金牌来之不易，与罗滕布格尔的职业生涯一样充满传奇
色彩。在获得这枚金牌的7个月后，她在汉城夏季奥运会上获得自行车竞速赛银牌，成为历史上唯一在
同一年夺得夏季和冬季奥运会奖牌的运动员。

　　男子速滑赛场上，瑞典选手托马斯·古斯塔夫森继1984年勇夺两金之后，又将5000米和10000米
项目的两枚金牌收入囊中；苏联选手尼古拉·古利亚耶夫则获得1000米的冠军。乌韦－延斯·梅伊和
安德烈·霍夫曼分别为民主德国拿下男子500米和1500米项目的首枚金牌。1990年10月3日，德国实

207

综
述

卡特琳娜·维特在卡尔加里
蝉联了女子单人滑冠军

现统一，这2枚金牌也是民主德国在冬奥舞台的最后收获。

花滑新星卡特琳娜·维特在此时走进人们的视野，堪称统一后德国的最佳代言人。她在赛场中表现优异，成为继20世纪30年代挪威选手索尼娅·海妮之后，首位蝉联冬奥会女子花滑冠军的选手。仅此一项数据远不足以展现她的魅力，以及她藏在魅力之下对胜利的渴望。她微笑着把加拿大选手伊丽莎白·曼莉和美国选手黛比·托马斯挤下了最高领奖台。冰上美人叶卡捷琳娜·戈迪耶娃和谢尔盖·格林科夫凭借出色表现，获得了花滑双人滑冠军，确保苏联在该项目中立于不败之地。在冰上舞蹈项目中，纳塔利娅·别斯捷米亚诺娃和安德烈·布金的组合自1985年以来，始终稳坐欧洲冠军的宝座，几乎毫无悬念地在卡尔加里为解体前的苏联再添一枚金牌。奥林匹克的历史正是由这一个个的小故事串联而成。

男子花滑的角逐同样精彩，1986年世锦赛冠军、美国选手布莱恩·博伊塔诺对阵1987年世锦赛冠军、加拿大选手布莱恩·奥瑟，观众迫不及待地想要一睹这场"布莱恩之战"。博伊塔诺在规定动作比赛中拔得头筹（卡尔加里冬奥之后，花滑比赛取消了规定动作），奥瑟获得短节目第一。自由滑的成绩将决定最终胜负，博伊塔诺完美地完成了三周跳，而奥瑟在技术性动作上有小失误，但完成动作更为优雅。最终，有五位评委更青睐博伊塔诺，四位更中意奥瑟，博伊塔诺成功登上最高领奖台，奥瑟则再次获得银牌。历史总是惊人的相似：在四年前的萨拉热窝冬奥会上，奥瑟负于另一位美国选手斯科特·汉密尔顿，获得亚军。所以说并不是每个故事都有一个"美好的结局"。

花样滑冰比赛结束后，在同一片冰面上展开了表演项目短道速滑的角逐。中国选手李琰和队友乔晶、李金艳一同闯入女子1000米决赛，最终李琰夺得金牌并创造了新的世界纪录。随后她又在500米、1500米项目上获得铜牌，并刷新了1500米世界纪录。尽管只是表演项目，但颁奖程序与正式项目完全一样，中华人民共和国国旗在《义勇军进行曲》的旋律中缓缓升起，同样的场面直到14年后才在盐湖城再现。为纪念这一历史性时刻，加拿大组委会连夜印制了一张海报，海报以五星红旗为背景，以李琰为主角，并配上四个中文大字：神龙腾飞。这是祝福还是预言？卡尔加里之后，中国代表团开启了从未间断的冬奥会奖牌和金牌时代，而李琰一直是主角之一。她四年之后在阿尔贝维尔获得了女子短道速滑500米银牌，后来又作为主教练在温哥华冬奥会实现了女子短道速滑项目的"大满贯"。

综
述

《冰上轻驰》

这是牙买加首次参加冬奥会，他们在雪车项目中的表现至今仍让人津津乐道。

牙买加人的冬奥旅程比想象中结束得稍早一些，但所谓万事开头难，没有开始就没有之后的所有。

三支来自加勒比地区国家的队伍为卡尔加里冬奥会雪车赛场增添了异国情调。除牙买加外，参赛的国家还包括美属维尔京群岛——一个位于安的列斯群岛的岛国，仅有10万人口；以及荷属安的列斯群岛（即如今的阿鲁巴岛、库索拉岛及圣马丁岛），人口数量是前者的两倍。这三支代表队相互争夺加勒比地区雪车项目的霸主地位。

故事源于两名当地的企业主，他们参观了手推车竞速赛之后，萌生了在牙买加招募雪车队伍的想法。随后，他们发出了广告，招募志愿者进行实验，居然收到了一些回复。最终，来自牙买加国防军的三名军人达德利·斯托克斯、德文·哈里斯和迈克尔·怀特组成全新的牙买加雪车队，出征卡尔加里冬奥会。第四名选手卡斯韦尔·阿伦因在赛前受伤，由前来为哥哥打气加油的克里斯·斯托克斯顶替。克里斯则是名副其实的临危受命，在这之前他甚至从没坐过雪车。

但这并不影响媒体对"拉斯塔火箭"（Rasta Rocket）的期待与炒作，"Rasta"一词源自"Rastafarianism"（拉斯塔法里教），信徒主要分布在牙买加。很快，这个绰号就让他们倍感尴尬。双人雪车比赛率先举行，达德利·斯托克斯和迈克尔·怀特的首轮成绩排在41支队伍中的第34名，在第二轮比赛中他们出人意料地排在了第22名。两天后，在第三轮和第四轮比赛中，他们分别获得了

第31名和第30名的成绩，最终总成绩位列第30位。这并没什么好羞愧的，他们甚至有资格说自己比美国一队表现得更好，毕竟美国一队的四次滑行无一成功。

稍后进行的四人雪车比赛速度更快，技术难度更大，牙买加人明显缺乏比赛经验。第一轮比赛，达德利·斯托克斯跳上车时，操纵舵突然断裂，导致首轮成绩仅排在26支队伍中的第24位。第二轮比赛的情况更加糟糕：迈克尔·怀特用尽了全身力气才勉强跳入车内，在经过第一个弯道时，他几乎是站在车里的。由此造成的时间损失导致他们在第二轮排在倒数第二位。第三轮比赛开局还算顺利，但在经过可怕的"陀螺仪弯道"时，负伤的达德利·斯托克斯失去了对雪车的控制，雪车翻了个身，沿着赛道滑了一会儿才停下来。最终，四名牙买加选手扶起了自己的装备，徒步走完了赛程。画面被真实地录进了影像带中，感动和尊重取代了嘲讽。对四位牙买加选手来说，卡尔加里冬奥会已经结束，但他们的竞技之旅还将继续。1992年阿尔贝维尔冬奥会，他们再次来到赛场。不同的是德文·哈里斯只参加了双人座比赛，他在四人座的位置由新人瑞奇·麦金托什取代。哈里斯和斯托克斯兄弟的奥运之路走得更远，他们还参加了1994年的利勒哈默尔冬奥会和1998年的长野冬奥会。

1993年，美国导演乔·德特杜巴的电影作品《冰上轻驰》（Cool Runnings）正式上映，他们的传奇故事被永久地记录下来。影片受到影评人和观众的一致好评，全球总票房超过1.54亿美元。

210

尽管比赛成绩不佳，但牙买加雪车运动员用自己的行动赢得了所有人的尊重

马蒂·尼凯南，为跳台滑雪而生

芬兰选手马蒂·尼凯南在卡尔加里冬奥会上获得3枚金牌。滑翔天际的时候他感到非常自如，但在陆地上，那双助力他翱翔的隐形翅膀却让他步履维艰。

在萨拉热窝冬奥会90米跳台滑雪的比赛中，尼凯南以224米的距离拿到冠军

2003年，尼凯南出版了个人传记，其中讲述了他的梦境，确切说是他反复出现的噩梦：他梦到自己从跳台上一跃而起，越飞越远，再也没有落回地面……他焦虑地醒来，感到窒息，浑身是汗。这个梦仿佛是他的人生写照，在结束了跳台滑雪的生涯之后，他未曾很好地适应身份的转变。2019年2月4日，尼凯南离开了人世，享年55岁。

这个世界上曾存在两个马蒂·尼凯南。一个是不朽的体育明星。从小，尼凯南在父亲的指导下，在芬兰中部的繁华小镇于韦斯屈莱周围练习越野滑雪，在这个过程中，小尼凯南开始对跳台产生了兴趣。经过跳台时，父亲试探着问他："你敢不敢从上面跳下去？"小尼凯南沉着地回答道："我敢。"从那一刻起，他开始努力练习跳台滑雪。

尼凯南不一定是最有天赋的选手，但他拥有两个得天独厚的优势：其一，于韦斯屈莱的跳台拥有芬兰首个滑雪缆车。相比于芬兰最著名的拉赫蒂雪场和其他场地，在于韦斯屈莱练习，同样的时间可以多练二至三次。其二是他的身体条件，跳台滑雪要求选手体态轻盈，他的体形适中，生长发育速度均衡，非常适合从事跳台滑雪。18岁时，身高1.77米、体重57公斤的尼凯南加入了国家队，并在同年首次参加世界杯。

在之后的10年中，马蒂·尼凯南不断创造新的佳绩。他掌握了符合空气动力学的完美姿势，身体前倾贴近滑雪板，在空中滑翔。1982年，他在挪威奥斯陆跳台滑雪世界杯中获得大跳台冠军，1983年，他获得著名的跳台滑雪四山赛冠军，1988年，他再次获此殊荣，并于同年在世界杯总排名中位列第一。1985年、1986年和1988年，他再次将世界冠军的称号收入囊中，在世界杯不同项目的角逐中他累计获得46枚金牌。

在1984年萨拉热窝冬奥会上，尼凯南与同时期另一位伟大的跳台滑雪选手、苏联人延斯·魏斯弗洛格展开对决。最终，魏斯弗洛格在70米跳台上夺冠，尼凯南则在90米跳台项目中扳回一局：两人各获得一枚金牌和一枚银牌。对于尼凯南来说，这只是一个开始。1985年，他在斯洛文尼亚的普兰尼卡获得世界杯冠军，首次创下超过190米的惊人成绩，随后在1988年卡尔加里冬奥会上，他再次跳出了同样的成绩。在标准台项目中，他以大比分领先其他对手，在大跳台比赛中又轻松实现蝉联。至此，他已成为历史上首个同时获得跳台滑雪两个单人项目冠军的选手，随后，他

又与队友一起，获得了首个团体赛冠军。加上在萨拉热窝获得的1枚金牌，马蒂·尼凯南共获得了4枚冬奥会金牌。

在芬兰，他是受人爱戴的体育英雄。人们并不愿谈论有关他的负面消息：他曾因酗酒和行为不当，两次被剥夺跳台滑雪四山赛参赛资格，他与芬兰队的关系也存在诸多问题。

另一个马蒂·尼凯南出现在退役之后。正如那个梦境，他飞了起来，但却难以降落。很快，尼凯南就负债累累，他卖掉了自己的奖章，在迪斯科舞厅做主持，做过婚姻顾问，甚至还跳过脱衣舞……他有一支名叫"马蒂与武士们"的乐队，由他担任主唱，乐队专辑还曾获得金唱片奖，累计销售25000张。他结过五次婚，离婚对他而言就是家常便饭。他把自己的收入放给高利贷，在酗酒和暴力中度过空虚的夜晚，同时也彻底摧毁了他的健康。2004年，他刺伤了一位朋友，而后以谋杀未遂被判处24个月监禁。2009年，他对妻子梅尔维·塔波拉实施家庭暴力，又被判16个月监禁。他的私生活长期成为媒体的素材库。2019年1月，他举办了人生最后一场音乐会。不久之前，他被诊断出糖尿病。几天之后，热爱空中滑翔的马蒂·尼凯南与世长辞，永久回归大地。

同一年份的"双奥"奖牌

克里斯塔·罗滕布格尔在卡尔加里冬奥会上赢得了她的第二枚冬奥金牌，并于同年夏天获得汉城奥运会自行车比赛银牌。

有时，一些伟大的成就并不能在当下就为人所知。当年在卡尔加里，观众对女子速滑1000米冠军得主罗滕布格尔以及她在全年的精彩表现显然不够关注。即便在她的祖国，克里斯塔·罗滕布格尔受到的关注也远远不及她在国家队的队友、冬奥奖牌纪录保持者卡琳·卡尼亚·恩克。在卡尔加里冬奥会上，患了感冒的恩克依然获得了3枚奖牌，她一共获得了8枚冬奥奖牌，创下了新

的纪录。事实上，在萨拉热窝冬奥会的500米项目决赛中，正是克里斯塔·罗滕布格尔领先于恩克，获得了冠军。此后，她的足迹踏遍了世界速滑锦标赛的每一个领奖台。此外，她还获得了一个非常特殊的奖项，1986年，她在世界自行车锦标赛上夺取一枚金牌。

罗滕布格尔于1959年12月4日出生在民主德国魏斯瓦瑟。原

本，骑车只是她的一项爱好，一种代步工具，一种在无法练习速滑的季节保持运动状态的训练方式。很快，她看到了自己在自行车项目上的巨大潜力，并尝试着参加比赛。1988年体育界有两大盛会：卡尔加里冬奥会和汉城夏奥会，罗滕布格尔已经在速滑和自行车两个项目上均有收获，因而在备战奥运之前，她对自己产生了一些质疑。虽然也曾有运动员分别参加夏季和冬季奥运会并获奖，但没有人是在同一年参加两个大赛。她不知道该怎么取舍，于是决定不做取舍，她要接受挑战，同时参加两个奥运会。

在1988年卡尔加里冬奥会上，罗滕布格尔虽然在500米比赛中负于邦妮·布莱尔，未能蝉联冠军，只获得了银牌，但在1000米比赛中，她以0.05秒的优势险胜队友卡琳·卡尼亚·恩克，夺得金牌，并创造了新的世界纪录。第一部分以完美结局收场。随即，她脱下冰鞋，蹬上自行车，开始为夏季奥运会加紧练习。她知道，与即将在赛场相遇的对手们相比，她只能利用间断性的训练时间来提升成绩，但这并不重要。

七个月后，她来到了韩国汉城（现称为首尔）。自行车比赛的距离和在卡尔加里的夺金赛道一样，都是1000米。她的战术选择非常特别。在比赛中，克里斯塔·罗滕布格尔逐一超越对手，在进入最后一圈时，她的前面只剩下苏联选手埃里卡·萨卢梅。最终，她未能实现超越，只获得一枚银牌，但这个成绩也足以让她成为奥运史上的传奇人物。

此前，已有运动员在冬夏两个奥运会上都获得奖牌。第一位是瑞典选手吉利斯·格拉夫斯特伦，他在1920年夏季奥运会上获得金牌，而后在1924年、1932年和1938年的冬奥会上分别获得铜牌、银牌和金牌。但他的所有奖牌均来自花样滑冰这一个项目，在1920年的安特卫普奥运会上，花样滑冰尚属于夏季项目。在格拉夫斯特伦之后，美国人爱德华·伊根在1920年获得拳击奥运冠军，于1932年获得四人雪车冠军；挪威选手雅各布·图林·泰晤士在1924年获得跳台滑雪金牌，又在1936年获得帆船男女混合项目银牌。但没有一个人像罗滕布格尔一样，在同一年参加两个奥运会并获奖。此后也再不会有这样的传奇人物了，因为自1994年之后，夏季和冬季奥运会就不在同一年举行。

1992年的阿尔贝维尔冬奥会是罗滕布格尔参加的最后一届冬奥会，那时候她的名字已经变成克里斯塔·卢丁－罗滕布格尔。因为在她最难忘的1988年，她与自己的教练卢丁携手步入了婚姻的殿堂。

1988年2月，罗滕布格尔在卡尔加里冬奥会参加1000米速滑比赛（左图）夺金，七个月之后，她又到韩国拿下一枚奥运会场地自行车1000米比赛的银牌（右图）

阿尔贝维尔

1992

第16届
XVI

ALBERTVILLE 92

1992年阿尔贝维尔冬奥会会徽

概
况

第16届冬奥会
1992年阿尔贝维尔

地点 阿尔贝维尔（法国）

开幕式 1992年2月8日

闭幕式 1992年2月23日

开幕式致辞人 弗朗索瓦·密特朗（法国总统）

运动员宣誓代表 赛亚·波娜莉（法国，花样滑冰）

裁判员宣誓代表 皮埃尔·博尔纳（法国）

奥运圣火点火人 米歇尔·普拉蒂尼（法国，足球运动员）和弗朗索瓦－希利

尔·格朗热（法国，小学生）

吉祥物 麦吉柯

参赛国家和地区数量 64

参赛人数 1801（1313名男运动员和488名女运动员）

大项数量 6（雪车、雪橇、冰球、滑冰、滑雪、冬季两项）

分项数量 12（雪车、雪橇、冰球、速度滑冰、短道速滑、花样滑冰、高山滑雪、

越野滑雪、跳台滑雪、北欧两项、自由式滑雪、冬季两项）；自由式滑

雪空中技巧、雪上芭蕾、速度滑雪、冰壶为表演项目

小项数量 57

1992年阿尔贝维尔冬奥会奖牌

摘要

1992年是史上最后一次冬季奥运会和夏季奥运会在同年开幕。冬奥会在法国阿尔贝维尔举行，夏季奥运会在西班牙巴塞罗那举行。下一届冬奥会于2年之后，即1994年在挪威利勒哈默尔举办。

联邦德国与民主德国于1990年实现统一，因而此次赛场上只有一支统一壮大后的德国代表队。同时，脱离南斯拉夫的新国家克罗地亚和斯洛文尼亚也迎来了冬奥首秀。

本届冬奥会出现了多位双冠王，分别是速滑项目中的美国选手邦妮·布莱尔和德国选手贡达·尼曼，高山滑雪中的奥地利选手彼得拉·克龙贝格尔以及参加短道速滑项目的韩国选手金琪勋。

年仅16岁的芬兰选手托尼·涅米宁首次参加冬奥会就获得了跳台滑雪项目的冠军，成为有史以来最年轻的冬奥会金牌得主。他还代表芬兰队拿下了跳台滑雪团体赛金牌。

中国代表团第四次出征冬奥会，年仅15岁的陈露战胜了许多欧美选手，获得第6名，成为中国在冬奥会上第一个跻身花样滑冰前6名的运动员。

与1988年汉城夏季奥运会和残奥会一样，1992年的冬季，冬奥会和冬残奥会先后在阿尔贝维尔举行。冬残奥会在冬奥会结束后不久开幕，使用与冬奥会相同的场地。

奖牌榜

排名	国家	金牌	银牌	铜牌	合计
1	德国	10	10	6	26
2	独联体	9	6	8	23
3	挪威	9	6	5	20
4	奥地利	6	7	8	21
5	美国	5	4	2	11
6	意大利	4	6	4	14
7	法国	3	5	1	9
8	芬兰	3	1	3	7
9	加拿大	2	3	2	7
10	韩国	2	1	1	4

概况

面向新的观众

在阿尔贝维尔的开幕式上，"独联体"代表队取代了苏联，包括同年夏天在巴塞罗那举行的奥运会上也是如此

自由式滑雪和短道速滑在阿尔贝维尔冬奥会上被列入比赛项目，此举具有深远意义。它们是崭新的、属于现代的冬季运动，比赛过程紧张刺激，深受观众青睐。单从选择国际足球巨星米歇尔·普拉蒂尼来点燃主火炬塔，我们就能够看出国际奥委会和冬奥组委有意通过各种渠道吸引更多的观众，不论是从扩大冬奥会所影响的地理范围，还是从拓展新年龄段的观众。

阿尔贝维尔冬奥会是最后一届与夏季奥运会同年（1992年夏奥会在巴塞罗那）举办的冬奥会。仅两年之后的1994年，冬奥会在挪威利勒哈默尔开幕，从此与夏季奥运会分开举行。财政问题毫无疑问是推动夏奥、冬奥分隔举行的主要因素：夏季奥运会与冬季奥运会间隔两年举行，分属于两笔不同的预算，两项赛事潜在的电视版权收入也就更高。

第一届自由式滑雪世界锦标赛的举办场地位于法国蒂涅，与1992年冬奥会场地一致，首届世锦赛开幕后仅六年时间，自由式滑雪就被列入了冬奥项目，而有一些传统项目经历了数十年，仍未列入冬奥会的正式比赛项目清单。但阿尔贝维尔冬奥会上只设立了雪上技巧一个小项，男子和女子组冠军分别属于法国选手埃德加·格罗斯皮龙和美国选手唐娜·温布雷特。雪上芭蕾和空中技巧则被列为表演项目。在两年之后的利勒哈默尔冬奥会上，空中技巧被列为正式比赛项目。

短道速滑的历史相对长一些。世界短道速滑锦标赛于1976年首次拉开帷幕，此后每年举行一次，并于1981年得到国际滑冰联盟的认可。短道速滑起源于北美，在亚洲得到了很好的发展，这一点通过获奖名单就能知晓。阿尔贝维尔共产生12枚短道速滑奖牌，其中6枚由亚洲选手夺得，韩国选手金琪勋先后获得1000米和接力赛两枚金牌；北美选手获得5枚奖牌，其中包括2枚金牌，分别由美国选手凯西·特纳在女子500米项目和加拿大队在女子接力赛中获得；最后仅余的铜牌由独联体队的女选手们在接力赛中获得。

在这个项目上，中国选手李琰获得女子500米银牌。这并不是中国在阿尔贝维尔冬奥会上收获的第一枚奖牌。一周之前，速度滑冰女子500米比赛在为冬奥会临时修建的比赛场地中举行，中国选手叶乔波获得了一枚银牌，也为中国实现了冬奥奖牌"零"的突破。美国选手邦妮·布莱尔获得该项目金牌，德国选手克里斯塔·罗滕布格尔获得铜牌。在获得500米亚军的四天后，她在1000米项目中发挥出色，与冠军仅一步之遥，但最终以0.02秒的微弱差距再次负于邦尼·布莱尔，获得个人第二枚冬奥会银牌。

德国女选手们包揽了长距离小项的金牌，杰奎琳·博尔纳获得1500米冠军，贡达·尼曼获得3000米和5000米冠军；男子项目中，乌韦－延斯·梅伊获得500米金牌，奥拉夫·钦克获得了1000米金牌。挪威选手约翰·奥拉夫·科斯和热尔·卡尔斯塔德分别获得1500米和5000米项目冠军，10000米项目金牌则被荷兰选手巴特·费尔德坎普收入囊中。

北欧两项的赛场上则是完全不同的情况，在该项目从未有过精彩发挥的法国选手，这次意外夺得个人项目冠军。自阿尔贝维尔成功申办1992年冬奥会起，法布里斯·居伊和西尔万·纪

法国足球名宿普拉蒂尼带着9岁的格朗热一起点燃了主火炬。格朗热长大后也成为一名滑雪运动员，但成绩平平。不过他的弟弟让－巴蒂斯特·格朗热长大后成为高山滑雪的世界冠军

综述

瑞典选手安妮卡·约翰逊正在进行雪上芭蕾（表演项目）的比赛

尧姆这两名生于1968年的选手,便开始接受突击训练。在赛场上,居伊以总分优势战胜了纪尧姆获得金牌,他的跳台得分高于纪尧姆,但越野滑雪成绩稍逊一筹。尽管包揽了个人项目的金银牌,但法国队在接力赛中仅排在第四位,日本、挪威和奥地利队分获冠亚季军。在上半场跳台滑雪就已基本锁定胜负,下半场的越野滑雪比赛似乎就是走流程罢了。

高山滑雪项目的获奖情况同样出人意料。卢森堡仅派出了马克·吉拉尔德利一名选手,但他却创下了两枚奖牌的佳绩。马克·吉拉尔德利在大回转和超级大回转项目中均获得了银牌,他原本出生于奥地利,而后出于对国家的不满,加入了卢森堡国籍,并代表卢森堡参加冬奥会。布兰卡·费尔南德斯·奥乔亚在女子回转项目中获得铜牌,成为了西班牙首位获得冬奥奖牌的女选手,而她也是1972年冬奥会男子大回转项目金牌得主弗朗西斯科·费尔南德·奥乔亚的妹妹。更令人意外的是,高山滑雪的领奖台上还出现了新西兰选手安纳莉丝·科贝格尔的身影,她在女子回转项目中获得1枚银牌,这也是南半球国家的第1枚冬奥会奖牌。奥地利选手彼得拉·克龙贝格尔包揽了女子回转和全能项目的2枚金牌。

相比之下,高山滑雪其他小项的获奖情况都在意料之中:奥地利选手获得3枚金牌,除克龙贝格尔的2枚金牌外,帕特里克·奥尔特利布获得1枚滑降金牌;挪威凭借谢蒂尔·安德烈·奥莫特和芬恩·克里斯蒂安·亚格在超级大回转和全能项目中的出色发挥,获得2枚金牌;意大利男队的表现相当出色,共获得3枚金牌,分别由约瑟夫·波利格(全能)、德博拉·孔帕尼奥尼(超级大回转)以及旗手阿尔伯托·汤巴(大回转)获得。阿尔伯托·汤巴是意大利体育明星,也是冬奥历史上唯一蝉联男子大回转冠军的选手。除了大回转项目金牌外,他还在本届奥运会获得了回转项目的银牌。

越野滑雪比赛在位于雷塞兹的奥运越野滑雪体育场举行,挪威、意大利、独联体几乎瓜分了这个赛场的奖牌。挪威选手包揽了全部个人项目的冠亚军。维加德·于尔旺率先获得了10公里金牌,随后在30公里比赛中战胜本国选手博约恩·戴利,再获一金。在接力赛中,两人回到同一战线,为挪威拿下了接力赛金牌。伴随着博约恩·戴利在50公里决赛中获得冠军,挪威已收入男子项目的所有金牌。于尔旺和戴利分别以3金的成绩满载而归,挪威越野滑雪在阿尔贝维尔共获得了9枚奖牌。独联体队同样战果不俗,利乌博夫·叶戈罗娃(3金1银)和埃琳娜·瓦尔别(1金3铜)双双获得了4枚奖牌,其中1枚是女子接力赛金牌。意大利共获得8枚奖牌,令人有些意外。8枚奖牌中有3枚来自女将斯特凡尼娅·贝尔蒙多(30公里金牌、双追逐赛银牌及女子接力赛铜牌)。

奇特的独联体队(由俄罗斯、乌克兰、哈萨克斯坦、白俄罗斯、乌兹别克斯坦和亚美尼亚组成)在冬奥舞台上只停留了短暂一瞬,他们的冰球队承袭自苏联,一路过关斩将,闯入决赛。在梅里贝尔新场馆进行的冰球比赛,依然是两支传统冰球强国的较量,加拿大还是加拿大,另一支队伍更换了名字但实力依旧。花样滑冰双人滑的赛场也是如此,娜塔莉·米什库特诺克和阿蒂尔·季米特里耶夫、玛丽娜·克

综
述

**独联体冰球队以3－1战胜
加拿大队后庆祝夺冠**

利莫娃和谢尔盖·波诺马连科这两对组合延续了苏联在该项目上的优良传统。维克多·彼得连科获得了
男子单人花滑冠军，大大出乎观众的意料，苏联还从未有选手获得该项目奥运金牌。此外，苏联女子花
滑从未获得过欧锦赛、世锦赛和冬奥会金牌，阿尔贝维尔的赛场并未改变这一情况，原籍日本的美国选
手克丽斯蒂·山口获得女子单人滑冠军，日本选手伊藤绿获得银牌，另一位美国女将南希·克里根获得
铜牌。中国选手陈露首次参加冬奥会，获得第六名，但对她而言，积累经验最为重要。

　　高雪维尔的帕兹跳台滑雪场是年轻人的天下。年龄最小的选手来自芬兰，于1975年5月31日出生
在拉赫蒂，名叫托尼·涅米宁，参赛时还不到17岁（16岁259天），他和队友们一起为芬兰赢得了大跳
台团体赛冠军。他也因此成为当时史上最年轻的冬奥冠军。在两天之后的个人项目比赛中，托尼·涅
米宁两跳均获得了最高分，以较大优势获得大跳台金牌。涅米宁在阿尔贝维尔的夺牌之路仍在继续，他
还在标准台项目中收获了1枚铜牌，奥地利选手恩斯特·韦托里和马丁·霍尔瓦特分别获得该项目冠亚
军，时年17岁的霍尔瓦特还获得了大跳台项目银牌。托尼·涅米宁被芬兰人视为马蒂·尼凯南的接班
人，瞬间成为全民偶像。当他带着胜利和荣誉从阿尔贝维尔回到芬兰时，众多狂热的青少年粉丝在机场
相迎，政府不得不出动警队对其进行保护。这一幕恰好符合冬奥会打开青年人市场的需求。

在当时，男女平等正在体育等各领域逐步实现，德国选手安特耶·米泽斯基和独联体中的俄罗斯选手安菲萨·列兹佐娃就是最佳代表。两位女中豪杰分别获得15公里个人以及7.5公里短距离项目冠军，是女子冬季两项被列为正式比赛项目之后的首批冠军。但在法国，名气更响的是三位本土巾帼英雄，要知道当时全法只有22位获得认证的冬季两项女选手！在女子3×7.5公里接力赛中，法国队战胜了夺冠热门德国队和独联体队，获得了金牌。德国队和独联体队在男子项目中的优势相对更明显，德国队获得接力赛冠军，德国选手马克·基希纳获得男子个人10公里冠军，他一共参加了三个小项的比赛，共获得2金1银3枚奖牌。独联体选手耶夫盖尼耶·列德金获得男子个人20公里的金牌，独联体队获得接力赛的银牌。

在阿尔贝维尔冬奥会上，瑞士和奥地利分别获得双人雪车和四人雪车冠军，德国选手获得该项目全部6枚奖牌中的3枚。直至10年后的2002年盐湖城冬奥会，雪车女子项目才被纳入冬奥会。在雪橇项目的设置上，男女平等还远未实现。不仅只有男子组有双人项目，在2014年雪橇团体接力被纳入比赛项目后，女选手也仅在四个席位中占据一席。在阿尔贝维尔冬奥会上，德国选手在雪橇比赛中表现优异，乔治·哈克尔率先获得个人项目冠军，史蒂芬·克劳塞和扬·贝伦特合力夺得双人项目冠军，两

女子单人雪橇赛奥地利代表队的安格莉卡·诺伊纳银牌（左），多丽丝·诺伊纳金牌（中），德国队的苏西·埃德曼铜牌（右）

位奥地利女将的表现也非常引人注目：多丽丝·诺伊纳战胜了自己的亲姐妹安格莉卡·诺伊纳获得金牌。这种上阵姐妹兵的情况在冬奥赛场并不多见。

总的来说，在阿尔贝维尔冬奥开幕之前几年发生的地缘政治动荡，并没有大幅度地改变奖牌榜的排名。统一后的德国以26枚奖牌（包括10枚金牌）问鼎奖牌榜首位，沿袭自苏联的独联体队以23枚奖牌的成绩（包括9枚金牌）位列第二。挪威（20枚奖牌，9枚金牌）和奥地利（21枚奖牌，6枚金牌）两大冬季运动强国紧随其后。除了一些国家的名字发生变化，以及获得奖牌的国家数量增多外，与往届相比并无大的不同。不管从赛事安排还是从冬奥氛围的角度出发，阿尔贝维尔冬奥都是一届完美的奥运会。共有20个代表队获得奖牌，其中首次列入奖牌榜的中国代表团排在第十五位。该届冬奥组委会有两位共同主席，一位是阿尔贝维尔所在的萨瓦省的议会主席米歇尔·巴尼耶，另一位则是1968年格勒诺布尔冬奥会上的高山滑雪三金王让－克洛德·基利。这可是一位真正的专家。

叶乔波与"乔波精神"

在20世纪90年代，为中国夺得第一枚冬奥奖牌的叶乔波，成为激励一代中国人的精神象征，人们将她表现出来的勇气和坚韧，称之为"乔波精神"。

故事

叶乔波是一名军人，她是抱着夺取冬奥会金牌的必胜信心来到阿尔贝维尔的，但是幸运女神并没有眷顾她，最终她在500米和1000米项目上，以微小的差距负于同一个对手——美国选手邦尼·布莱尔，获得了2枚银牌。尽管未能如愿站到最高领奖台，但叶乔波在500米项目上的银牌足以改写历史，她成为第一个在冬奥会上获得奖牌的中国人。

中国的第一枚冬奥奖牌出自速度滑冰并不奇怪。当年参加普莱西德湖冬奥会的28名中国选手里，有13人是速度滑冰运动员，第一个手持五星红旗走进冬奥赛场的旗手赵伟昌就是一名速滑选手。其实，如果新中国能够更早一些恢复国际奥委会合法席位，可能早很多年就拿到了第一枚冬奥奖牌甚至金牌。

在新中国体育的奠基年代，去友好国家"留学"，是提高竞技体育水平的常用方法，比如，中国足球队和游泳队去匈牙利留学，还有一些项目的运动员去苏联留学，其中就有速度滑冰的全国纪录创造者孙显墀，他进入莫斯科中央体育学院留学四年。1958年回国之后，孙显墀任教于哈尔滨体育学院，他培养出了世界级优秀选手罗致焕。1963年，罗致焕在日本轻井泽举行的世界速度滑冰锦标赛上，以2分9秒2的成绩获得1500米金牌并创造了世锦赛纪录，这是中国速度滑冰历史上的第一座里程碑。1990年，王秀丽在加拿大渥太华举行的世界锦标赛上获得女子1500米冠军，成为中国第一个速度滑冰项目的女子世界冠军。

叶乔波的运动生涯一共获得3次世界锦标赛500米冠军，2次世界短距离全能冠军和年度大满贯。尽管参加阿尔贝维尔冬奥会时她已经28岁，但多年的军人生活让她依旧保持了良好的身体状态，在冬奥会前举行的世界杯分站赛中，她多次战胜主要对手邦尼·布莱尔。来到阿尔贝维尔冬奥会赛场，一上来就是叶乔波最有把握的500米决赛，与她同场的是俄罗斯选手，叶乔波从外道出发，她的起步速度很快，以至于进入换道区时几乎与对手平行。根据比赛规则，内道选手在此情况下应给外道选手让道，但对手没有按规则行事，她挡在了前面，两人的冰刀发生了碰撞，叶乔波险些摔倒，只能通过减速保持身体平衡。这起意外至少让叶乔波损失了0.5秒，最终她以40.51秒完赛，仅以0.18秒的差距和冠军失之交臂。本来，在对手违例的情形下，规则允许重赛并取两次滑行的最好成绩，叶乔波也要求教练向裁判提出重赛，但教练当时对规则理解失误，以为重赛是以第二次滑行成绩为准，他们担心队员体力消耗过大导致重赛成绩不佳，当场放弃了重赛的机会。在邦尼·布莱尔完成比赛后，叶乔波再次提出重赛，裁判摊开双手回答说："It's over（比赛结束了）！"

接下来的女子1000米虽然不是叶乔波的强项，但她仍有机会夺回金牌。又一个意外出现了，教练在场边向叶乔波误报了比赛用时，直到最后30米，另一位男队教练才冲过来提醒她："你现在是第一！"叶乔波抖擞精神，拼命发起冲刺，但为时已晚，最终她

224

1000米速滑比赛结束后，叶乔波（左）在本届冬奥会上第二次站上领奖台，美国队的邦尼·布莱尔获得冠军（中），第三名是德国队的莫尼克·加尔布雷赫特（右）

以0.02秒的微弱差距再次负于邦尼·布莱尔。

　　叶乔波距离金牌只有一步之遥，甚至只有几厘米的距离，击败她的或许不是邦尼·布莱尔，而是中国冬季运动起步晚导致的经验不足和整体底蕴欠缺。这从另一个侧面凸显了她的两枚银牌是多么弥足珍贵。直到20多年后的索契冬奥会，张虹获得女子1000米冠军，才为中国速度滑冰填补了冬奥金牌的空白。

　　接下来的利勒哈默尔冬奥会只间隔两年，叶乔波觉得自己仍有实力冲击金牌，但伤病困扰着她。在距冬奥会开幕只有五个月时，医生从她的膝盖里取出了至少五块拇指大的碎骨。医生和身边的人都劝她放弃，她的回答是："我来自部队，我是一名战士。"

她在手术后第三天就开始恢复训练，医生每隔一天就得从膝盖内抽出渗出的血液。1994年，叶乔波带伤出战，拿下第17届冬奥会女子速滑1000米铜牌。在20世纪90年代，叶乔波成为了激励一代中国人的精神象征，人们将她身上表现出来的勇气和坚韧，称之为"乔波精神"。叶乔波结束运动生涯后，进入中国最好的学府——清华大学攻读工商管理学位，后来她又获得了博士学位，并创立了连锁品牌"乔波冰雪世界"，为青少年提供冬季运动知识普及和培训服务。她还利用自身的影响力，在全国推进"退役运动员专项基金扶助计划"。冬奥会即将在北京举行，她一直在北京冬奥组委运动员委员会担任职务。

命中注定的金牌

对于埃德加·格罗斯皮龙而言，他注定会成为自由式滑雪冠军，除此之外他没有想过命运还有其他可能。在阿尔贝维尔，他成为史上首个冬奥会自由式滑雪冠军。

格罗斯皮龙在比赛中准备
腾空而起

者无比震惊的是，他在赛后向媒体透露——自己在训练时遵循"一周红一周白"的生活规律，"红"和"白"指的是红葡萄酒和白葡萄酒。不过，人们不应该被表象所蒙蔽，在其纨绔子弟的叛逆外表下，在永远的微笑和令人不解的言论背后，这位冬奥史上自由式滑雪首金得主其实是一位相当勤奋的选手。

1969年3月17日，埃德加·格罗斯皮龙出生在法国汝拉山区，他第一次体验滑雪时还不满18个月。为了寻找更高水平的教练，他早早搬到了附近的阿尔卑斯山，并在当地的体育俱乐部进行训练。他的父母对他很支持，在他表达了想成为奥运冠军的愿望后，父母也接受了他的规划，并要求他必须全力以赴。父母为他注册了短期的商科课程，同时学校也为其安排了专门的训练周期。两年后，他不得不因为时间不足而放弃学业。1986年，他加入法国自由式滑雪队，并参加了世界杯赛。一年后，他在法国拉克吕萨举行的世界杯比赛中登上最高领奖台。

1988年卡尔加里冬奥会，自由式滑雪还只是表演项目，他最终获得了一枚铜牌。那时的格罗斯皮龙还很年轻，可以尽情地品味爱好带来的快乐。但他知道自己必须做好准备，在四年之后的阿尔贝维尔冬奥会上放手一搏。1989年，他在德国奥伯约赫举行

在上学的时候，埃德加·格罗斯皮龙的指导顾问不断在寻找适合他的训练方向，最终都以失望收场。对于未来，格罗斯皮龙只有一个答案："成为世界自由式滑雪冠军"，这是他的志向。阿尔贝维尔冬奥会将自由式滑雪雪上技巧列为正式比赛项目，格罗斯皮龙成为第一位自由式滑雪冬奥冠军。让所有的体育教育工作

的世界自由式滑雪锦标赛中击败了另一位法国选手埃里克·贝尔东，实现了儿时的愿望，获得了世界冠军。1991年，他在美国普莱西德湖举行的世锦赛上，成功蝉联了雪上技巧冠军。

几乎再没有什么能够阻碍他在阿尔贝维尔冬奥赛场上夺取金牌。作为东道主选手，他是最大的夺冠热门。比赛当天，既没有大风呼啸，也没有大雪飘落，而他也没有太多来自对手的压力，他的最大两位对手是同属于法国队的奥利维耶·阿拉芒（第二名）和埃里克·贝尔东（第四名）。美国选手尼尔森·卡迈克尔（第三名）阻拦了法国包揽金银铜牌的道路。少年时期的格罗斯皮龙或许在梦中都不敢想象，竟是这样获得了冬奥冠军。或许正因为如此，他看起来才如此平静。他说道："我在完成任务，我做了所有我应该做的。当你通过终点的那一刻，你就可以长舒一口气了。"

此后，属于格罗斯皮龙的胜利时刻并不多见：1993年，他错过了在奥地利阿尔滕马克特蓬高举行的世锦赛，将冠军拱手让给了加拿大选手让-吕克·布拉萨德。布拉萨德在一年后的利勒哈默尔冬奥会上获得冠军，格罗斯皮龙仅获得铜牌。1995年世界锦标赛在格罗斯皮龙的大本营拉克吕萨举行，这一次他没有错过，夺得了职业生涯的第三个世界冠军。

这一年，格罗斯皮龙26岁，他的笑容中开始夹杂一些其他情感。再之后，他先后做过电视评论员、作家和激励顾问。他还是一家协会的创始人，他是一个善于分享的人，通过协会为几名年轻选手提供支持，2018年平昌冬奥会女子雪上技巧冠军佩琳·拉芳就是其中之一。格罗斯皮龙或许准备了红葡萄酒或者白葡萄酒，云淡风轻地庆祝弟子夺得冬奥冠军。

第一位卫冕成功的高山滑雪运动员

在阿尔贝维尔冬奥会上，意大利选手阿尔伯托·汤巴成为首个蝉联高山滑雪大回转项目冠军的选手。

自1936年高山滑雪被纳入冬奥比赛项目，以及1948年新增男女滑降和回转小项以来，还没有任何一位选手在任何一个小项中蝉联冬奥冠军。在高山滑雪项目上，想要连续四年保持顶级水平似乎是不可能的任务。

汤巴曾多次参加高山滑雪世锦赛，仅在1987年职业生涯起步时获得过一枚大回转铜牌，但1988年他在卡尔加里冬奥会上的表现却格外令人印象深刻。当时，汤巴在超级大回转项目中表现不佳，但他很快调整好状态，在大回转第一轮中发挥完美，领先身后选手一秒多，这样的巨大差距几乎能够为他锁定一枚奖牌。当时回转和大回转分别进行两轮比赛，他凭借后两轮的稳定发挥，获得了大回转和回转的双料金牌。冬奥会前，他的父亲曾断言儿子不

会在卡尔加里夺冠，如果他拿到金牌，则会送他一辆法拉利。而父亲最终也信守了承诺。更重要的是，年仅21岁的汤巴拥有两枚冬奥金牌，意味着他四年后有两次实现蝉联冠军的机会。

汤巴的绰号叫做"炸弹"，身形健壮，1米82的身高对应92公斤的体重（标准体重），是一位非典型的高山滑雪选手。汤巴于1966年12月19日出生，与大多数选手不同的是，他并非生长于滑雪山地，他的故乡是意大利东北部博洛尼亚郊区的圣拉扎罗·迪·萨维纳镇。他热衷于运动，几乎喜欢所有的运动（足球、网球以及后来的摩托车），不过后来他对滑雪情有独钟，他的父亲弗朗格是一位富有的纺织商人，为儿子聘请了私人教练罗伯托·西奥帕斯，在科蒂纳丹佩佐的滑雪坡上专门为他提供训练。

故事

汤巴在大回转比赛中高速通过旗门

西奥帕斯曾是意大利队的一名滑降选手，但汤巴认为滑降运动有太多危险，拒绝将滑降作为毕生的事业，将主要精力放在回转项目上。一方面，西奥帕斯或许提出了类似建议；另一方面，母亲玛利亚·格拉齐亚非常担心他在比赛过程中遭遇意外，不让母亲担忧更有可能是他作出上述决定的主要原因。

1989—1990年，功成名就的汤巴顺势创办了自己的机构，聘请意大利的传奇人物古斯塔夫·托尼担任教练，组建了教练团队。

汤巴是阿尔贝维尔冬奥会意大利代表队旗手，他以完美表现承担起了旗手重责。在大回转项目中，汤巴从贝尔瓦尔德雪场的

赛场上一跃而下，战胜卢森堡选手马克·吉拉尔德利和挪威选手谢蒂尔·安德烈·奥莫特两大劲敌，实现了蝉联冠军的壮举。但在回转项目上，汤巴以0.28秒的差距惜败于挪威选手芬恩·克里斯蒂安·亚格，获得银牌。至此，汤巴成为了冬奥历史上唯一蝉联高山滑雪项目（大回转）冠军的选手。两年之后，汤巴参加了利勒哈默尔冬奥会，目标是冲击该项目三连冠。然而在大回转的第一轮比赛中，一路领先的汤巴遗憾漏掉了一个旗门。几天后，他凭借在回转项目上获得的一枚银牌，成为首位在连续三届冬奥会上获得奖牌的高山滑雪运动员。

1994

利勒哈默尔

第17届 XVII

第 17 届冬奥会
1994 年利勒哈默尔

Lillehammer'94

1994 年利勒哈默尔冬奥会会徽

地点 利勒哈默尔（挪威）

开幕式 1994 年 2 月 12 日

闭幕式 1994 年 2 月 27 日

开幕式致辞人 哈拉尔五世（挪威国王）

运动员宣誓代表 维加德·于尔旺（挪威北欧滑雪运动员）

裁判员宣誓代表 卡里·卡林（挪威）

奥运圣火点火人 哈康（挪威王储）

吉祥物 哈康和克里斯廷

参赛国家和地区数量 67

参赛人数 1737（1215 名男运动员和 522 名女运动员）

大项数量 6（雪车、雪橇、冰球、滑冰、滑雪、冬季两项）

分项数量 12（雪车、雪橇、冰球、速度滑冰、短道速滑、花样滑冰、高山滑雪、
越野滑雪、跳台滑雪、北欧两项、自由式滑雪、冬季两项）

小项数量 61

1994年利勒哈默尔冬奥会奖牌

摘要

利勒哈默尔冬奥会是首届不与夏奥会同年举办的"独立"冬奥会。自那时起，冬奥会、夏奥会不再遵循四年间隔、同年举办的规律，改为每两年交替举办。

利勒哈默尔冬奥会是挪威第2次举办冬季奥运会，在筹办过程中，组委会始终以保护环境为重点，萨马兰奇主席称赞利勒哈默尔冬奥会是"绿色的白色盛会"。

在奥运圣火传递过程中，有两条路线同时进行传递。第一条路线与往届一样，符合官方和国际惯例，始于希腊奥林匹亚的遗址，最终在开幕式上点燃主体育场的火炬塔。第二条路线则是非官方的、民间的：从现代滑雪先驱桑德雷·诺尔海姆的出生地莫尔盖达尔村出发，穿越全国，终点设在利勒哈默尔的主干道斯托加塔，最终再次点燃1952年奥斯陆冬奥会的火炬塔。

专为冬奥创作的图标体系被运用于比赛场馆及各类文件上，其设计灵感来自勒德于等地的壁画石刻。勒德于石刻已有超过4000年历史，记录有世界上最早的滑雪者形象。

苏联的部分成员国，亚美尼亚、白俄罗斯、格鲁吉亚、哈萨克斯坦、吉尔吉斯斯坦、摩尔多瓦、乌兹别克斯坦和乌克兰首次独立参加冬奥会。1992年12月31日，捷克斯洛伐克解体，随之诞生的捷克共和国和斯洛伐克共和国首次亮相冬奥会。

奖牌榜

排名	国家	金牌	银牌	铜牌	合计
1	俄罗斯	11	8	4	23
2	挪威	10	11	5	26
3	德国	9	7	8	24
4	意大利	7	5	8	20
5	美国	6	5	2	13
6	韩国	4	1	1	6
7	加拿大	3	6	4	13
8	瑞士	3	4	2	9
9	奥地利	2	3	4	9
10	瑞典	2	1	0	3

概况

现代与传统的交汇

**第17届冬奥会开幕式上，
环绕赛场周围燃放起耀眼的
烟火**

利勒哈默尔冬奥会的吉祥物哈康和克里斯廷是顺应时代的选择。这是奥运历史上首次以人的形象作为吉祥物，且哈康和克里斯廷分别是一个男孩和一个女孩，这一点之所以非常重要，是因为它体现了在20世纪末，男女平等的理念正逐步普及。除了奥林匹克精神之外，这对吉祥物还体现了生态与环境保护等主题，而多项影响深远的国际协议正是在当时商议和签订的。哈康和克里斯廷生活在当下，微笑着迎接未来，但他们身穿中世纪风格服装，他们的名字也是来自挪威的远古故事。利勒哈默尔冬奥会是不折不扣的现代奥运，但同时体现了对传统的尊重。哈康和克里斯廷完美地体现了这一特点。

追求现代同时尊重传统的理念在冬奥火炬传递路线上亦有所体现。利勒哈默尔冬奥会设置了两条火炬传递线路。第一条线路传递的是官方火炬。根据《奥林匹克宪章》，奥林匹克圣火于1994年1月16日在奥林匹亚采集后，用飞机运往德国。圣火经过斯图加特、卡尔斯鲁厄、杜塞尔多夫、汉堡和科隆等城市，最终在科隆大学点燃了第一个圣火盆，以纪念前国际奥委会主席卡尔·迪姆。1934年，正是他推动确立了奥运圣火传递的规定。两年之后，1936年柏林奥运会上首次举办了圣火传递仪式。值得一提的是，圣火到达德国最西部城市格雷夫拉特时，两名跳伞运动员在高空完成了火炬接力。

随后，圣火经过哥本哈根（丹麦）、赫尔辛基（芬兰）、斯德哥尔摩（瑞典），最终抵达奥斯陆，再次由专机运往利勒哈默尔附近的埃休约恩。跳台滑雪选手施泰因·格鲁本代替在仪式彩排中受伤的奥勒·贡纳尔·菲德耶斯特勒，用滑雪的方式将圣火带入开幕式场地——路易斯卡德斯巴肯跳台滑雪场。至此，圣火已经走过了6000公里的路程。格鲁本将火炬传给了冬残奥会越野滑雪选手卡特琳·诺丁内斯，再由诺丁内斯传递给负责点燃主火炬塔的哈康王储。

与这场陆地和空中接力同时进行着另一场非官方但更传统的火炬接力。同1952年奥斯陆冬奥会和1960年斯阔谷冬奥会一样，这只火炬的火种取自挪威特莱马克县莫尔盖达尔村一个木工家庭的壁炉中，这里曾是现代滑雪运动先驱桑德雷·诺尔海姆的出生地。1993年11月27日，挪威的玛莎·路易丝公主完成了第一棒交接。经过1.2万公里的长途跋涉，1994年2月12日，这支非官方火炬抵达利勒哈默尔的主干道斯托加塔，点燃了早已移至此处的1952年奥斯陆冬奥会圣火盆。这次火炬传递活动由利勒哈默尔冬奥组委发起，旨在突出挪威的文化和传统，同时号召人们积极参与奥运。

在利勒哈默尔，对现代的追求和对传统的尊重始终相互交融。一方面，为迎接冬奥建设了最先进的基础设施，用于雪橇、雪车和钢架雪车比赛的胡德夫森赛道，是斯堪的纳维亚半岛唯一的人工制冷赛道。另一方面，基础设施建设也尽可能适应了自然环境，如格约威克奥林匹克滑冰场，建于25—55米的岩石下，因此被挪威人称为"山洞"。场内设置有5300个座位，举办了共45场冰球比赛中的16场。由于苏联和捷克斯洛伐克先后解体，新的国家诞生，利勒哈默尔也迎来了一些首次参加冬奥会的国家。但和60多年前的最初几届冬奥会一样，挪威是本届冬奥会夺牌数量最多的国家。阿尔贝维尔冬奥会新增的自由滑雪（空中技巧）和短道速滑分项则在利勒哈默尔迎来了新的小项比赛。但传统项目的赛场才是真正的群星闪耀之地。

在博克贝纳恩滑雪场，已经31岁的意大利越野滑雪女将曼努埃拉·迪琴塔收获颇丰，快乐得像个孩子。她在15公里比赛中获得冠军，在5公里比赛中获得银牌，而后又在10公里追逐赛中获得亚军，并代表意大利队在4×5公里接力赛中获得铜牌，最后在30公里比赛中再次获得胜利。从2月13日到24日，她在11天中参加了五场比赛，获得了2金2银1铜共5枚奖牌。此前，她曾于1984年、1988年和1992年三次出征冬奥，但只获得一枚接力赛项目铜牌，正因为如此，她能取得如此骄人的成绩才更令人惊叹。1998年，她在长野冬奥会上获得了同样的成绩，但未有新的突破。无论如何，利

在跳台滑雪场举行的开幕式上，挪威的施泰因·格鲁本手持火炬，从跳台滑雪的出发点一跃而下

勒哈默尔冬奥会就是她职业生涯的巅峰时刻，她是那届冬奥会上获得奖牌数量最多的选手。

另外两名越野滑雪选手也不甘落后：俄罗斯选手利乌博夫·叶戈罗娃曾四次登上领奖台，她在女子5公里越野滑雪、追逐赛和接力赛中夺冠，并在15公里越野滑雪比赛中获得银牌。东道主选手博约恩·戴利在阿尔贝维尔冬奥会上共获得了4枚奖牌，在利勒哈默尔的赛场上，他再次获得10公里和15公里越野滑雪项目冠军，以及30公里和接力赛亚军。但在50公里古典式比赛中，戴利仅获得第4名，遗憾与奖牌擦肩而过，他是该项目的卫冕冠军，但这一次，在传统式与自由式之间来回切换明显对他不利。在越野滑雪中，哈萨克斯坦首次作为独立国家参加冬运会，凭借弗拉基米尔·斯米尔诺夫的出色表现，获得了首枚冬奥会金牌。斯米尔诺夫曾代表苏联出征冬奥会并获得3枚奖牌。

在传统项目速度滑冰的赛场，另一位挪威选手成为全场焦点，深受挪威人民喜爱。在哈马尔的维京海盗船滑冰场，约翰·奥拉夫·科斯不断创下无人可及的新纪录，他在三场比赛（1500米、5000米、10000米）中均获得了金牌，且每次都打破世界纪录。他的表现让人不由想起另一位挪威选手亚尔马·安德森，在1952年的奥斯陆冬奥会上，安德森也是主场作战，共获得3枚金牌。年近30岁的美国选手邦妮·布莱尔在利勒哈默尔上演了"帽子戏法"，连夺3金，坐稳了冬奥皇后的宝座。和两年前在阿尔贝维尔一样，她先后将500米和1000米项目的金牌收入囊中。此前从未有选手能够同时获得这两个项目的冠军。更重要的是，这是她继1988年卡尔加里冬奥会获得500米项目金牌后，连续三次获得同一荣誉。

领奖台上，美国速滑冠军丹·詹森一手捧着鲜花，一手抱着9个月大的女儿

在同一场地，同样来自美国的速滑选手丹·詹森也收获了观众的感动与掌声，他是那个时代最好的速滑运动员之一，曾五次获得世界锦标赛冠军。在1984年的萨拉热窝冬奥会上，他在500米比赛中位列第四，无缘奖牌；1988年，他的妹妹在赛前因白血病去世，悲痛之下的詹森刚滑出几米就摔倒了，在之后举行的1000米比赛中，他始终保持领先但却遗憾地在终点附近摔倒；1992年，他在500米项目中以区区0.2秒的差距未能登上领奖台。詹森的冬奥征程就如同被诅咒一般坎坷，1994年，詹森的妻子和9个月大的女儿陪着他踏上了利勒哈默尔冬奥会的战场，但这位世界速滑冠军在500米赛场上仅获得了第八名。2月18日的1000米是他参加的第八场也是最后一场比赛，幸运的是，他最终以1枚金牌和全新的世界纪录（1分12秒43）完成了自己的奥运谢

哈丁（左）和南希（右）两名美国花滑运动员全程无交流，甚至她们会刻意回避眼神对视

幕，彻底卸下了所有沉重的负担。

在胡德夫森的雪车赛道上，人们感受着复杂情感，也分享着幸福。瑞士的古斯塔夫·维德尔和多纳特·阿克林是历史上首个蝉联双人雪车冠军的组合，亚军的组合吉多·阿克林和雷托·戈齐同样来自瑞士，而吉多·阿克林正是多纳特·阿克林的兄弟。两个组合在比赛中穷追不舍，最终成绩仅相差 0.05 秒。

花样滑冰双人滑的比赛是年轻组合与老将们的角逐。1994 年，国际滑冰联合会首次允许曾经的职业选手在某一赛季中恢复非职业身份，以方便参加奥运比赛。此前无法参加阿尔贝维尔冬奥会的俄罗斯组合叶卡捷琳娜·戈迪耶娃和谢尔盖·格林科夫，借此机会重现了 1988 年在卡尔加里的夺冠风姿。但其他重回赛场的选手或组合却多以不理想的成绩甚至是失败收场。

在奥运赛场之外，发生的一起袭击事件涉及美国最杰出的两位花滑选手。在美国锦标赛（即奥运资格赛）开幕前几天，夺冠热门选手南希·克里根在结束训练时遭到了袭击，她的膝盖被铁棒击伤，因而退出了比赛，将冠军宝座拱手让给了对手托尼娅·哈丁。警方很快介入调查，并得出克里根的随行人员对袭击事件负有责任，美国奥委会为南希·克里根提供了豁免，让她重新获得了参加冬奥会的资格。在戏剧性的事件氛围中，阿尔贝维尔冬奥会的铜牌获得者克里根在利勒哈默尔获得了一枚银牌。乌克兰选手奥克萨纳·巴尤尔夺得金牌，为她的祖国实现了冬奥会金牌零的突破。中国选手陈露获得铜牌，这是

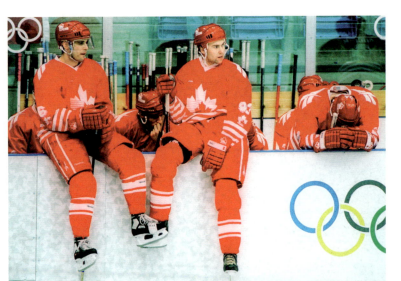

失落的加拿大冰球队队员在场边只能默默地看着在场中欢庆夺冠的瑞典队

中国花样滑冰历史上的第一枚奖牌。随后，排名第八的托尼娅·哈丁被认定为袭击事件主谋，她也因此失去了冬奥会参赛资格和排名。

在更为传统的冰球项目中，瑞典队在决赛中经过激烈奋战，最终在点球大战中击败了老牌强队加拿大队，首次获得冬奥冠军。加时赛结束时，两队战成2－2平。三名瑞典选手托马斯·琼森、哈坎·卢布和马茨·奈斯伦德由此成为史上第一批"大满贯王"，他们先后获得了斯坦利杯（北美职业冰球联赛冠军）、世锦赛冠军以及冬奥会冠军。利勒哈默尔冬奥会上的另一位明星选手依然来自高山滑雪项目。1936年，高山滑雪才被列入冬奥会比赛项目，因此并不属于最古老的传统项目。瑞士女子滑雪运动员弗雷尼·施奈德在利勒哈默尔达到了职业生涯的巅峰时刻，获得1金1银1铜的佳绩，在两年前的卡尔加里冬奥会上，她曾获得2枚金牌。男子项目上，德国选手马库斯·瓦斯迈尔的表现已与他的黄金时期（1986年和1987年）相去甚远，但是，他依然获得了超级大回转和大回转两个项目的金牌。延斯·魏斯弗洛格在跳台滑雪中亦有出色表现，他曾在萨拉热窝冬奥会上获得标准台项目金牌，10年之后，他在利勒哈默尔收获了团体赛和大跳台两个项目的冠军。

显然，参加新增比赛项目的选手更容易被相互比较。这些项目的历史不长，领奖台上反复出现的也都是熟面孔。在短道速滑项目中，我们满怀钦佩地看到美国选手凯西·特纳在1992年和1994年两届冬奥会上蝉联500米冠军，中国选手张艳梅未能超越特纳，为中国队实现冬奥会金牌的突破。而韩国队的整体表现非常突出，收获了全部6枚金牌中的4枚。在男子项目中，蔡智熏、金琪勋分别获得500米和1000米冠军；全利卿获得女子1000米冠军，并与队友一同夺得女子接力赛冠军。参加接力赛的队伍中还有13岁的小将金润美，她也是冬奥历史上年龄最小的夺金女选手。自由式滑雪选手莉娜·切尔贾佐娃在女子空中技巧项目中夺冠，她成为该项目首位女冠军，这也是她的祖国乌兹别克斯坦第一次以独立国家身份参加冬奥会后收获的首枚金牌。

瑞典队点球大战击败加拿大队，首次夺得冰球金牌

科斯，挪威的超级英雄

速滑选手约翰·科斯用三枚金牌和三项世界纪录，为自己的传奇人生再添光彩。

真实的故事比传说更加动人。在两年前的阿尔贝维尔，首次参加冬奥会的约翰·科斯就已经展现了过人之处。1992年，法国阿尔贝维尔冬奥会开幕，约翰·科斯未能参与开幕式。当圣火点燃时，不幸患上胰腺炎的科斯只能躺在挪威家中，忍受着腹中火烧般的疼痛。他必须先接受胆结石手术，然后才能前往法国。

那时的科斯23岁。他于1968年10月29日出生于挪威东南部小镇德拉门，速度滑冰是当地的传统体育项目，拥有悠久的历史：1936年冬奥会速滑1500米冠军查尔斯·马西埃森和1976年世锦赛10000米冠军斯滕·埃纳尔·斯滕森分别于1911年和1947年出生于此。与前辈们相比，约翰·奥拉夫·科斯的成绩毫不逊色，他已先后在1990年奥地利因斯布鲁克和1991年荷兰海伦芬世锦赛上两次获得全能冠军，并多次打破世界纪录。1992年2月13日，男子5000米速滑比赛开始，这是科斯在阿尔贝维尔冬奥会上参加的第一场比赛。显然，奇迹并没有发生，5天前才刚刚出院的他仅获得了第7名，无缘领奖台。同样来自挪威的热尔·卡尔斯塔德获得冠军，科斯的成绩比他慢了10秒多。

他还需要三天时间来恢复健康和体能。三天而已。2月16日，约翰·科斯恢复了一些体力，在1500米比赛中战胜本国选手阿德内·申德罗尔获得冠军。两人的差距微乎其微，1分54秒81对1分54秒85，科斯凭借着0.04秒的优势夺得奥运冠军，他的勇气和毅力也让他收获了挪威国民的喜爱。四天后，他又在10000米比赛中获得银牌，巩固了他的超级英雄形象，同时也增添了几分亲切感。

两年之后，利勒哈默尔冬奥会在科斯的祖国挪威开幕，他的表现可谓万众期待。在冬奥之前，科斯在瑞典哥德堡世锦赛上斩获了个人第三个全能冠军，并打破了多项由他自己在阿尔贝维尔冬奥会上创造的世界纪录。速滑比赛的场地维京海盗船滑冰场位于阿克斯维卡，距离哈马尔市中心约一公里，比赛开始前，这座室内滑冰场已然座无虚席。在10600名观众的注视下，科斯获得了5000米的冠军，并打破了自己创造的世界纪录（6分34秒96）。紧接着，他先后在1500米和10000米比赛中先后夺得金牌，并打破同样由自己创下的世界纪录（1500米1分51秒29，10000米13分30秒55）。在10000米比赛的角逐中，科斯一骑绝尘，用时比获得银牌的挪威选手谢尔·斯托雷利快了18秒70。在克莱普新式冰刀彻底改变速滑比赛局面之前，始终未曾有人能够撼动科斯的1500米和10000米纪录。冬奥会三金之王，三届世界纪录保持者，整个挪威都在为科斯庆祝。

其他国家也送来敬意和礼物：丹麦队向他赠送了一只金蝴蝶，这是获得金牌的丹麦运动员才能拥有的荣誉。美国权威的体育杂志《体育画刊》将他评为"1994年度最佳运动员"，获得相同奖项的还有美国滑冰女将邦妮·布莱尔。而在1994年12月，科斯结束了自己的职业生涯，随后被任命为联合国儿童基金会亲善大使。从那时起，科斯就一直大力推动联合国儿童基金会为世界各地的儿童，尤其是残疾和受战争影响的儿童工作。早在1995年，他已经在埃塞俄比亚组织了一项普及艾滋病知识的项目。同时，他还

在10000米比赛中，科斯的身后已经看不到任何竞争对手，他最终以破纪录的成绩拿到了冠军

创建了一个人道主义组织"儿童乐益会"，旨在通过体育和娱乐活动改善最不发达地区儿童的生活。如今，该组织活跃在全球约20个国家，雇用了600多名员工，得到了1.5万多名志愿者的支持。约翰·科斯也是世界和平与体育组织的成员，该组织致力于用体育推广和平理念，授予为和平事业作出贡献的体育人士"和平冠军"的称号，如今该组织共有100余位"和平冠军"。1999年，科斯被选为国际奥委会委员，和当年获得"和平冠军"称号一样，他获得了组委会的一致支持。

"不忠诚"的冠军搭档

俄罗斯冰舞组合格里茨丘克和普拉托夫在利勒哈默尔冬奥会上获得了第一枚国际大赛金牌，并在之后四年中占据着冰上舞蹈的领先地位。

1972年3月17日，奥克萨娜·格里茨丘克出生在乌克兰的敖德萨，她在利勒哈默尔冬奥会期间迎来了自己的22岁生日。当年已经26岁的叶夫根尼·普拉托夫与格里茨丘克是同乡，1967年8月7日出生。敖德萨位于黑海之畔，地理位置使之成为了一座对外开放的城市，弥漫着带有讽刺意味的自由气息。格里茨丘克和普拉托夫在利勒哈默尔冬奥之前，没有任何国际大赛的获奖记录，仅在几年前获得过世青赛冠军。格里茨丘克在1988年获得世青赛冠军，她与当时的搭档亚历山大·奇奇科夫合作了三年，在完成晋级之后，两人结束了合作。普拉托夫在1984年、1985年和1986年三次获得世青赛冠军。在1983—1986年，他的搭档是埃琳娜·克里卡诺娃。四年之后，普拉托夫又与拉丽萨·费多里诺娃搭档，在1987—1989年进行合作。但新组合并未有突出表现。

格里茨丘克是普拉托夫的第三位搭档，普拉托夫则是格里茨丘克的第二位搭档。各自的职业生涯让他们不会再天真地相信，冰上组合可以持续一生。是否正因为如此，他们的冰刀在划过冰面时才这般迅速？他们的舞步也是否因此才这般轻盈，恍若凌空？他们是否在为下一次分离做准备，以防自己又再一次选错搭

普拉托夫和格里茨丘克这对夫妻搭档，是冬奥会冰舞比赛唯一蝉联冠军的组合（1994/1998两届冬奥会冠军）

240

档？他们是否已经意识到一切不过转瞬即逝，所以才一起竭尽全力地直奔目标而去？但无论如何，这份共同的信念已经成为他们的杀手锏。

在花样滑冰，尤其是在冰舞项目中，裁判在打分时更多依赖于印象而非规则，他们想要获胜，就必须一级一级向上攀登。奥克萨娜·格里茨丘克和叶夫根尼·普拉托夫沿着画好的路线图不断前进：1990年，他们获得世界锦标赛第五名；1991年，他们代表苏联队获得世锦赛第四名；1992年代表俄罗斯队获得世锦赛铜牌，1993年代表俄罗斯再次出征世锦赛，获得银牌。他们在欧锦赛上取得了相似的成绩，在利勒哈默尔冬奥会开幕前不久，获得了欧锦赛的银牌。

但在挪威的冬奥会上，他们即将面对的是重返职业赛场的、十年前的奥运冠军组合英国的简恩·特维尔和克里斯多夫·迪安。由于年龄的原因，这对英国组合已有些力不从心。在赛场上，评委们被格里茨丘克的青春灵动和普拉托夫的成熟稳重所打动，给了他们最高的分数。格里茨丘克和普拉托夫领先于俄罗斯组合马娅·乌索娃/亚历山大·茹林以及老对手特维尔/迪安，获得了他

们职业生涯中的第一枚金牌。他们此刻也不再犹豫，坚信彼此能够长久合作。随后，他们于1995年、1996年和1997年多次斩获世锦赛冠军。在长野冬奥会开幕之前，他们还累计三次获得欧锦赛冠军（1996年、1997年、1998年）。格里茨丘克和普拉托夫参加了在利勒哈默尔和长野两届冬奥会之间举办的全部21场国际比赛，并获得了所有的金牌。还有什么能击败他们呢？长野冬奥会上，他们再次闪亮登场，凭借冰面上的优美舞姿再次夺得冬奥会金牌，成为首个也是唯一一个冰舞项目的蝉联冠军。

在合作了九年后，分别的时候终于到来。他们甚至未能参加在冬奥会后几周举行的世锦赛，就选择了退役。似乎这份信任和忠诚已经成为了彼此的负担。事实上，叶夫根尼·普拉托夫在前往美国担任教练之前，曾很快与自己的前对手、同样来自俄罗斯的职业选手马娅·乌索娃搭档。在利勒哈默尔冬奥会上，乌索娃与亚历山大·茹林组合获得了冰舞银牌，仅次于格里茨丘克和普拉托夫。自1998年起，他们多次获得世界职业花样滑冰锦标赛的冠军。

快乐的哈康和克里斯廷

利勒哈默尔冬奥会是首次以人类形象作为吉祥物的奥运会，哈康和克里斯廷是两个快乐孩子，穿着符合身份背景的中世纪服装。

自吉祥物正式成为奥运形象特征的一部分以来，历届冬奥会的吉祥物形象分别为一只雪人（雪人，1976年因斯布鲁克冬奥会）、一只浣熊（罗尼，1980年普莱西德湖冬奥会）、一匹狼（武科，1984年萨拉热窝冬奥会）、一对北极熊（海迪和豪迪，1988年卡尔加里冬奥会）以及一个精灵（麦吉柯，1992年阿尔贝维尔冬奥会）。大部分吉祥物的形象都来自比赛举办地的动物，或是能够

唤起人们对当地历史文化记忆的非现实物体。吉祥物是奥林匹克精神的体现。直到阿尔贝维尔冬奥会结束，都未曾出现以人为形象的吉祥物。

只有1968年的法国格勒诺布尔冬奥会，组委会曾天马行空地想将一只名为Dof的海豚作为吉祥物，但最终选择了另一个更加能代表当地环境和冬季体育的吉祥物形象——滑雪人舒斯。舒斯看

两名挪威少年以吉祥物哈康（右）和克里斯廷（左）的形象出现在开幕式上

　　他们的名字取自 13 世纪的历史人物，其命运与当时挪威和利勒哈默尔地区所处的动荡息息相关。当时，两个相互对峙的阵营：博克拜纳和巴格勒正在争夺权力。年幼的哈康·哈康森受到巴格勒人的威胁，不得不和博克拜纳的拥护者们一起翻山越岭逃离利勒哈默尔。为表安抚，博克拜纳族的克里斯廷·斯维里多蒂尔公主嫁给了巴格勒领袖菲利普斯·西蒙森。挪威国王斯韦勒的孙子哈康·哈康森于 1217 年登基成为国王，在位直至 1263 年，他就是著名的哈康四世·哈康森。克里斯廷是斯韦勒的女儿，因此也是哈康四世的姑姑。

　　设计师卡里和维尔纳·格罗斯曼根据墨西哥建筑设计师雅维耶·拉米雷斯·坎普萨诺的创意设计了这一对吉祥物，在保留深厚的历史底蕴之余，创作者仍希望他们是属于现代的。"这对吉祥物代表着挪威或北欧的儿童形象，这一点很重要。"卡里·格罗斯曼解释道，"他们不仅要代表奥运会，还要引发关于平等、环境、挪威青年文化、行为举止、公平竞争等问题的思考。"

　　考虑到哈康和克里斯廷的人物属性，挪威冬奥组委还开展了"吉祥物人偶"计划。从挪威 1 万名 10—11 岁的儿童中选出了八男八女，每两人一组，每组代表挪威的一个大区，在冬奥期间以及赛前各类宣传活动中扮演两个吉祥物。在冬奥期间，这些可爱的孩子们曾在各个比赛场地引起了轰动。

　　有两座比赛场地还以哈康和克里斯廷命名。哈康体育馆就位于利勒哈默尔，地处奥林匹克公园的入口。能容纳 10500 名观众，设有 9500 个座位，是挪威最大的体育场馆之一，承办了利勒哈默尔冬奥会的大部分冰球比赛。规模较小的克里斯廷体育馆设有 3200 个座位，用于举办其他赛事。这两座体育馆也是残奥会的比赛场地。

起来像一个愉悦的、正在全速滑降的高山滑雪者，拟人意味十足。不过，尽管如今国际奥委会已经认证舒斯为首个奥运吉祥物，但在当时，它只是个非官方的创意作品。

　　1994 年，挪威冬奥组委选择了一对新颖的人物形象哈康和克里斯廷作为利勒哈默尔冬奥会吉祥物。哈康和克里斯廷是两个快乐的孩子，穿着符合身份背景的中世纪服装。他们来自那个时代，也表现了那时年轻人关心的话题：环保。

长野 *1998*

第 18 届
XVIII

第18届冬奥会
1998年长野

1998年长野冬奥会会徽

地点 长野（日本）

开幕式 1998年2月7日

闭幕式 1998年2月22日

开幕式致辞人 明仁（日本天皇）

运动员宣誓代表 荻原健司（日本北欧两项运动员）

裁判员宣誓代表 平松淳子（日本）

奥运圣火点火人 伊藤绿（日本花样滑冰运动员）

吉祥物 寸喜、能城、家喜、都木

参赛国家和地区数量 72

参赛人数 2176（1389名男运动员和787名女运动员）

大项数量 7（雪车、雪橇、冰壶、冰球、滑冰、滑雪、冬季两项）

分项数量 14（雪车、雪橇、冰壶、冰球、速度滑冰、短道速滑、花样滑冰、高
山滑雪、越野滑雪、跳台滑雪、北欧两项、自由式滑雪、单板滑雪、
冬季两项）

小项数量 68

1998年长野冬奥会奖牌

摘要

1998年长野冬奥会是继1964年东京奥运会和1972年札幌冬奥会之后，日本举办的第三次奥运会，也是第二次冬奥会。

自1924年第一届冬奥会在法国夏蒙尼举办以来，冰壶始终未被列为正式比赛项目，只在1932年、1988年和1992年作为表演项目出现。长野冬奥会的冰壶项目设有男子和女子比赛。

在花样滑冰比赛中，美国选手塔拉·利平斯基在获得冠军时年仅15岁255天，是冬奥会历史上最年轻的个人冠军。

从奖牌榜看，德国队以29枚奖牌、12枚金牌位居第一。挪威和俄罗斯紧随其后，分别获得25枚和18枚奖牌。东道主日本创下了最佳冬奥成绩，共获得了10枚奖牌。

奖牌的设计使用了涂漆（木曾漆）技术。纹饰采用浮雕镀金（又称莳绘）以及精密金属加工技术七宝烧（又称掐丝珐琅）。漆器部分由木曾地区的工匠特别制作。奖牌正面是莳绘橄榄枝环绕的朝阳，以及奥运会标志；反面是用莳绘制作的1998年冬奥会会徽，以及朝霞映衬下层峦叠嶂的信州群山。

1999年，盐湖城申办冬奥会的腐败丑闻被曝出，长野冬奥组委也被指涉嫌贿赂国际奥委会委员，以换取选票。虽然展开了相关调查，但无法进行财务审计，因为在长野获得举办权之后，相关账目已被烧毁。

奖牌榜

排名	国家	金牌	银牌	铜牌	合计
1	德国	12	9	8	29
2	挪威	10	10	5	25
3	俄罗斯	9	6	3	18
4	加拿大	6	5	4	15
5	美国	6	3	4	13
6	荷兰	5	4	2	11
7	日本	5	1	4	10
8	奥地利	3	5	9	17
9	韩国	3	1	2	6
10	意大利	2	6	2	10

概况

"用心的奥运"不止于口号

五架飞机拉着代表五环颜色
的尾烟出现在开幕式上空

长野对冬奥如此热情，是否因为这是等待多年的结果呢？60年前，长野已经在为申办1940年冬奥会（该届冬奥会因日本发动侵华战争而取消）而努力，但当时长野甚至未能通过国内选拔，最终另一座日本城市札幌获得了1940年冬奥会举办权。同样的故事在竞争1972年冬奥会举办权时再次发生。因此，当长野从奥斯塔（意大利）、雅加（西班牙）、厄斯特松德（瑞典）和盐湖城（美国）等竞争者中脱颖而出，被国际奥委会选为1998年冬奥会举办城市时，日本人民长舒了一口气，为之欣喜若狂。

1997年2月7日，冬奥比赛开放门票预订，组委会收到了600多万份预订申请，几乎是该渠道可售门票数量的18倍，最后只能以随机方式出售门票。根据统计，全部1286000张比赛门票共售出1149615张，出售率高达89.4%。如果加上与冬奥组织方有直接联系的人员所占的席位，累计共1275529名观众现场参与了长野冬奥会。

为了兼顾比赛本身以及奥运氛围，日本花费了大量的资金用于建设高质量设施及发展当地的基础建设，尤其是在交通方面。在冬奥会开幕前5个月，长野与东京之间新增了新干线列车以改善交通状况。长野还建设了两条高速公路，改造道路115公里。这是长野冬奥会最大的单项支出，但这类普惠的设施在赛后仍发挥作用。主办方将环境保护作为重点关注的问题之一，尽量减少冬奥会对当地生态环境的负面影响。一个救助濒危物种的故事流传至今：冬奥会高山滑雪滑降比赛终点周边是罕见的岐阜蝴蝶的繁殖地，场地扩建严重威胁到岐阜蝴蝶的生存空间。300多名志愿者和当地初中生组织起来，将一种喂养蝴蝶的葵草从白马八方尾根滑雪场移植到跳台滑雪场附近，确保岐阜蝴蝶在新的繁殖地顺利产卵。

长野冬奥会的标志是一朵山间雪地上的花朵，名为"五彩的雪花"。5片花瓣分别是5名正在进行冬季运动的运动员形象。选择山间花朵作为标志，彰显了长野冬奥对环境的依赖。标志色彩明亮，透着活泼与生气，寓意人们的奥运激情，同时也象征着奥运在全世界的影响力。标志的设计非常符合组委会所期待的"用心的奥运"，赛场内的选手也为观众带来了众多感动和激情四射的时刻。

开幕式编排也体现了长野冬奥组委的口号"用心的奥运"，最激动人心的是这样一幕情景：著名指挥家小泽征尔指挥当时世界上最庞大的合唱团演奏贝多芬的《欢乐颂》，来自世界五大洲的音乐家们，聚集在纽约卡耐基音乐厅、德国勃兰登堡门、南非海滩、悉尼歌剧院等地，同时讴歌着人类的理想，共同庆祝奥林匹克的盛典。在这支合唱团中，也有中国音乐家的身影，他们的舞台是历史悠久的紫禁城。

当然，每一届冬奥故事都需要一位民族英雄。和1972年札幌冬奥会一样，长野冬奥的英雄也出现在跳台滑雪项目上。备受青睐的原田雅彦在跳台滑雪标准台比赛中只获得了第五名，反倒是21岁的小将船木和喜紧紧追在冠军亚尼·索伊尼宁身后，获得一枚银牌。比赛当天，白马跳台滑雪场共有4.5万名观众观赛，四天之后的大跳台比赛迎来了超过6万名观众。船木和喜在第二跳中创下了132.5米的好成绩，并且取得了当时冬奥历史上唯一的姿态分满分，为日本获得了1972年以来首个跳台滑雪冠军。原田雅彦的飞行距离更远，测量装置安装在95—135米，他的飞行距离已经超出了装置可测量的范围，后经手动测量，他的距离成绩约为136米，但由于姿态得分相对较低，原田最终获得大跳台项目铜牌。亚尼·索伊尼宁获得亚军。日本举国上下都为这两枚奖牌欢呼。随后，冈部孝信、原田雅彦（两位选手的第二跳距离成绩均为137米，共同创造了冬奥会跳台项目世界纪录）、斋藤宏也和船木和喜获得跳台

综述

船木和喜（左）以姿态满分的成绩获得大跳台比赛的冠军，他的队友原田雅彦（右）获得铜牌

滑雪团体冠军，更将日本人民的喜悦之情推向高潮。日本选手在滑雪跳台上只有7次出场机会，却获得了2枚金牌、4枚奖牌，完美回馈了日本人民的期待。

很快，日本人迎来了第三枚金牌。在自由式滑雪项目中，美国选手获得了4枚金牌中的3枚，唯一缺失的1枚女子雪上技巧金牌被日本选手里谷多英收入囊中。虽然里谷在资格赛中发挥平平，只获得第11名，但在决赛中发挥超常，一举夺冠。在速度滑冰中，清水宏保获得了男子500米项目冠军，并创造了新的世界纪录。清水是长野冬奥会身材最矮小的滑冰选手（身高仅1.62米），但他说压力给了他额外的能量。长野冬奥会的500米速滑比赛首次分两轮进行，清水在两轮比拼中都滑出了最佳成绩。另

连体速滑服和克莱普冰刀鞋帮助荷兰选手詹尼·罗默以破纪录的成绩拿到10000米金牌

一项科学创新也直接影响了速滑项目的比赛结果。荷兰选手率先选用了空气动力学连体服和克莱普新式冰刀，新式冰刀首次获得国际奥委会批准使用，刀刃只在前部与冰鞋相连，后面部分与冰鞋处于分离状态，从而延长了蹬冰距离，提高了滑行速度。新的装备帮助荷兰人夺得了该项目10枚金牌中的5枚，并大幅度改写了多项世界纪录，擅长长距离（5000米和10000米）的选手詹尼·罗默也成为速滑项目唯一的双料冠军。

在短道速滑项目上，日本选手西谷武文获得了500米的冠军，将东道主日本在长野冬奥会获得金牌的总数刷新为5枚。而在此前整个冬奥历史上，日本队仅获得过5枚金牌。在刚进入冬奥比赛项目的短道速滑赛场上，韩国选手全利卿曾在利勒哈默尔冬奥会上获得女子1000米和3000米接力赛冠军，并在长野冬奥会成功实现蝉联，成为唯一蝉联两个项目冠军的短道速滑女选手。她还出人意料地获得了500米项目铜牌。她原本并未通过500米项目资格赛，但由于决赛中仅有两位选手顺利完赛，因而她以B组第一的身份登上了领奖台。

中国代表团在参赛人数上刷新了往届纪录，共有60名运动员参加了滑冰、冰球、滑雪、冬季两项共4个大项40个小项的比赛。在短道速滑男、女6个项目比赛中，中国选手都有奖牌进账：女选手杨阳在同队友合作夺得短道速滑接力项目银牌后，又夺得个人500米和1000米银牌，成为夺得奖牌最多的中国选手；另一女选手杨扬在1000米比赛中打破了世界纪录。男选手李佳军在身体欠佳的状况下参赛，仍然获得1000米银牌，成为中国冬奥史上获得男子项目奖牌的第一人；17岁的安玉龙在男子500米比赛中

也勇夺银牌。徐囡囡在女子自由式滑雪空中技巧比赛中获得银牌，为中国赢得第一枚冬奥会雪上项目奖牌。共获得6枚银牌的中国选手显然已经具备了夺取金牌的实力，只是因为比赛经验不足、对金牌的过度渴求和竞技运动"不可预测的因素"，才让金牌连续从手中滑过。

通过现场和电视直播观看比赛的观众总人数达到了107亿，在两周的比赛期间，冬奥爱好者们经历许多激情澎湃的时刻。雪橇赛场上，悬念一直持续到最后一刻。男子项目中，乔治·哈克尔获得三块金牌，在其参赛的每个项目的每一轮比赛都取得了最佳成绩。但在女子项目角逐中，两位德国选手西尔克·克劳斯哈尔和芭芭拉·尼登胡贝尔之间的对决始终激烈。克劳斯哈尔滑行了4776米，仅以0.002秒的优势获胜。这是奥运会历史上最小的冠亚军差距。在双人雪车比赛中，由金特·胡贝尔带领的意大利队和皮埃尔·莱德斯带领的加拿大队并列冠军，冬奥会历史上首次出现了同时颁发两枚金牌的情况。四人雪车比赛也出现了类似的情况，法国队和英国队并列第三名。

越野滑雪项目也充满了悬念，挪威在接力赛中累计用时1小时40分钟，最终以0.2秒的优势战胜了意大利队。这是一场"复仇"：在利勒哈默尔冬奥会上，意大利队以0.4秒的优势战胜了挪威队；而这一次，在长野野泽温泉村滑雪场，是"全面发展"的挪威人取得了最终胜利。在经历了阿尔贝维尔和利勒哈默尔两届冬奥会之后，挪威传奇选手博约恩·戴利已经收入8枚奥运奖牌，在长野，他保持了每届冬奥

综述

中国运动员陈露获得花样滑冰女子单人滑铜牌

综述

挪威运动员托马斯·阿尔斯加德（右）以领先意大利队的西尔维奥·福纳（左）0.2秒的优势率先冲线，获得男子4×10公里越野滑雪比赛的冠军

会收获4枚奖牌的节奏，获得了10公里、50公里和接力赛金牌，以及追逐赛的银牌，创下了冬奥历史上个人获得的金牌总数（8枚）和奖牌总数（12枚）纪录。俄罗斯越野滑雪女子选手拉里萨·拉祖蒂娜收获了3枚金牌（5公里、追逐赛和接力赛）、1枚银牌（15公里）和1枚铜牌（30公里），成为长野冬奥会获奖最多的运动员。她的同胞奥尔加·达尼洛娃获得15公里金牌、接力赛金牌以及追逐赛银牌，成绩同样突出，但相比之下，风光远不及拉祖蒂娜。

单板滑雪是长野冬奥会新增的项目，虽然也有悬念，但性质完全不同，因为悬念并非来自比赛本身。加拿大选手罗斯·雷巴利亚蒂获得了该项目的冬奥首冠，但随后他被指控吸食大麻，国际奥委会收回了颁发给他的金牌。等待了整整5天之后，国际体育仲裁法庭宣布雷巴利亚蒂没有服用违规药品，国际奥委会又将金牌归还给他。几经周折，冬奥会单板滑雪的首位大回转冠军归属才尘埃落定，这个新增项目本该有一个更完美的冬奥首秀。

在冰球赛场上，获得金牌的捷克队值得人们敬佩。要知道在这场比赛中，加拿大和美国第一次派出了来自北美职业联赛的最优秀选手。捷克队的夺冠几乎淹没了此前女子冰球决赛的风头（美国队击败加拿大队）。而在花滑赛场，15岁255天的美国小将塔拉·利平斯基战胜本国队友关颖珊和中国选手陈露，也带给了人们同样强烈的情感冲击。利平斯基是冬奥历史上年龄最小的选手。俄罗斯组合奥克萨纳·格里茨丘克和伊夫根尼·普拉托夫是第一对，也是到目前为止唯一一对蝉联了冰上舞蹈冠军的组合。同样来自俄罗斯的阿蒂尔·瓦莱里维奇·季米特里耶夫则是首位蝉联花滑双人滑冠军的选手，他有两位"金牌搭档"：1992年，他与娜塔莉·米什库特诺克搭档，获得了阿尔贝维尔冬奥会冠军（这对搭档还在1994年利勒哈默尔冬奥会上获得银牌）；在长野，他则是与奥克萨纳·卡扎科娃搭档获得冠军。

让人心生敬佩的，还有勇气过人的奥地利高山滑雪选手赫尔曼·迈耶。在滑降比赛中，迈耶在以120公里/小时的速度滑行时身体失去控制，从高空跌落，在空中经历了3秒多才重重地摔在地面上。

奥地利选手赫尔曼·迈耶赢得大回转比赛冠军，而就在三天前，他在速降比赛中发生了意外，失去控制的迈耶突破两层防护网后，摔倒在赛道旁边的雪堆里

现场情形非常惨烈，人们非常担心发生最坏的情况。他的身体承受了巨大的痛苦，但在3天之后，他居然出现在了超级大回转项目的赛场，并夺得冠军。他还获得了大回转项目的金牌，与德国选手卡特娅·塞钦格（滑降和全能赛冠军）共同成为长野冬奥会高山滑雪项目少有的两位双料冠军。长野冬奥会是一场用心的冬奥，赫尔曼·迈耶的付出比他人更多。

戴利：用滑雪板书写历史

博约恩·戴利是越野滑雪赛场的标杆人物。在长野冬奥会上，戴利和参加前几届冬奥会时一样，共获得4枚奖牌。长野是他冬奥旅程的最后一站。

博约恩·戴利（前）、瑞典选手尼克拉斯·荣松（中）和奥地利选手克里斯蒂安·霍夫曼（后）在50公里越野滑雪比赛中一路领先其他选手

戴利那时还不知道长野就是自己冬奥旅程的终点，他还曾在那里公开表示自己将继续参加2002年冬奥会。在1998—1999年赛季，他获得了第六个世界杯总冠军。1999年8月，他在滑行时出现意外造成背部重伤。为了回归赛场，他做了所有努力，但2001年3月，他不得不面对现实：在33岁的年纪终止了职业生涯。

1967年6月19日，戴利出生于挪威埃尔韦勒姆。他先后在冬奥会和世锦赛上获得过29枚奖牌，其中包括8枚冬奥会越野滑雪金牌以及7枚世锦赛金牌。尽管戴利已经离开赛场，但这些成绩足够令人惊讶。如果没有这次事故，这位历史上最伟大的越野滑雪运动员将会获得多少荣誉呢？

戴利的传奇始于1992年的阿尔贝维尔冬奥会，但在这之前他

已经因为获得世锦赛15公里和接力赛冠军而颇有声誉。冬奥会决赛变成了他与同队选手维加德·于尔旺的决战。首先进行的是30公里项目的角逐，于尔旺拔得头筹。在几天后举行的追逐赛中，戴利以近一分钟的领先优势扳回一局。两人也合力参加了4×10公里接力赛，轻松将金牌收入囊中。当于尔旺将接力棒交至最后一棒的戴利手中时，挪威队正处于第一的位置，而戴利竟然是一边倒退着冲过终点线，一边挥舞着双臂庆祝自己的第2枚冬奥会金牌。在难度最大的50公里比赛中，他轻松战胜41岁的意大利老将毛里利奥·德措尔特，获得第3枚金牌。冬奥会结束后，他回到挪威，人们像迎接英雄一般为他庆功。在他父母的家乡，人们竖起了一幅巨大的、由1500朵玫瑰组成的五环壁画。每一朵玫瑰都是当地居民的馈赠。

两年后，冬奥会来到了利勒哈默尔，戴利没有令祖国人民失望。1992年阿尔贝维尔冬奥会的场景再次出现，在30公里的比赛中，戴利被同队选手托马斯·阿尔斯加德击败，获得1枚银牌；在10公里的比赛中，戴利战胜了哈萨克斯坦选手弗拉基米尔·斯米

尔诺夫，获得了冠军。在追逐赛中，老对手斯米尔诺夫依然穷追不舍，但并未产生实质性威胁，戴利最终成功蝉联了该项目冠军。最后，在全挪威都万分期待的接力赛中，他依然是最后一棒选手，但这一次挪威队只获得了银牌。意大利选手西尔维奥·福纳全程穷追不舍，最后的冲刺动作令挪威队措手不及，最终意大利以0.4秒的优势险胜。但这并未影响戴利在利勒哈默尔取得了2金2银的优异成绩。很久之后，戴利坦言在观众的期待中获胜，是他职业生涯中最激动人心的时刻。

1998年，在长野冬奥会的10公里赛场，他又一次经历了这样的时刻。戴利率先冲过终点，人们迫不及待地想看到他第六次登上冬奥会最高领奖台。但他一直在拖延颁奖时间，出于对对手的尊重，他想等待最后一位选手完赛后再进行颁奖。最后抵达终点的选手是首次参加冬奥会的肯尼亚选手菲利普·博伊特，他排在第92位，成绩与冠军相差20多分钟。冠军博约恩·戴利停留在终

点线后，在肯尼亚选手完成比赛后，他用力抓住他的手臂，给予他热情的拥抱，以此来帮助他完成缓冲。戴利的举动彰显了奥运精神，也传遍了全世界。冬奥会结束几周后，菲利普·博伊特的第一个孩子呱呱坠地，他给孩子取名为戴利。

比赛还在继续，在追逐赛中，托马斯·阿尔斯加德在最后的冲刺中反超，戴利再获1枚银牌。在这一年的接力赛中，戴利负责第三棒，但这并非他的专长。幸运的是，他几乎是与意大利劲敌福纳同时交出了接力棒。挪威队最后一棒的压力集中在阿尔斯加德身上，最终他以0.2秒的优势领先意大利队，为挪威队夺回了接力赛冠军。戴利的冬奥会金牌纪录也随之更新为7枚。1998年2月22日，他在50公里的比赛中拼尽全力，刚冲过终点线便瘫倒在地。在长达40公里的赛程里，他与瑞典选手尼克拉斯·荣松展开激烈角逐，最终以0.08秒的领先优势率先抵达终点，收获了他的第8枚奥运金牌，也是第12枚奥运奖牌。

以弱制强的典范

长野冬奥会的冰球赛场首次聚齐了全球顶尖的职业和业余选手，堪称史上竞争最激烈的比赛。最终，捷克队获得了胜利。

1992年巴塞罗那奥运会上，人们迎来了最优秀的职业篮球运动员迈克尔·乔丹率领的美国男篮"梦之队"。在长野冬奥会上，美国和加拿大两支北美劲旅也是由当下最优秀的职业选手组成，例如加拿大队的斯韦恩·格雷茨基。为此北美职业冰球联赛首次重新编排了赛程，让职业选手们有19天的自由时间参加冬奥会比赛。组委会也在冬奥赛事组织上为职业选手提供了保障：六支最佳队伍（加拿大、美国、瑞典、俄罗斯、芬兰和捷克）直接晋级第二轮比赛。其他八支队伍需要进行首轮比拼，获胜的两支优胜队伍（白俄罗斯和哈萨克斯坦）进入第二轮，与六支晋级队伍再次进

行分组，每组四支队伍，决定四分之一决赛对阵情况。

自1920年安特卫普奥运会将冰球列为奥运会比赛项目以来，已经走过了78年。伟大的时刻终于到来，是北美选手获得冠军，还是欧洲名将夺得金牌，每位观众都拭目以待。1920—1952年，加拿大选手在前七届冬奥会中六次获得冰球冠军，仅在1936年被英国队领先。随后，苏联（以及独联体队）在1956—1992年共十届冬奥会上，八次获得冰球冠军。期间两次在美国举办的冬奥会（1960年斯阔谷和1980年普莱西德湖），由东道主美国队夺得最终胜利。但是这几届冬奥会，美国队和加拿大队最优秀的选手都因

1-0，捷克队在连续战胜各路强敌后，在决赛中打入唯一的进球战胜俄罗斯队，获得了冰球冠军

为职业选手的身份，无法踏入冬奥会赛场。这一次，他们终于等来了期盼已久的机会。

谁都不曾料到，最终征服了所有强队的竟是人口仅1000万的小国捷克。曾经的捷克斯洛伐克在冰球赛场上有过辉煌历史。自1993年1月1日解体后，捷克曾连续三次获得世界冰球锦标赛冠军，斯洛伐克也不甘示弱，于2002年加冕世界冠军。

长野冬奥会冰球比赛在大帽子体育馆和水翼竞技场进行。美国队表现平平，在第二轮比赛中位列第三，居于加拿大队和瑞典队之后，勉强跻身四分之一决赛，而他们的对手正是捷克队。捷克队在0-1落后的情况下，以4-1反胜。失利后的美国队员恼

羞成怒，破坏了捷克队员的三间公寓，造成了3000美元的损失。另一支加拿大"梦之队"的表现相对较好，但他们也未能攻下捷克队：在激烈的半决赛还剩10分钟时，捷克选手伊里·斯莱格得分，加拿大队的特雷弗·林登在比赛还剩63秒时将比分扳平。加时赛后双方仍打成平手，最后由点球大战决出胜负。捷克守门员多米尼克·哈谢克完成了5次精彩扑救，将捷克队送入决赛。还未从失望中调整过来的加拿大队在三四名决赛中以2-3不敌芬兰队，两支北美球队均无缘领奖台。

决赛由俄罗斯对战捷克，双方的门将分别做出了20次扑救，捷克队员彼得·斯沃博达打进全场唯一进球，帮助捷克队登上最高领奖台。这也是斯沃博达在所有比赛中的唯一进球。队员们成为捷克的英雄人物，回国之后，在布拉格老城受到了13万捷克球迷的热烈欢迎。

故事

地狱般的五天

加拿大选手罗斯·雷巴利亚蒂在夺得冠军后不久，即被驳回了金牌，随后历经了整整5天的等待，才重新拿回金牌。

雷巴利亚蒂险些就与冬奥会首枚单板滑雪金牌擦肩而过，整个事件令人无比懊恼和心烦。长野冬奥会首次将单板滑雪列为比赛项目，设U形场地技巧和大回转两个小项。在后续各届冬奥会中，以平行大回转替换了大回转。加拿大选手罗斯·雷巴利亚蒂获得了单板滑雪的首个冠军。雷巴利亚蒂于1971年7月14日出生

于不列颠哥伦比亚省的温哥华市，小时候他便练习过高山滑雪，从16岁起，开始主动接触单板滑雪运动。四年后，他就获得了加拿大锦标赛、欧洲锦标赛以及美国公开赛的单板滑雪回转项目冠军，正式进入职业赛场。

雷巴利亚蒂先是在塞斯特雷（1996年赛季）和惠斯勒（1996

新闻发布会上，雷巴利亚蒂举起了自己失而复得的金牌，大麻"二手烟"差点让他失去了冠军头衔

年和1997年赛季）获得回转项目冠军，而后在长野获得冬奥会首位单板滑雪冠军，无论是胆量还是经验，他都无可挑剔。在第一轮比拼中他排在第二名，仅落后同队选手贾西·杰伊·安德森半秒钟。在第二轮中，尽管有降雪和大雾，他仍发挥完美，领先意大利选手托马斯·普鲁杰尔0.02秒，领先瑞士选手乌里·凯斯藤霍尔茨0.12秒。与排名第七的奥地利选手马丁·弗雷纳德梅茨相比，罗斯·雷巴利亚蒂要可信赖得多。弗雷纳德梅茨曾在一家酒店举办庆祝活动时，因醉酒给酒店造成了4000美元的损失。

然而，在雷巴利亚蒂夺冠后三天，国际奥委会宣布要收回他的金牌。原因是他的药检结果显示四氢大麻酚（THC）呈阳性，这是一种存在于大麻枝叶内的物质。雷巴利亚蒂虽然成为冬奥会单板滑雪首冠，但也是继苏联越野滑雪女子选手加琳娜·库拉科娃（1976年因违规使用麻黄碱而被收回5公里比赛铜牌）之后，第二位因在冬奥会上使用药物而被收回奖牌的选手。他很快提起上诉，

坚称自己自1997年以来就没有吸食过大麻，并表示导致尿检阳性的原因是"二手烟"。他在出发前往长野之前，参加了朋友为他举办的送行会，活动上有人吸食大麻。总而言之，他认为大麻并不是能够增强体能的药物。

加拿大奥林匹克协会将此案提交至体育仲裁法庭，五天之后，法院作出了判决。虽然大麻被国际滑雪联合会列为违禁药品，但国际奥委会的违禁药物清单上并没有大麻。大麻只被列为"限制性"药物，而非违禁药物。最终，罗斯·雷巴利亚蒂被认定是清白的，他也重新拿回了奥运冠军头衔以及金牌。与此同时，关于将单板滑雪列为奥运会比赛项目的讨论又再次兴起：反对者认为，这是一个与青少年紧密相关的新兴项目，可以预见还会发生类似的不幸事件。单板滑雪的历史非常短，仅在长野冬奥会开始前一年，即1997年，第一届世锦赛才在意大利圣坎迪多举行。

人们对雷巴利亚蒂的冷静和忠诚赞许有加，他在压力之下的表现非常沉着，也不曾因为被指控而揭发朋友。长野冬奥会之后，雷巴利亚蒂继续出现在赛场之上，并在1999—2000年赛季结束后退役，先后进入房地产、媒体等行业，也曾进入政界。2013年，雷巴利亚蒂将错就错，创立了一家经销医用大麻的公司，向运动员推广大麻的治疗和娱乐功效。长野冬奥会后，四氢大麻酚被列入世界反兴奋剂机构禁用物质清单。由于并未禁止选手在非比赛期间吸食大麻，为了精准识别到只在比赛期间吸食大麻的选手，世界反兴奋剂机构于2013年规定选手检测样本的四氢大麻酚浓度应在15—150纳克/毫升。1998年，雷巴利亚蒂的检测结果为17.8纳克/毫升，仅略高于该标准的下限值，因而他可以继续以吸入了朋友的大麻"二手烟"为由辩解。

盐湖城

2002

第 19 届
XIX

第19届冬奥会
2002年盐湖城

SALT LAKE 2002

2002年盐湖城冬奥会会徽

概况

地点 盐湖城（美国）

开幕式 2002年2月8日

闭幕式 2002年2月24日

开幕式致辞人 乔治·沃克·布什（美国总统）

运动员宣誓代表 吉姆·谢亚（美国钢架雪车运动员）

裁判员宣誓代表 阿伦·丘奇（美国）

奥运圣火点火人 美国冰球队，1980年冬奥会冰球冠军

吉祥物 雪靴兔"雪"（Powder）、北美草原小狼"铜"（Copper）和美洲黑熊"碳"（Coal）

参赛国家和地区数量 78

参赛人数 2399（1513名男运动员和886名女运动员）

大项数量 7（雪车、雪橇、冰壶、冰球、滑冰、滑雪、冬季两项）

分项数量 15（雪车、钢架雪车、雪橇、冰壶、冰球、速度滑冰、短道速滑、花样滑冰、高山滑雪、越野滑雪、跳台滑雪、北欧两项、自由式滑雪、单板滑雪、冬季两项）

小项数量 78

2002年盐湖城冬奥会奖牌

摘要

1998年11月，早在盐湖城冬奥会开幕之前，就已曝出盐湖城行贿国际奥委会委员的丑闻。经过漫长的调查，盐湖城在申办冬奥会过程中共发出了130万美元的贿款，用以收买多位国际奥委会委员的选票。有数十人因此事件被解职。事后，奥运会主办城市的筛选制度进行了彻底的改革。

参赛的78个代表团中，有18个代表团获得金牌，创下新的纪录。其中克罗地亚、爱沙尼亚、澳大利亚和中国是首次夺金。

中国派出71名选手参加了短道速滑、花样滑冰、冬季两项、自由式滑雪等7个分项38个小项的比赛。

挪威选手奥利·埃纳尔·比约恩达伦夺得了冬季两项大项中全部四个小项的冠军。

盐湖城冬奥会是史上受兴奋剂事件影响最大的一届奥运会。三名越野滑雪运动员（分别来自西班牙和俄罗斯）、一名高山滑雪运动员（来自英国）和一名曲棍球运动员（来自白俄罗斯）的药检结果为阳性。与涉事选手相关的6个奖项共计10枚奖牌被收回，而后易主。

从商业角度看，盐湖城冬奥会取得了空前成功，营销收入超过20亿美元。

奖牌榜

排名	国家	金牌	银牌	铜牌	合计
1	挪威	13	5	7	25
2	德国	12	16	8	36
3	美国	10	13	11	34
4	加拿大	7	3	7	17
5	俄罗斯	5	4	4	13
6	法国	4	5	2	11
7	意大利	4	4	5	13
8	芬兰	4	2	1	7
9	荷兰	3	5	0	8
10	奥地利	3	4	10	17

概况

浮于丑闻之上的盛会

开幕式上，数名美国运动员平举一面在"9·11"恐怖袭击后遗留的美国国旗，所有的人都在缅怀逝者、期盼和平

事物的表面往往具有欺骗性，21世纪的首届冬奥会就是证明。现场观众和世界各地的电视观众亲眼所见的比赛结果，会在几天、几个月甚至几年之后因为各种原因而发生变化。例如，有目共睹的花样滑冰美俄大战。在该项目中，萨拉·休斯（美国）、伊琳娜·斯鲁茨卡娅（俄罗斯）以及关颖珊（美国）获得女子冠、亚、季军，阿列克谢·亚古金（俄罗斯）、叶夫根尼·普鲁申科（俄罗斯）以及蒂莫西·戈贝尔（美国）分获男子项目金、银、铜牌。冰上舞蹈项目中，法国组合玛丽娜·阿尼西纳和格温道尔·佩泽拉夺得最高荣誉。观众的"错觉"首先产生于花滑双人滑项目。中国选手申雪和赵宏博获得1枚铜牌，这也是他们的第一枚冬奥会奖牌。

不管是德尔塔中心球馆的现场观众，还是电视机前的观众，都认为相比于俄罗斯组合叶莲娜·别列日纳娅和安顿·西哈鲁利泽，加拿大选手加米·萨列和大卫·佩雷蒂埃的表现更胜一筹，九名裁判中，有四名认为加拿大组合理应夺冠，但其他五名裁判却给了俄罗斯组合更好的成绩。这是第一个错误。第二个错误则是人们以为排名第二的加拿大队会获得银牌，但事实却是加拿大组合在几天之后收到了该项目的金牌。在此期间，国际奥委会进行了一次调查，最终的裁决揭露了一场丑闻。在比赛结束后，加拿大队提出上诉，经过调查，法国裁判承认受其所在的法国滑冰协会主席授意，在比赛中帮助俄罗斯组合夺冠，从而换取俄罗斯裁判在冰上舞蹈项目中对法国组合的倾斜。事件发生四天后，这名裁判及法国滑冰协会主席被立即停职，国际奥委会执行委员会接受了国际滑冰联合会的建议，为维护体育公平，将加拿大组合的银牌改为金牌。

在举行越野滑雪比赛的士兵谷雪场上，也出现了错觉。西班牙选手约翰·穆莱格，原先是德国人，后因故加入了西班牙籍。在越野滑雪项目上，他率先获得了30公里自由式冠军，而后又获得追逐赛和50公里传统式冠军。但在其参加的最后一场比赛结束后不久，他就因使用违禁药品而被取消成绩。经过漫长的司法程序，体育仲裁法庭于2003年12月宣布收回其全部金牌。因同样问题而被撤销奖牌和成绩的还有俄罗斯选手奥尔加·达尼洛娃和拉里萨·拉祖蒂娜。达尼洛娃失去了追逐赛金牌和10公里传统式滑雪银牌，拉祖蒂娜则痛失金（30公里）银（15公里）铜（10公里传统式）奖牌各1枚。观众们曾经见证了这三位选手的表现，但在奖牌榜上却再也看不到他们的名字。

相反，爱沙尼亚选手安德鲁斯·维尔帕鲁的名字却赫然出现，他在15公里集体出发项目中为爱沙尼亚获得了第1枚冬奥会金牌。德国、意大利、挪威、俄罗斯、奥地利和加拿大选手在越野滑雪项目上均有奖牌收获，挪威选手托马斯·阿尔斯加德和弗洛德·埃斯蒂尔并列获得男子10公里追逐赛的金牌，他们也共同代表挪威参加接力赛并获得金牌。在追逐赛中，

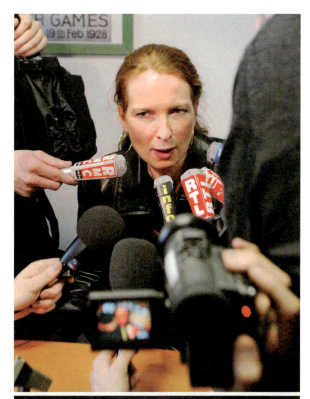

盐湖城冬奥会结束后，在巴黎举行的新闻发布会上，法国花样滑冰裁判玛丽再次声称自己"无罪"

玛丽的评分被宣布无效后，同时又找不出俄罗斯选手参与了操控比赛的证据，于是加拿大和俄罗斯选手在比赛结束6天后重新搞了一次颁奖仪式，四人一起站上了冠军领奖台

他们用时完全相同，似乎谁都不想击败对方，最终他们负于约翰·穆莱格，并列亚军。约翰·穆莱格因使用违禁药品被收回金牌后，两位挪威选手成为并列冠军。

英国高山滑雪选手阿兰·巴克斯特在回转项目中获得第三名，但随后也因药检阳性而被没收了奖牌。在雪盆滑雪场（滑降和超级大回转项目举办场地）、鹿谷滑雪场（回转项目举办场地）和帕克城滑雪场（大回转项目举办场地）的赛道上，克罗地亚女将的表现受到人们的关注。加尼卡·科斯泰里奇没有参加滑降项目的角逐，但在其他四项比赛中获得了4枚奖牌，包括3枚金牌（两项全能、大回转和回转）

综
述

加拿大男子冰球队（上）和
女子冰球队（下）夺冠后在
赛场上合影。他们的决赛
对手恰好都是美国队

和1枚银牌（超级大回转）。冬奥会历史上还未曾有任何一名高山滑雪女选手能获得如此耀眼的成绩。男子项目上，挪威选手谢蒂尔·安德烈·奥莫特获得了全能和超级大回转项目的双料冠军，他在冬奥会上一共获得7枚奖牌，其中包括3枚金牌。

花样滑冰裁判舞弊、兴奋剂事件等问题频发，盐湖城冬奥会似乎在为原罪付出代价。在比赛开始前，第一桩丑闻就已浮出水面。早在1998年11月就有当地记者爆料，盐湖城冬奥申委副主席戴夫·约翰逊为国际奥委会委员的女儿索尼娅·埃松巴开出了一张超过10000美元的支票，用于支付她在美国一所大学的学费。这还仅是一个开端。爆料接踵而来，盐湖城冬奥申委曾向多位国际奥委会委员行贿，金额累计达到130万美元，行贿形式包括为他们的子女提供美国大学奖学金、诊所理疗、费用全免的滑雪旅行、美国职业橄榄球大联盟年度总决赛"超级碗"门票以及现金。行贿目的自然是为盐湖城申办2002年冬奥会获得更多支持。

四名国际奥委会委员因此事件辞职，包括利比亚人巴希尔·阿塔拉布尔斯、芬兰人皮尔约·哈格曼、肯尼亚人查尔斯·穆克拉和斯威士人大卫·西班泽。另外六名成员被免职，分别是厄瓜多尔人奥古斯丁·阿罗约、苏丹人蔡恩·埃尔-阿卜丁·卡迪尔、刚果人让-克劳德-甘加、马里人拉明·凯塔、智利人塞尔吉奥·桑坦德·范蒂尼和萨摩亚人塞乌利·保罗·沃尔沃克。丑闻爆出之后，奥运会举办地的筛选制度进行了彻底的改革。冬奥组委也被迫进行了大清洗：商人出身的米特·鲁尼接任主席一职，成功扭转了冬奥组委的财务状况和形象。米特·鲁尼也是美国共和党提名的总统候选人，曾在2012年大选中挑战民主党候选人奥巴马。

但正如人们所见，在一片热情洋溢之下，阴暗龌龊和精彩纷呈同时充斥着盐湖城冬奥会。比赛期间，天气状况始终良好，每场比赛的组织工作都以其专业和高效而受到好评。主场作战的美国队打破了奖牌纪录，让观众们倍感兴奋。在盐湖城，美国队共获得34枚奖牌，其中包括10枚金牌。美国队原本有机会在冰球赛场获得当年的第11枚冬奥会金牌，以往每届在美国举行的冬奥会（1960年斯阔谷和1980年普莱西德湖）上，美国冰球队都保持了主场不败的战绩。但加拿大队自1952年以来就再没有在冬奥会赛场上斩获过金牌，这一次，他们以5-2打碎了美国队的金牌梦。在女子冰球赛场上，加拿大队也以3-2战胜了美国队。白俄罗斯选手瓦西里·潘科夫在赛后也承认自己曾使用过违禁药物，但由于白俄罗斯在三四名决赛中不敌俄罗斯，因此潘科夫的违禁行为并未影响奖牌变化。

令人欣喜的是，中国短道速滑选手杨扬的努力终于得到了回报。在盐湖城冰上中心，中国短道速滑队获得了7枚奖牌，超越获得5枚奖牌的加拿大队，位列该项目奖牌榜第一。李佳军在男子1500米项目中获得银牌，并代表中国队出战接力赛，获得1枚铜牌。由杨扬、杨阳、孙丹丹和王春露组成的女队获得接力赛银牌。个人项目中，王春露和杨阳分别获得500米和1000米的铜牌，杨扬包揽了这两个小项的

1000米决赛共有五名选手
参赛，在最后一圈布拉德贝
里还落后第四名差不多六七
米远的距离，但就在最后一
个弯道前四名选手因为发生
碰撞全部摔倒，布拉德贝里
幸运地第一个冲过了终点线

金牌，她是中国首位冬奥会冠军，中国媒体将她在500米决赛的获胜称之为"零的突破"，同时，她也是短道速滑个人项目首位在同一届冬奥会获得2枚金牌的女选手。杨扬在1998年长野冬奥会上夺得接力赛银牌，之后在2006年都灵冬奥会上获得1000米铜牌，总计获得5枚冬奥会奖牌。

短道速滑男子1000米的冠军得主是来自澳大利亚的斯蒂文·布拉德贝里，他的夺冠之路可谓幸运之神常伴。在预赛中，他在起跑阶段多次出现失误，但与他同组的选手水平均相对较弱。在四分之一决赛中，他获得了第三名。但随后，获得第一的加拿大选手马克·加尼翁被判犯规取消了比赛资格，布拉德贝里得以晋级半决赛。加尼翁也是该项目的夺冠热门。在半决赛中，由于三名对手先后摔倒（其中两名在最后一个弯道处摔倒），布拉德贝里排在第二名。在决赛中，他的四位对手都在滑出关键弯道时摔倒，排在末尾的布拉德贝里是唯一一位顺利完赛的选手，获得了金牌。他为自己的国家赢得了首枚冬奥会金牌，但颁奖时现场一片嘘声，观众甚至希望重新进行决赛，这无疑让布拉德贝里感到一丝尴尬。但澳大利亚选手很快就将第二枚金牌收入囊中：在自由式滑雪中，夺冠热门雅基·库珀在开幕前几天负伤，艾丽萨·坎普林不负众望，获得女子空中技巧冠军。这一次，观众席上再无嘘声，只有掌声。

芬兰选手桑帕·拉尤宁在北欧两项比赛中取得的成绩也令人惊叹和兴奋。在盐湖城冬奥会开幕前以及结束之后，拉尤宁多次在国际大赛中获得荣誉。在盐湖城冬奥会上，他赢得了个人赛、接力赛以及大跳台短距离项目金牌，也就是说，他参加的三个项目均获得了最高荣誉。在冬季两项角逐中，奥利·埃纳尔·比约恩达伦在短距离、追逐赛、20公里个人赛和接力赛中四战四胜。比约恩达伦是史上最优秀的冬季两项选手，盐湖城冬奥会是其职业生涯的巅峰。跳台滑雪项目上，瑞士选手西蒙·安曼虽然名不见经传，但临场发挥着实让人惊喜。安曼此前从未在世界大赛中夺冠，但这一次，安曼的标准台成绩（K90）领先所有夺冠热门选手。是他的运气好吗？四天后的大跳台（K120）比赛上，安曼的每一轮成绩均排在第一位，同时也成为该项目的双料冠军。其他项目的赛场也是惊喜频现，例如：挪威队和英国队分别取得了冰壶比赛的男子、女子冠军。但相对而言，他们的胜利并未引起较大轰动。

在1928年和1948年两届冬奥会上短暂出现的钢架雪车项目再次回归，美国观众也因此经历了两大共情时刻。在女子组比赛中，新人特里斯坦·盖尔刚刚参加首次世界杯比赛，最好成绩仅为第八名，但却在冬奥会赛场上一鸣惊人，一举夺冠。吉姆·谢亚获得男子组冠军。谢亚来自体育世家：他的父亲詹姆斯参加了1964年因斯布鲁克冬奥会越野滑雪和北欧两项的比赛，他的祖父杰克在70年前，即在1932年普莱西德湖冬奥会上获得了速度滑冰（500米和1500米）的冠军。2002年1月24日，92岁高龄的杰克·谢亚因车祸去世，未能看到两周后孙子吉姆·谢亚在开幕式上作为运动员代表宣誓，也没能看到他登上冬奥会最高领奖台。

吉姆·谢亚在夺冠后激动地举起双手，在他右手里拿着的是祖父杰克·谢亚的照片

美国选手在冰上项目的表现令他们自己都倍感惊讶。犹他奥林匹克椭圆形体育馆的海拔为1425米，被誉为世界上最高的冰场。在这里举办了全部10个速滑项目的比赛，美国与德国、荷兰两个历史悠久的速滑强国同场竞技，共获得8枚奖牌。在雪车项目中，美国两个四人雪车组合分获银牌和铜牌，德国组合依然稳坐冠军位。女子双人雪车比赛中，美国队依靠舵手吉尔·巴肯和推手沃内塔·弗劳尔斯的出色发挥，领先两对德国组合，赢得了历史上首个女子雪车冠军。沃内塔·弗劳尔斯也成为第一位在冬奥会上获得金牌的黑人运动员。

雪橇老将乔治·哈克尔迎来了自己的最后一届冬奥会。哈克尔在1988年卡尔加里冬奥会上曾获得银牌，随后在1992年阿尔贝维尔冬奥会、1994年利勒哈默尔冬奥会和1998年长野冬奥会上均斩获金牌。在盐湖城，哈克尔获得第二名，仅次于意大利选手阿尔明·佐杰勒，成为首位连续五届冬奥会均有奖牌收获的运动员。以忠诚写就的美丽而真实的故事经久流传。

综述

综　述

杨扬是第一位站在冬奥会冠
军领奖台上的中国运动员

中国人的第一枚冬奥会金牌

2002年2月16日，杨扬在盐湖城冬奥会短道速滑女子500米决赛中获得冠军。这是中国体育史上第一枚冬奥会金牌。几天后，她在1000米项目中又夺得金牌，成为第一位在单届奥运会上获得两枚个人金牌的短道速滑运动员。

杨扬，1975年出生于中国东北部的黑龙江省，这里素有冰雪之乡的美名。她从小就被家里人称为"冰心"，似乎注定要成为一名滑冰运动员。8岁那年，家乡的一位业余体校老师发现了她在冰雪运动方面的天赋，从此开启了她一生的冰上之旅。

杨扬在1998年的长野冬奥会上迎来了自己的奥运会首秀。作为一名天赋异禀又异常勤奋的运动员，她对自己在赛道上的表现有着很高的期望。然而，在1998年冬奥会期间，她获得的唯一一枚奖牌是3000米接力银牌。这个结果对杨扬来说非常糟糕，因为她在训练场上度过了自己几乎所有的时间，目标就是获得金牌。杨扬甚至考虑过就此退出这项运动，但她最终还是重拾信心，继续自己的滑冰之旅。

长野冬奥会的记忆对杨扬来说十分痛苦，但她从那次经历中找到了一线希望。随后，她在技术和力量方面的进步连自己都感到惊讶。她开始对全新的自己有了新的期待，希望在下一届奥运会上能有更好的表现，也从未降低对自己的要求。在接下来的奥运周期，杨扬在盐湖城奥运会的备战途中横扫世锦赛和世界杯赛场，几乎拿下了所有个人项目的金牌。

然而，2001年纽约的"9·11"恐怖袭击事件震惊全世界，也给即将到来的盐湖城冬奥会蒙上了一层阴影，杨扬的奥运梦突然变得缥缈不定。如此悲惨的事件让杨扬和她的队友感到震惊，同时也让他们担忧起前往美国参加奥运会是否安全。正是杨扬勇夺

奥运金牌的决心，让她最终走出了恐怖主义的阴影。队伍如期抵达盐湖城，杨扬再次为自己的奥运梦而奋斗。

2002年冬奥会如期举行，但杨扬在奥运舞台上却迟迟找不到最佳状态，她在自己最喜欢的1500米比赛中甚至没能登上领奖台。杨扬在1500米决赛中排名第四，这对她来说是又一次重大的打击。但她没有让自己就此沉沦，杨扬迅速调整好状态，迎接接下来的500米决赛，她相信，要想摆脱厄运，唯一的办法就是永远不要放弃新的机会。

她终于做到了！随着杨扬冲过终点线，中国冬奥会的历史也谱写了新的篇章。杨扬赢得了中国体育史上第一枚冬奥会金牌：盐湖城的女子500米决赛冠军。喜讯到这里还没有结束，她在女子1000米决赛中继续创造历史，再次夺得金牌，也成为第一位在同一届奥运会上获得两枚个人金牌的短道速滑运动员。

杨扬的梦想成真了，这个梦想是通过汗水、泪水、恐惧，还有最重要的毅力和勇气实现的。杨扬在整个运动员生涯中，共在34个比赛中获得了59枚世界冠军奖牌。

杨扬于2006年退役，她随后分别工作于国际奥委会（IOC）、世界反兴奋剂机构（WADA）和北京冬奥组委，这进一步巩固了她与冰雪运动之间的联系。退役后，她很快加入了国际奥委会妇女与体育工作委员会，并于2010年被提名为国际奥委会委员。受到中东一些国家首次派女运动员参加多哈亚运会的启发，杨扬致力

于改善女性在体育运动中的地位和机会。

在2019年当选世界反兴奋剂机构副主席后，杨扬致力于保护运动的纯洁性。她曾多次强调世界反兴奋剂机构在预防、教育和保护运动员方面的作用。

杨扬也非常关注退役运动员的福利。2011年，她创立了冠军基金会，为退役运动员提供职业培训机会和支持，该基金会还在学校和社区促进青少年体育活动，并在上海赞助了一所滑冰学院。作为现任北京冬奥组委运动员委员会主席，杨扬为让更多人体验和爱上冰雪运动及其他运动而不懈努力着。

"2022年北京冬奥会组委非常重视运动员委员会，他们给我们安排了具体任务，这对我们来说是一个巨大的认可。冬奥会以运动员为中心，因此需要了解运动员的需求。从赛事组织方到运营方，应该从各个方面考虑运动员的意见。"杨扬说道："2020年初，突如其来的新冠肺炎疫情大流行让许多体育赛事和活动被迫终止。在过去的一个赛季里，一些冬季体育赛事已经逐渐恢复。看到大多数运动员都保持着非常好的状态，仍然充满了激情，这让我非常惊讶。我相信他们一定克服了很多困难。我真的为他们感到骄傲。"

比约恩达伦的"全满贯"

挪威选手比约恩达伦在盐湖城的发挥不可思议，他包揽了冬季两项全部四个小项的金牌。当然，他还创造了其他骄人战绩。

故事

1974年1月27日，比约恩达伦出生于挪威斯莫斯特兰达。1994年利勒哈默尔冬奥会，年仅20岁的奥利·埃纳尔·比约恩达伦代表挪威队参加了冬季两项接力赛，仅获第七名，淹没在强手如林的冬奥赛场，无人发现他的才华。

1998年长野冬奥会，比约恩达伦锋芒渐露。他先在接力赛中获得亚军，接着获得个人10公里项目冠军。三场比赛，2枚奖牌，一个冠军，他的夺牌之旅一旦开启，就从未停下。

让我们先跳过2002年盐湖城冬奥会的"比约恩达伦时刻"，2006年在都灵冬奥会，比约恩达伦又将2枚银牌（个人项目及追逐赛）和1枚集体出发铜牌收入囊中。2010年温哥华冬奥会，他斩获了个人项目的银牌和接力赛金牌。2014年索契冬奥会是他职业生涯中最后一届冬奥会，他以获得10公里和混合接力两个项目的金牌圆满收官。此时，比约恩达伦刚刚度过自己的40岁生日，索契是他参加的第六届奥运会，也是他连续五届在冬奥会夺得奖牌。

比约恩达伦在其他世界大赛上同样表现不俗。在他的职业生涯中，共计获得45枚世锦赛奖牌（包括20枚金牌）；他曾六次登上世界杯总积分榜榜首，获得19个分站赛事冠军。不过，盐湖城冬奥会才是他职业生涯的巅峰。当年，比约恩达伦参加了冬季两项的全部四个小项，他甚至还参加了越野滑雪30公里的比赛，并获得第五名。由于比约恩达伦是那届冬奥会领奖台上的常客，这个成绩确实未能引起人们的关注。

比约恩达伦首先参加了20公里项目，领先第二名德国选手弗兰克·卢克36秒轻松夺冠。自从同年的世界杯赛季开始后，他在20公里项目上未能有新的突破。但这影响不大，已经获得1枚金牌的比约恩达伦开始进攻下一个目标：10公里。在第一圈结束时，他仅排在第四位，进入后半段赛程后，他迅速追赶，并以领先29秒的明显优势战胜了德国选手斯文·菲舍尔。最终他以无懈可击的射击以及最佳滑雪成绩获得金牌。

挪威选手比约恩达伦在本届
奥运会冬季两项4夺金牌，
成为迄今为止此项目唯一有
此成就的选手

在10公里项目上的胜利让比约恩达伦在三天后举行的追逐赛中占据有利位置。但他并不满足于此。伴随着比赛推进，他在终点附近将自己与第二名的差距扩大至43秒，再次以压倒性优势夺冠。在三场比赛中获得3枚金牌，比约恩达伦无疑创造了历史，此前还未曾有任何选手获得如此成绩。

比约恩达伦有很多绰号，比如"冬季两项之王""奥利王"等，还有一个绰号"食人族"是后来才有的，结合他在盐湖城的表现，倒也十分贴切。三金到手，比约恩达伦意犹未尽，在接力赛中，他完美地完成了最后一棒的任务，再添1枚金牌。挪威队的其他几位队员是哈尔瓦德·哈内沃尔德、弗罗德·安德烈森和埃吉尔·格杰兰德，他们在比赛中出现了多次脱靶、摔倒等失误，甚至还折断了滑雪杖。尽管如此，他们还是战胜了德国和法国，获得了冠军。获得了"全满贯"的比约恩达伦毫无疑问是盐湖城冬奥会最成功的运动员。

历经坎坷的科斯泰里奇

在盐湖城，克罗地亚选手加尼卡·科斯泰里奇共夺得4枚奖牌，其中包括3枚金牌，创造了高山滑雪项目上单人单届冬奥会金牌数和奖牌数新纪录。

在职业生涯中，加尼卡·科斯泰里奇一直被伤病困扰。除了在训练中积累的伤病外，还有时常复发的甲状腺疾病和心律问题。1999年底，她的右膝关节韧带断裂。2001年初，左膝半月板做了两次外科手术。仅2003年，她的右膝就经历了四次手术，2004年，她先是接受了甲状腺手术，而后接受了第五次右膝手术。2005年，在意大利博尔米奥举行的世锦赛上，她因感染流感从大回转项目中退赛。2006年都灵奥运会，她因为心率过速遗憾错过滑降和大回转项目的比赛。在都灵冬奥会结束几周后，已厌倦了反复伤

科斯泰里奇在完成比赛后兴奋地把雪杖举过头顶，摆出"牛角"造型

故事

病的科斯泰里奇在瑞典阿雷迎来了职业生涯的最后几场比赛。那时她年仅24岁。

事实上，科斯泰里奇的遭遇要比上述更加曲折。2000年，原本身量纤纤的加尼卡·科斯泰里奇在一个夏天中增重了17公斤，她的父亲安特·科斯泰里奇解释说，"奶奶做的饼干"使她突然体重暴增，但有专家认为她可能使用了激素疗法。然而，选手在休赛期并不受反违禁药物管制，所以这些疑点如今已无法证实。但无论如何，健康问题并没有妨碍她在2001年、2003年和2006年三次夺得世界杯冠军，并在2003—2005年五次获得世锦赛冠军。

科斯泰里奇健康问题的根源，或许是她的父亲过早地让她进行了超量训练。3岁的科斯泰里奇就学会了滑雪，9岁起开始辗转

于欧洲各地参加青年比赛。她的父亲安特·科斯泰里奇曾是南斯拉夫B级滑雪队的成员，因而他的两个孩子——加尼卡和弟弟伊维察在童年时都接受了魔鬼般的训练。伊维察曾四次获得奥运会银牌。在训练中，父亲竟让他们多次从10米的高空跳入亚里亚海，以让他们适应极端的天气。13岁时，科斯泰里奇获得了国际奥委会颁发的"希望青年"奥运奖学金，和成年组一起参与练习。16岁时，她首次参加世界杯，几周后科斯泰里奇前往长野，参加人生中的第一次冬奥会。她的最好成绩是全能第八名。

四年后，来到盐湖城冬奥会的科斯泰里奇已经成年，她对胜利的渴望，她那不可思议的平衡感，刻苦训练赋予她如同本能一般的高超技术，以及她在赛道上对每个细节瞬间的把控，这些都没有变，甚至随着时间的推移而愈发精进。相比四年之前，她也积累了更多的大赛经验，已经没有什么能够阻挡她冲向成功了。2月14日举行的全能赛改变了项目顺序，由往常的先进行滑降比赛改为先进行回转比赛，即便如此，科斯泰里奇也未受到任何影响。在回转比赛中，她以一秒的优势领先德国选手玛蒂娜·埃特尔，这个差距让她在滑降比赛排在第三名的情况下，总成绩依然位居第一名。在滑降比拼中，奥地利选手雷纳特·戈茨尔和米夏埃拉·多夫迈斯特两位名将分别位列第一和第二。最终，科斯泰里奇为克罗地亚赢得了首枚冬奥会金牌。

三天后，她在超级大回转项目中以0.05秒之差负于意大利选手丹尼埃拉·塞卡雷利，而她此前在该小项中始终未有惊艳表现。2月20日，在她最擅长的回转项目中，她在两轮比赛中均获得最佳成绩，将第二枚金牌牢牢握在手中。2月22日，她在大回转的两轮比赛中同样稳获第一，获得第三枚金牌，成为第一位在同一届冬奥会上连夺三金的高山滑雪女选手。

2006

都灵

第 20 届
XX

概况

第20届冬奥会
2006年都灵

地点 都灵（意大利）

开幕式 2006年2月10日

闭幕式 2006年2月26日

开幕式致辞人 卡洛·阿泽利奥·钱皮（意大利总统）

运动员宣誓代表 乔治·洛卡（意大利高山滑雪运动员）

裁判员宣誓代表 法比奥·比安凯蒂（意大利）

奥运圣火点火人 斯特凡尼娅·贝尔蒙多（意大利越野滑雪运动员）

吉祥物 内韦（雪球）和格利兹（冰块）

参赛国家和地区数量 80

参赛人数 2508（1548名男运动员和960名女运动员）

大项数量 7（雪车、雪橇、冰壶、冰球、滑冰、滑雪、冬季两项）

分项数量 15（雪车、钢架雪车、雪橇、冰壶、冰球、速度滑冰、短道速滑、花样滑冰、越野滑雪、跳台滑雪、北欧两项、高山滑雪、自由式滑雪、单板滑雪、冬季两项）

小项数量 84

2006年都灵冬奥会会徽

2006年都灵冬奥会奖牌

摘要

都灵冬奥会是意大利继1956年科蒂纳丹佩佐冬奥会和1960年罗马奥运会之后第三次举办奥运会。都灵拥有90万人口，是规模最大的冬奥会举办城市。此前，该纪录由1988年冬奥会举办地加拿大卡尔加里保持，卡尔加里人口总数为60万人。

共有三位运动员在都灵获得3枚金牌，分别是：韩国短道速滑选手安贤洙（在加入俄罗斯籍后更名为维克多·安）、陈善有和德国冬季两项选手米夏埃尔·格雷斯。安贤洙还获得1枚铜牌。获得奖牌数最多的选手是来自加拿大的辛迪·克拉森，她共获得了5枚奖牌，其中包括1枚金牌。

都灵冬奥会共进行了1219例兴奋剂测试，创下冬奥会之最。

奥地利冬季两项和越野滑雪选手曝出兴奋剂丑闻，应国际奥委会要求，意大利警方在奥地利选手下榻的私人寓所发现了输血设备。2007年4月，国际奥委会宣布，对涉及该事件的14人（其中6名运动员）处以终身禁赛惩罚。

冬奥赛事在全球近200个国家进行转播，蒙古国和阿塞拜疆首次进行冬奥会电视直播。

互联网上的冬奥热度大增：官方网站torino2006.org记录了近7亿次页面浏览量，而国际奥委会官网olympic.org的浏览量也超过了3200万次。

奖牌榜

排名	国家	金牌	银牌	铜牌	合计
1	德国	11	12	6	29
2	美国	9	9	7	25
3	奥地利	9	7	7	23
4	俄罗斯	8	6	8	22
5	加拿大	7	10	7	24
6	瑞典	7	2	5	14
7	韩国	6	3	2	11
8	瑞士	5	4	5	14
9	意大利	5	0	6	11
10	法国	3	2	4	9
	荷兰	3	2	4	9

概况

是返璞归真还是过于平静？

韩国与朝鲜运动员共举
"半岛旗"进入开幕式现场

2006年2月14日适逢西方情人节，首次成为冬奥会比赛项目的越野滑雪女子团体竞速赛在普拉格拉托－普兰体育场拉开帷幕。瑞典组合安娜·奥尔松和丽娜·安德松拔得头筹，加拿大队选手萨拉·伦纳在比赛中折断了滑雪杖，最终加拿大队艰难守住了1枚银牌。当时，挪威队的总教练正在赛道旁边，他将本队选手备用的滑雪杖递给了萨拉·伦纳，虽然那根滑雪杖对她来说长了十几厘米，但也能起到作用。最终，盐湖城冬奥会的卫冕冠军萨拉·伦纳和贝齐·斯科特获得了银牌，芬兰队获得铜牌。挪威队以16分48秒1的成绩位居第四，仅落后加拿大队10秒6，无缘领奖台。如果挪威队的主帅不曾挺身而出捍卫"公平竞争"，领奖台上想必会有挪威队的位置。

2006年2月，奥林匹克的和谐之风吹遍都灵。朝鲜和韩国效仿2000年悉尼奥运会和2004年雅典奥运会的形式，在开幕式上共同入场，这也是朝韩两国首次共同在"半岛旗"下亮相冬奥会。美国速滑选手乔伊·齐克在获得500米项目金牌后，将美国奥委会颁发的2.5万美元奖金全部捐给了慈善机构，此举同样让人倍感温馨。

不过，都灵冬奥会呈现出一个矛盾现象：一方面，冬奥会在整体轻松缓和的氛围中顺利举行，这种氛围在过去很长一段时间都未曾出现，这也是奥林匹克精神所倡导和追求的；另一方面，尽管组委会喊出了响亮的口号——"激情在这里燃烧"，但这届冬奥会似乎缺少了一些激情。口号本身是为了激发人们对冬奥的热情，但毫无疑问只停留在了口号上，早在都灵被选为冬奥会举办城市的时候，人们的激情也远未被点燃。都灵对于申办成功的期待值并不高，当时仅有一个私人电视频道直播了投票过程，而且市议会也没有提前策划任何庆祝活动，当地居民似乎也对申办成功无动于衷。相比于他们并不热衷的冬季体育项目，他们更关心地区内的经济发展和工业衰退。

相应地，都灵冬奥会的大众关注程度也十分有限。诚然，比赛期间共有90万观众观看了比赛，但门票的出售率仅为81％，创下了1992年以来最低的门票出售率，而四年前盐湖城冬奥会的门票出售率则高达95％。部分比赛，例如冰球预赛的上座率严重偏低。较为分散的比赛场地也让运动员们苦不堪言。花样滑冰和冰球等项目在市中心举行，所有的颁奖典礼在颁奖广场举行，而滑雪比赛的场地距离颁奖广场超过100公里。运动员及其代表团成员下榻在三座不同的奥运村。最大的一座位于都灵，能够容纳2600人，冰上项目（滑冰、冰球）的选手下榻于此。参加高山滑雪和北欧两项的选手被安置在可容纳1800人的塞斯特列雷奥运村。第三座奥运村可容纳750人，位于巴多尼奇亚，所有在巴多尼奇亚滑雪场（单板滑雪比赛场地）、索兹杜尔克斯滑雪场（自由式滑雪场地）以及塞萨纳－帕里奥体育馆（雪车、雪橇和钢架雪车比赛场地）参加比赛的选手均入住于此。由于住地分散在三处，选手之间交流不便，也很难营造盛会的氛围。

但联合国环境规划署却对组织委员会的工作表示了赞赏。执行主任克劳斯·托普弗表示："组委会将花样滑冰、冰球等几项重点赛事安排在市中心场馆举行，并在附近为选手和媒体提供住宿，这样确保了相关建筑和设施在奥运之后可以用于其他体育、娱乐活动和住宿安排。"同时我们也应该认识到，从整体上看，都灵冬奥会依然是一届成功的冬奥会。

奖牌分布非常广泛，共有26个国家获得奖牌，且奖牌榜的情况也颇令人惊讶。往届冬奥会的奖牌榜总是由一到两个传统强国领衔，以压倒性优势超越其他国家，但这一次，排在第一梯队的至少有五个国家，且彼此之间差距非常小：德国以29枚奖牌排在第一位，美国和加拿大分别以25枚和24枚分居第二位和第三位，奥地利和俄罗斯以23枚和22枚排在第四位和第五位。个人奖牌榜也是如此，只有3名选手夺得了3枚金牌，与往届相比人数少了很多。德国选手米夏埃尔·格雷斯获得了冬季两项的3枚金牌，韩国选手安贤洙和陈善有在短道速滑个人项目中分别获得2枚金牌，同时代表韩国队获得接力赛金牌。

综
述

王濛在夺取短道速滑500米
冠军后高举国旗绕场庆祝

中国队也是短道速滑项目的大赢家。王濛获得了500米金牌、1000米银牌和1500米铜牌；杨扬在女子1000米项目上再获1枚铜牌，这也是她个人的第5枚冬奥会奖牌；李佳军获得男子1500米铜牌。

在中国队的全部11枚奖牌中，有5枚来自短道速滑赛场。这一次，亚洲与北美的较量以亚洲选手的完胜收场，除了美国选手阿波罗·奥诺获得男子500米项目冠军外，其他所有项目的金牌均被中国或韩国选手收入囊中，两国选手一共获得了全部24枚奖牌中的15枚。阿波罗在赢得胜利之后，首先拥抱的是中国籍主教练李琰。李琰曾在美国执教三年，并以美国队主教练身份来到都灵。都灵冬

**德国速滑选手克劳迪娅夺得
5000米比赛的银牌**

奥会之后，李琰应邀回国执教。四年后，中国短道速滑队在温哥华包揽了女子项目的全部4枚金牌。

在都灵奥沃尔·林格托体育馆举行的速滑比赛中，中国选手王曼丽和任慧不敌俄罗斯选手斯韦特兰娜·茹洛娃，分别获得女子500米的银牌和铜牌。加拿大选手辛迪·克拉森是速滑项目的最大赢家，共获得了5枚奖牌，成为都灵冬奥会上获得奖牌最多的选手。她首先在3000米中获得铜牌，而后在团体追逐赛和1000米项目中获得银牌，紧接着，她斩获1500米金牌，最后又在5000米中获得铜牌。在同一项目上，德国女将克劳迪娅·佩希施泰因书写了另一个惊心动魄的故事：她首先获得了团体追逐赛金牌，之后又获得了5000米项目银牌，至此，她已经获得了9枚冬奥会奖牌（其中包括5枚金牌）。第1枚奖牌来自1992年阿尔贝维尔冬奥会，之后，她在连续三届冬奥会（1994年利勒哈默尔冬奥会、1998年长野冬奥会以及2002年盐湖城冬奥会）上均有2枚奖牌的收获。都灵之后，这位德国女将又先后参加了2014年索契冬奥会和2018年平昌冬奥会，并在平昌冬奥会后结束了她的职业生涯。但在她参加的最后两届冬奥会上，她未能再次夺得奖牌。毕竟在2018年的平昌冬奥会上，她已经46岁了。

都灵冬奥会是挪威高山滑雪名将谢蒂尔·安德烈·奥莫特参加的最后一届冬奥会。他曾于1992年阿尔贝维尔冬奥会和2002年盐湖城冬奥会上获得超级大回转项目金牌，并在都灵获得了该项目的第3枚金牌。他是冬奥史上高山滑雪项目中获得金牌（4枚）和奖牌（8枚）最多的人。在都灵夺冠时，奥莫特已经35岁，因而他也是该项目最年长的奥运冠军。克罗地亚选手加尼卡·科斯泰里奇尽管年仅24岁，但都灵冬奥会却是她的职业竞技生涯的终点。她在都灵获得了个人第4枚全能金牌，并在超级大回转中获得1枚银牌，这也是她的第6枚奥运奖牌。与上述传奇人物的经历相比，高山滑雪男子大回转

综
述

中国花滑选手张丹在尝试抛四周跳失败后摔倒，搭档张昊迅速赶上去查看队友伤情

和回转项目、女子滑降和超级大回转项目的金牌得主、奥地利选手本杰明·莱希和米夏埃拉·多夫迈斯特的夺冠故事听上去更像一桩轶事。

奥地利选手在高山滑雪项目上占据主导，获得了全部30枚奖牌中的14枚。但奥地利代表团却必须为都灵冬奥会最大的兴奋剂丑闻负责。应国际奥委会的要求，意大利警察突击检查了奥地利越野滑雪队和冬季两项队选手的私人住所，这是奥运会历史上第一次反兴奋剂突击检查。警察们查获了输血的设备，并发现奥地利越野滑雪和冬季两项项目主管瓦尔特·迈耶曾在此逗留，迈耶因涉及盐湖城冬奥会的兴奋剂案件，被禁赛至2010年。都灵检察院随即指控迈耶违反意大利反兴奋剂法，"推广使用违禁产品和物质"。相关调查在2007年4月结束，国际奥委会对包括两名冬季两项选手、四名越野滑雪运动员、六名其他项目运动员和若干领队人员处以终身禁赛惩罚，涉事选手均未取得任何奖牌。无论选手们在都灵冬奥会上获得了何等荣誉，也无论他们的品德是如何高尚，这桩兴奋剂丑闻都对越野滑雪项目造成了影响。发生在冬季两项项目中的事件则有过之而无不及，俄罗斯选手奥尔加·佩列娃本已获得了15公里个人项目银牌，但后因卡非多（一种兴奋剂）检测呈阳性而被取消了比赛资格。

在花样滑冰的赛场上，中国选手张丹和张昊获得双人滑亚军，申雪和赵宏博获得季军，曾两次获得世锦赛冠军、四次获得欧锦赛冠军的俄罗斯组合塔季扬娜·托特米扬尼娜和马克西姆·马里宁获得金牌。俄罗斯组合也阻截了中国队包揽前三名的道路，另一对中国组合庞清和佟健获得双人滑的第四名。由于有队友确保奖牌不失，张丹和张昊决心在自由滑环节放手一搏，但在表演高难度的抛四周跳时发生了意外，张丹未转满四周就跌落在冰面上撞向护墙，伤情严重。比赛一度终止，就在裁判和观众都认定他们会退出比赛的时候，音乐再度响起，这对坚强的组合平复情绪完成了比赛，最终获得银牌。

在自由式滑雪的空中技巧项目中，中国队斩获了2枚奖牌。拥有三项世锦赛冠军头衔的李妮娜获得女子空中技巧银牌，以往在世界大赛中表现平平的韩晓鹏获得男子组冠军，成为中国首位男子冬奥会冠军和首位冬奥会雪上项目冠军。长野冬奥会铜牌得主、白俄罗斯选手季米特里·达辛斯基和俄罗斯选手弗拉基米尔·列别杰夫分获男子空中技巧银牌和铜牌。韩晓鹏的成功绝非偶然。次年，他在意大利麦当娜迪卡姆皮格利奥举行的世锦赛上再次夺得冠军，证实了自己的实力，也收获了不朽的荣誉。2010年，韩晓鹏作为中国队旗手参加了温哥华奥运会开幕式。

多位盐湖城冬奥会的卫冕冠军在都灵实现了蝉联。在冰球项目中，瑞典男队和加拿大女队再次夺冠；意大利选手阿尔明·佐杰勒、德国选手塞尔克·奥托分别蝉联了单人雪橇项目男子和女子冠军；德国四人雪车队也再次获得金牌。其他项目上，亦有选手取得了重大突破：意大利选手杰尔达·魏森斯泰纳曾在1994年利勒哈默尔冬奥会上获得雪橇冠军。在都灵，她与珍妮弗·伊萨克搭档获得双人雪车铜牌，成为继苏西·埃德曼之后，第二位同时获得雪橇和雪车项目冬奥会奖牌的运动员。50岁的卢斯·霍华德与队友一同为加拿大斩获了冰壶项目金牌，他也因此成为冬奥会上最年长的冠军。此前该纪录由1924年夏蒙尼冬奥会冰壶金牌得主、英国选手罗宾·韦尔什保持。加拿大选手达夫·吉布森在夺得钢架雪车冠军时已经39岁，成为冬奥会最年长的单人项目冠军。

单板滑雪障碍追逐赛是都灵冬奥会新增项目，比赛的观赏性极高，年轻的美国选手塞斯·维斯科特和瑞士选手塔尼娅·弗里登分别获得该项目男子和女子首金。在障碍追逐比赛中，选手们四人一组，在设置了不同坡度、弯道的复杂赛道上进行比赛，需要完成不同类型的跳跃动作。意大

瑞典男子冰球队首次在冬奥会夺得冠军

利观众对于单板滑雪并不熟悉，精彩纷呈的比赛点燃了他们的好奇与激情。人们还在单板滑雪U形场地技巧比赛中见到了传说中的"飞翔的番茄"。"飞翔的番茄"是来自美国加利福尼亚的选手肖恩·怀特的绰号，在都灵冬奥会之前，他已经获得了冬季极限运动会奖项（X-Games），他也是电竞游戏和摇滚乐的忠实爱好者。在都灵，他获得了职业生涯里3枚冬奥会金牌的第1枚。高水平运动与青少年文化已完成衔接，这是奥运会未来发展的基础。

最小和最老的高山滑雪冠军

挪威选手谢蒂尔·安德烈·奥莫特在都灵获得了个人第四枚冬奥会金牌及第八枚冬奥会奖牌，创下了高山滑雪项目中个人金牌数和奖牌数的新纪录。

故事

在1992年阿尔贝维尔冬奥会上，名不见经传的奥莫特成为最年轻的高山滑雪奥运冠军。14年后在都灵的赛场上，依然不受重视的他再次夺冠，成为该项目最年长的金牌得主。这是谢蒂尔·安德烈·奥莫特职业生涯中的两大里程碑，既能证明他的竞技水平，亦能体现他的不懈坚持。

阿尔贝维尔冬奥会时，挪威队的阿特·斯卡达尔在开赛前受伤退赛，奥莫特作为替补选手走入了赛场。

1971年9月2日，奥莫特出生于挪威奥斯陆，1992年第一次参加冬奥会时只有21岁。尽管他已于前一年在奥地利世锦赛上获得了超级大回转银牌，但对于他的首枚冬奥会金牌，人们依旧认为是运气使然。何况在超级大回转比赛时，整个贝尔瓦尔德雪场笼罩在浓雾之中，奥莫特出发不到30秒就出现严重失误。他的奥运征程是否就此结束了呢？恰恰相反。奥莫特事后解释道："失误为我卸下了全部的压力，我没有什么可以再失去了。"失误后的奥莫特继续比赛，最终以0.71秒的优势战胜了卢森堡选手吉拉尔德利，成为冬奥会高山滑雪项目最年轻的金牌得主，随后他在大回转项目上又收获1枚铜牌。

很快，人们就发现他在高山滑雪各个小项上均有出色发挥。1993年，他获得了世锦赛大回转和回转两个项目冠军。在1994年利勒哈默尔冬奥会上，他连续收获3枚奖牌：在超级大回转项目中，他获得了1枚铜牌，与获得冠军的德国选手马库斯·瓦斯迈

尔仅相差0.4秒；随后，他又以0.04秒的差距惜败于美国选手汤米·莫，获得滑降银牌，并在全能比赛中再获亚军。3枚奖牌并未让他感到欣喜，由于主场作战却未能夺冠，他对自己倍感失望。

奥莫特是一名比赛型选手，越是类似冬奥会和世锦赛等大型国际赛事，越能激发他的竞技状态。在整个职业生涯中，他共获得了12枚世锦赛奖牌（包括5枚金牌），滑降、超级大回转和大回转项目各2枚，回转项目1枚，全能项目2枚，在每个小项均有收获。1991年，他获得第一枚奖牌，而最后一枚奖牌是在2003年获得的。如果说多项目全面发展和不错过任何一项国际赛事是奥莫特揽获奖牌的两大秘诀，那么第三大秘诀在于他的职业生涯持续了相当长的时间。

在1998年的长野冬奥会上，奥莫特的表现平平，最好成绩仅是超级大回转项目的第五名。人们都以为他会就此退役，即便如此，他也已经在最高水平上保持了整整七年。但奥莫特没有任何退出的迹象，四年后在盐湖城冬奥会上，他迎来了高光时刻：在获得大回转第七名、回转第六名及滑降第四名后，他先后登上了全能和超级大回转项目的最高领奖台。从在法国阿尔贝维尔冬奥会上获得第一枚奥运金牌以来，他日复一日地为自己谱写着冠军之歌。巧合的是，在盐湖城夺冠的他和当年在法国一样，都戴着3号号码布。一切好像又回到了最初。

人们又认为奥莫特会在盐湖城冬奥会后见好就收，毕竟常年

的训练和比赛让他的肩膀和关节都负伤累累。2003年10月，他在训练中摔倒，右膝受伤，缺席了整个赛季。2005年复出之后，他的最好成绩仅是世界杯第26名。在都灵冬奥会开幕前，他再次在国际大赛中获奖，但均未获得最高荣誉。除了他自己，没人相信他会再次出征冬奥会。

但他的选择是对的。诚然，他在滑降比赛中出现两次失误，膝盖也因而再次负伤，尽管如此他依然获得了第四名，与铜牌选手的差距仅为0.03秒。在随后进行的超级大回转项目中，他将伤病抛诸脑后，以0.13秒的优势战胜奥地利选手赫尔曼·迈耶获得金牌。当年最年轻（21岁）的高山滑雪金牌得主，如今又成为该项目最年长（35岁）的冬奥冠军。这是他获得的第四枚冬奥会金牌，也是他第八次登上冬奥会领奖台。在高山滑雪项目中，还未有人能够超越他。一个月后，他终于彻底告别赛场，结束了自己的职业生涯。

奥莫特在夺得超级大回转比赛金牌后和队友一起庆祝胜利

故事

韩晓鹏破除了银牌"魔咒"

在多位拥有世锦赛冠军头衔的女队友未能兑现冬奥会金牌的情形下，韩晓鹏站了出来，他获得了中国第一枚男子项目和第一枚雪上项目冬奥会金牌。

韩晓鹏在登上冠军领奖台的一刹那兴奋地举起双手

中国滑雪界对本国运动员夺取冬奥会自由式滑雪金牌一直深信不疑，但当这一天真正到来的时候，才发现故事线和主角与他们原先设计的"剧本"大不一样。当然，所有人都为这一意外收获欣喜若狂。

1988年，国际奥委会决定将自由式滑雪纳入冬奥会比赛项目。第二年，中国正式启动自由式滑雪空中技巧项目。从一开始，中国滑雪界就达成共识：鉴于中国的体操、技巧项目属于世界最高水平，自由式滑雪三个项目里，空中技巧将是中国能够较快达到世界水平的项目。很快，一批教练员和运动员投身到这个新的领域。

就像中国大多数体育项目一样，自由式滑雪国家队一直将夺取奥运金牌的希望寄托在女选手身上。1994年，中国首次派出了两名空中技巧女选手参加了利勒哈默尔冬奥会。1998年长野冬奥会，中国派出了五位选手参加空中技巧比赛，其中有四位女选手，分别是季晓鸥、尹红、郭丹丹和徐囡囡。就在长野冬奥会前，中国选手频繁征战世界杯系列赛，并且连续取得了两个重要突破：其一是在澳大利亚举行的世界杯分站赛上，郭丹丹获得金牌；其二是在加拿大分站比赛中，季晓鸥获得冠军，并且成为第一位突破200分大关的女选手。此外，动作难度相对较低但表现稳定的徐囡囡也有出色表现。尽管是刚刚触及世界水平，但中国队来到长野的目标就是夺取金牌。预赛中，徐囡囡排名第一，季晓鸥和郭丹丹分别排在第六位和第八位。决赛中，按照教练组的预案，由郭丹丹以高难度动作冲击金牌，而徐囡囡的任务则是确保奖牌，但在出色完成第一跳后，郭丹丹第二跳失误，最后获得第七名，徐囡囡获得银牌。徐囡囡的这块银牌，是中国雪上项目的第一块奥运会奖牌。进入新世纪，中国的自由式滑雪出现了一位新的偶像——李妮娜。她在2005年到2009年三次获得世锦赛冠军，她还是2005年和2010年世界杯总冠军得主。就三大赛总成绩而言，李妮娜是当时世界上最出色的空中技巧选手。但是，李妮娜和她的队友似乎陷入了冬奥会的银牌"魔咒"，她在冬奥会上只获得两块银牌，外加一个第四名和一个第五名。

银牌的"魔咒"是因为对金牌过于强烈的渴求，要想破解这个"魔咒"，就要先破除内心的过度渴求，以平常心对待大赛的胜负。名不见经传的韩晓鹏出现在都灵冬奥会空中技巧赛场时，正是拥有这样一颗平常心。

参加都灵冬奥会之前，韩晓鹏从来没有获得过世界大赛冠军，几乎没有人看好他。在男子空中技巧资格赛中，韩晓鹏的目标并不是夺取奖牌，而是展示自我。他在没有太大压力的情况下轻松起跳、飞跃，以资格赛第一名的身份脱颖而出。即便如此，决赛开始前，大多数人还是不相信他能够获得金牌，人们更看好白俄罗斯、加拿大选手。这无形中减轻了韩晓鹏的压力，他的目标依然只是——做最好的自己。

2月23日的决赛分为两跳。第一跳，来自白俄罗斯的季米特里·达申斯基成功冲击高难度动作，在第一跳完成后超越了韩晓鹏，名列首位。第二跳也是最后一跳，此前排第七位的俄罗斯名

将弗拉基米尔·列别杰夫放手一搏，表现完美，总分冲到了首位。参加决赛的十二名选手，只剩下韩晓鹏与达申斯基两人的最后一跳了。韩晓鹏以不变应万变，按照赛前安排以稳为主，不冒险使用高难度动作，他的稳定性和动作质量帮助他以250.770分超越了列别杰夫。压力之下，达申斯基在落地时出现了微小失误，最终以248.680分获得第二名，第三名属于列别杰夫。在多位拥有世锦赛冠军头衔的女队友未能兑现冬奥会金牌的情形下，男子汉韩晓鹏站了出来，他获得了中国第一枚男子项目和第一枚雪上项目冬奥会金牌。第二年，他在意大利麦当娜迪卡姆皮格利奥将冬奥会金牌兑现成世锦赛冠军，证明了他的胜利并非偶然。

韩晓鹏1982年12月13日出生于中国南方的江苏省徐州市沛县，他的家乡在冬季偶尔会飘落一些雪片，但积雪最多只能维持几天时间。韩晓鹏小时候不爱吃饭，食量只有同龄孩子的一半。爸爸妈妈想了很多办法提起儿子的食欲，其中一个办法是将儿子交给县业余体校体操技巧队的教练，想通过增加体能消耗解决儿子的吃饭问题。韩晓鹏先是练体操，后来改练技巧。1995年，沈阳体育学院的自由式滑雪教练杨尔绮来到江苏，他计划挑选个头不高的南方孩子去北方练习滑雪。杨尔绮同时也是李妮娜的教练，他看中了兼具力量与灵活的韩晓鹏，并说服了心存顾虑的父母。年仅13岁的韩晓鹏于是前往北方最大的城市沈阳，第一次接触到滑雪板和广袤的积雪。

2010年2月12日，在2010年温哥华冬季奥运会开幕式上，韩晓鹏担任旗手。但他在空中技巧男子资格赛中出现重大失误，仅排21名无缘决赛。赛后，韩晓鹏宣布退役，进入国家冬季运动管理中心任职。北京申办冬奥会成功后，他成为北京冬奥组委运动员委员会委员。

"飞翔的番茄"在翱翔

都灵冬奥会见证了一个新现象的诞生，也见证了美国单板滑雪传奇选手肖恩·怀特在U形场地赛场的惊艳表现。

如何形容肖恩·怀特呢？他有多重身份，以及很多特点。1986年9月3日，肖恩·怀特出生在美国加州圣地亚哥，出生时即患有先天性心脏缺陷：法洛氏四联症。1岁时，他已经接受了两次手术。从他后来的生活情况看，手术获得了巨大成功。他从4岁开始练习单板滑雪，6岁就参加了第一次比赛。他的状态一直非常好，在他只有10岁的时候，人们就已认定他必将成为单板滑雪或滑板运动的未来之星。此外，因为他有一头红色长发和杰出的跳跃高度，他收获了两个伴随一生的绰号，一个是"飞翔的番茄"，另一个是"红色齐柏林"，源自20世纪70年代的英国硬摇滚乐队齐柏林飞艇（Led Zepellin）。

肖恩·怀特不仅是运动员，也是洛杉矶独立摇滚乐队Bad Things的吉他手和歌手，华纳兄弟还在2013年为他们发行了首张唱片。他还是一位演员，在2011年由贾斯汀·汀布莱克和米拉·库尼斯主演的电影《朋友也上床》中，他饰演他自己。此外，他还是碧玉出品的电子游戏《肖恩·怀特滑雪》和《肖恩·怀特滑板》的主角原型。在《肖恩·怀特滑板》的游戏中，以肖恩·怀特为首的滑板帮会占据了城市，玩家需要通过滑板游戏让城市重新恢复色彩和活力。但在众多身份之中，他首先是一位运动员。很快，他就拿遍了颇受年轻人追崇的冬季极限运动会（X-Games）的所有奖牌。迄今为止，他的成绩依然无人可及。他累计获得五枚夏季X-Games滑板项目奖牌，其中两枚是金牌。在冬季X-Games单板滑雪项目比赛中，他参加了U形场地和障碍技巧的比拼，累计获得18枚奖牌，其中包括13枚金牌。

怀特在都灵首次参加冬奥会时还不到20岁，但他已经是一个明星了，对于他的众多粉丝来说，他毫无疑问会获得胜利。但在体育界，仅有声名也无济于事，只有在大型比赛中获得冠军才是王道。在U形场地排位赛中，被寄予厚望的怀特表现并不理想，他艰难地完成了比赛，在第一轮中仅排在第七位。幸而他在第二轮中力挽狂澜，获得了最高分，最终轻松晋级决赛。在决赛中，他充分展示了自己就是当下最优秀的单板滑雪选手。他率先连续完成了侧空翻加转体1080度以及侧空翻变向加转体1080度两个高难度动作，在第三轮中完成了big foot，最终获得总分46.8分（满分50分），打破了罗斯·鲍尔斯在2002年创下的46.1分的冬奥会纪录。

合作商们蜂拥而至，他们利用肖恩的形象，帮助他在科罗拉多州的住所附近投资建造自己的U形场地，以进一步提升成绩。一年后，在2010年温哥华冬奥会上，肖恩的发挥无懈可击，以48.4分轻松蝉联冠军。他跳跃的高度最高达到8米，在第二轮比赛中，已然锁定胜局的肖恩甚至完成了自创的超高难度动作：反脚后刃内转1260度。

一切对肖恩·怀特来说似乎太容易了，但同时，多重身份也让他的精力过于分散。2014年，他的年收入已高达400万美元。但他却在索契冬奥会的赛场上一败涂地，他在决赛的首轮摔倒，最终仅位列第四名。此后，他选择进行短暂的休息，一边反思，一边重新找回自我价值。回归之后，他苦练新动作，还因受伤缝了62针，

肖恩·怀特正在进行赛前训练

故事

身披国旗的肖恩·怀特和家人一起庆祝夺冠

在最后时刻他艰难获得了平昌冬奥会参赛资格。2018年1月，已经准备就绪的肖恩在美国雪堆山举行的世界杯中获得了最高分100分。而在平昌冬奥会U形场地决赛的最后一跳中，他的撒手锏动作back to back 1440惊艳全场，他也凭借97.75分的分数再次问鼎最高领奖台。31岁的肖恩·怀特成为冬奥历史上首位单板滑雪三冠王。曾经任性的滑雪少年终于成熟了。

概
况

第21届冬奥会
2010年温哥华

2010年温哥华冬奥会会徽

地点 温哥华（加拿大）

开幕式 2010年2月12日

闭幕式 2010年2月28日

开幕式致辞人 米歇尔·让（加拿大总督）

运动员宣誓代表 哈里·维肯海塞尔（加拿大冰球运动员）

裁判员宣誓代表 米歇尔·维罗特（加拿大）

奥运圣火点火人 韦恩·格雷茨基（加拿大冰球运动员）

吉祥物 白灵熊米加（Miga）和北美大脚野人魁特奇（Quatchi）

参赛国家和地区数量 82

参赛人数 2566（1522名男运动员和1044名女运动员）

大项数量 7（雪车、雪橇、冰壶、冰球、滑冰、滑雪、冬季两项）

分项数量 15（雪车、钢架雪车、雪橇、冰壶、冰球、速度滑冰、短道速滑、花
样滑冰、高山滑雪、越野滑雪、跳台滑雪、北欧两项、自由式滑雪、
单板滑雪、冬季两项）

小项数量 86

2010年温哥华冬奥会奖牌

摘要

温哥华冬奥会是继1976年蒙特利尔夏奥会和1988年卡尔加里冬奥会之后，在加拿大举办的第三次奥运会。2003年7月，国际奥委会进行了第二轮投票，人口仅57.16万的温哥华以56票对53票战胜韩国平昌。

温哥华冬奥会比赛项目总数增至86个，新增的两个小项分别是单板滑雪男子和女子坡面障碍技巧。在比赛中，选手需要在分布着不同障碍和跳台的坡道上完成比赛。

2009年10月22日，奥运圣火从希腊飞抵加拿大，开始了史上距离最长的火炬接力。总里程为4.5万公里。圣火经过了188个原住民社区，共计1.2万余人参加了火炬传递。

挪威越野滑雪女将玛丽特·比约根是温哥华冬奥会获得奖牌数最多的选手，她参加了五个项目的比赛，共获得5枚奖牌，其中3枚是金牌。同样来自挪威的冬季两项选手奥利·埃纳尔·比约恩达伦在温哥华获得了1金1银的成绩，将个人奥运奖牌总数升至11枚，与挪威越野滑雪名将博约恩·戴利并列冬奥历史上获得奖牌最多的选手。

所有的颁奖仪式都在晚上举行，每场颁奖之前，会进行一场以加拿大某省或地区文化为主题的介绍表演（约30分钟），颁奖结束之后，进入由不同北美艺术家带来的音乐会演出环节。

奖牌榜

排名	国家	金牌	银牌	铜牌	合计
1	加拿大	14	7	5	26
2	德国	10	13	7	30
3	美国	9	15	13	37
4	挪威	9	8	6	23
5	韩国	6	6	2	14
6	瑞士	6	0	3	9
7	中国	5	2	4	11
7	瑞典	5	2	4	11
9	奥地利	4	6	6	16
10	荷兰	4	1	3	8

概

况

东道主迎来全面丰收

开幕式上，一名蒙面单板滑雪运动员（约翰尼·里尔）一跃而起穿越五环

在温哥华冬奥会开幕前，发生了两件令人悲痛的事情。2009 年 10 月 22 日，奥运圣火采集仪式在奥林匹亚赫拉神庙前举行。次日，温哥华冬奥组委主席、企业家杰克·珀尔因癌症去世，时任温哥华冬奥组委执行主任约翰·福隆接替了珀尔的职位，独立承担了之后数月的组委会主席工作。福隆是一位杰出的壁球选手，曾于 1986 年获得加拿大锦标赛冠军。另一出悲剧发生在开幕式前几个小时，格鲁吉亚雪橇选手诺达尔·库玛利塔什维利在训练时发生意外，他在滑至第 16 个弯道时不慎从雪橇上摔出，重重地撞在赛道旁的金属栏杆上。当时他的滑行时速高达 140 公里，撞击力度非常大，尽管他很快就被送往医院，但由于伤势过重，还是不幸离世。

而就在前一天，罗马尼亚选手维奥莱塔·斯特拉马图拉鲁在同一条赛道训练时也在同一位置发生了意外，不得不住院治疗。随后，组委会对该赛道实施了紧急维护，将男子组的起跑点调整至与女子组相同的高度，同时加高了事故频发的16号弯道出口处的护墙。为表示对库玛利塔什维利的哀悼，开幕式在奥运会会旗进场后全场进行了一分钟默哀，加拿大国旗和奥运会会旗也在升起后降半旗。约翰·福隆在开幕式上对运动员们说："你们现在又多了一项重要职责，要和已经离开的诺达尔一起，在赛场上发光。你们要分担他的奥运梦想，带着他的精神去拼搏。"

诺达尔·库玛利塔什维利是历史上第四位在比赛期间或比赛前后发生人身意外的选手。瑞士速度滑冰选手尼克拉·布切塔在参加1992年阿尔贝维尔冬奥会的表演赛彩排时，不幸撞在了压雪机上；在1964年因斯布鲁克冬奥会上，英国选手凯兹米·凯－斯科兹佩基和澳大利亚选手罗斯·米尔恩均在高山滑雪训练中发生意外，凯－斯科兹佩基和诺达尔·库玛利塔什维利类似，都是在滑出弯道后撞在了护栏上，而米尔恩则是因为撞在树上而受重伤去世。

这些事故给温哥华冬奥会蒙上了阴影，但比赛必须继续进行，为期17天的温哥华冬奥会最终圆满落幕。加拿大是勇敢的国度，即便有悲剧发生，加拿大人也不会停下脚步。在花样滑冰个人项目比拼中，加拿大女将就用实际行动证明了这一点。与创下自由滑和短节目得分新纪录的韩国选手金妍儿和日本选手浅田真央相比，加拿大选手乔安妮·罗切特的水平显然逊色不少。但她依然收获了1枚沉甸甸的铜牌。获奖之后，万千情绪涌上了她的心头，就在开赛前不久，专程来到温哥华为她加油鼓劲的母亲因心脏病突然离世，但她依然坚持完成了比赛。

同样在花样滑冰赛场上，两人年龄相加接近70岁的中国组合申雪和赵宏博，终于在参加的第四次冬奥会上获得了双人滑金牌。获得双人滑亚军的是中国冰上伉俪庞清和佟健，中国队包揽了花样滑冰双人滑的金银牌，卫冕冠军德国组合阿廖娜·萨夫琴科和罗宾·索尔科维获得第三名，俄罗斯组合、欧洲冠军得主川口优子和亚历山大·斯米尔诺夫仅获得第四名。加拿大冰上舞蹈组合特莎·弗丘和斯科特·莫伊尔获得冠军，得到了加拿大人民的欢呼和尊敬。两位年轻的选手仅有20岁和22岁，是该项目史上最年轻的冠军，而冰上舞蹈恰恰是需要循序渐进且进步缓慢的项目。温哥华冬奥会是他们的冬奥首秀。在后来很长一段时间内，人们时常会提起他们的精彩表现。

综述

加拿大著名冰球运动员韦恩·格雷茨基点燃主火炬

加拿大女子冰球选手在赛后躺在场地中央摆出会徽造型，她们最终以 2 － 0 战胜美国队夺得冠军

加拿大男子冰球队在决赛中战胜美国队后高举国旗绕场庆祝

　　加拿大队的整体表现优异，共获得了14枚金牌，创下了冬奥史上单个国家在单届比赛中的最多金牌纪录。2018年，挪威在韩国平昌冬奥会上追平了加拿大的纪录。温哥华冬奥会首金产生于2月14日举行的自由式滑雪男子雪上技巧项目，由俄罗斯选手亚历山大·比洛多获得。在自由式滑雪空中技巧小项上，中国队发挥了一贯的高水平，刘忠庆获得男子项目银牌，李妮娜和郭心心分获女子组银牌和铜牌。不过，观众最关心的话题是加拿大选手能否在主场实现金牌突破，无论是在1976年蒙特利尔奥运会还是在1988年卡尔加里冬奥会，加拿大选手均未能在本土登上最高领奖台。但这一年，加拿大选手在几乎所有项目上都有奖牌收获，在9个分项（共15个分项）上共获得14枚金牌。加拿大是全球国土面积第二大的国家，仅次于俄罗斯，但人口数量仅有3400万，而加拿大在团体项目上的表现尤为突出。冰球可谓是加拿大的国民运动项目，在赛场上，加拿大队所向披靡，包揽了男子和女子冰球金牌；此外还获得了男子冰壶冠军和女子冰壶亚军。

　　加拿大队整体表现出色，很大程度上与他们在2005年就实施了针对温哥华冬奥会的具体训练和备战计划有关。"登上领奖台"目标提出以后，联邦政府投入了1.17亿美元的资金。虽然该备战计划不是加拿大队制胜的全部原因，但肯定是重要因素。此外，加拿大是真正拥有体育文化的国度，国民对于冬奥会的关注度非常高。2012年伦敦夏奥会组委会主席、曾经的田径选手塞巴斯蒂安·科在温哥华考察时指出，在冬奥会期间，温哥华的所有体育场馆和街道都聚集了欢呼雀跃的人群。温哥华冬奥会各项比赛的上座率也创下了新纪录，共有149万人次现场观看了比赛，比2002年盐湖城冬奥会多出5万人次，比赛门票出售率破纪录地达到97%。同时，温哥华冬奥会的整体预算仅为都灵冬奥会的三分之一，与2014年索契冬奥会的预算相比，更是九牛一毛。

　　温哥华冬奥会本着"以人为本"的原则，正如其口号"从海洋到天空的比赛"所说，尽管天气条件欠佳，组委会依然提供了高质量的比赛场地，其中不乏充满想象力的办法。2010年2月，受"厄尔尼诺"现象影响，太平洋海域升温，也使得温哥华地区的气温相对较高，平均气温接近5摄氏度。为在比赛开始前确保塞普拉斯山滑雪场的雪量，组委会征用了300辆卡车，运来了数万吨雪。位于惠斯勒的高山滑雪赛道也采取了类似办法，人们向男子滑降赛道注水，以确保赛道上的冰雪达到足够硬度，同时又能以相对较慢的速度融化。如果说瑞士选手迪迪埃·德法戈获得高山滑雪滑降项目冠军着实让人意外，但对场地的维护操作并未影响比赛的公平性。事实上，德法戈只领先获得银牌的挪威选手阿克塞尔·伦德·斯文达尔0.07秒，领先美国选手波德·米勒0.09秒。在不到半秒的时间内，前十位选手的排名就已全部确定。高山滑雪其他小项的获奖情况则在意料之中，在赛前已经获得世锦赛冠军，且已两次获得世界杯总排名第一的美国选手林赛·沃恩，最终收获了她期待已久的冬奥会金牌。

　　在越野滑雪比赛中，挪威选手彼得·诺苏格在男子项目中可谓一骑绝尘，获得4枚奖牌，其中包括团体竞速（与奥伊斯坦·彼得森搭档）和50公里传统式金牌，接力赛银牌（与马丁·约翰斯鲁德·桑德比、奥德－比约姆·谢尔梅塞特和拉尔斯·贝耶合作），以及个人竞速赛铜牌。但另一位挪威选手、越野滑雪女将玛丽特·比约根的成绩比诺苏格更加突出，她在所有女子项目上都有奖牌收入。在温哥华冬奥会之前，玛丽特·比约根已经是2002年和2006年冬奥会的银牌得主，她在温哥华参加了五场比赛，共获得了5枚奖牌：包括个人短距离、双追逐和接力赛金牌，以及30公里银牌和10公里铜牌。尽管当年她已接近30岁，但对她而言，温哥华只是一个开始。此后，她在索契冬奥会和平昌冬奥会不断创造佳绩，并以累计15枚奖牌成为冬奥会历史上夺牌最多的选手。在索契冬奥会结束之后，这一纪录曾由挪威冬季两项选手奥利·埃纳尔·比约恩达伦保持。比约恩达伦在温哥华的赛场共获得2枚奖牌（接力赛金牌以及个人项目银牌），累计获得冬奥会奖牌数达到11枚，仅比前纪录保持者、同样来自挪威的博约恩·戴利少1枚。值得一提的是，温哥华冬奥会上唯一一例兴奋剂事件就发生在越野滑雪选手身上：来自波兰的女选手科内利亚·马雷克在女子接力赛结束后，被检测出EPO（一种促进红细胞生成的激素）阳性。她当即被取消了该届冬奥会全部项目的参赛资格，并被禁赛两年。

从第一场决赛开始，温哥华冬奥会的赛场上就惊喜不断。瑞士选手西蒙·安曼曾在2002年盐湖城冬奥会上获得2枚跳台滑雪金牌，但在此后的八年中，他离领奖台越来越远，再未获得任何国际大赛的奖牌。但在惠斯勒奥林匹克公园举行的跳台滑雪标准台项目中，安曼重磅回归，战胜波兰选手亚当·马里斯获得冠军。马里斯也是他在2002年冬奥会上的对手。一周之后，他在大跳台项目中再次领先于马里斯，获得第2枚金牌，重现了盐湖城冬奥会上的荣耀时刻。由于瑞士队未获得团体赛资格，安曼未能踏上团体赛的赛场，但已有的成绩足以让他成为最成功的跳台滑雪选手。

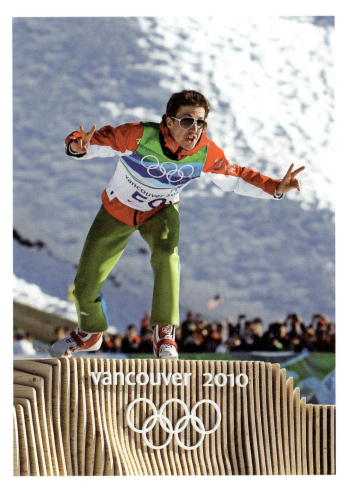

综述

跳台滑雪冠军西蒙·安曼在领奖台上庆祝夺冠

王濛在 500 米短道速滑比赛
夺冠后绕场庆祝

王濛：天生的短道速滑运动员

自信、勤奋、专注、勇敢、直率，上述词汇都可以用来形容王濛，这位荣誉满满的短道速滑选手在两届冬奥会上获得过4块金牌、1块银牌和1块铜牌。

王濛，1985年出生于黑龙江省七台河市，这里也是中国首位冬奥会冠军杨扬的家乡。仿佛冥冥之中自有天意，王濛接过了杨扬的使命，带领着中国女子短道速滑队在世界舞台上大放异彩。

王濛从9岁起就在业余体校练习短道速滑。王濛天生脚小，寻找合适的冰鞋非常困难。这让她感到十分焦虑，因为其他孩子已经开始在冰上进行训练了。找遍各地后，王濛的教练终于找到了适合她的冰鞋。她对其十分珍爱，每次训练结束后，她都会小心翼翼地将冰鞋打包好，才去做其他事。

虽然年纪最小，但王濛却是队伍里最勤奋的。以前的训练环境十分艰苦，他们必须忍受着低于零下20摄氏度的严寒在室外练习。在数小时的训练之后，他们甚至连冰鞋都脱不下来。有些孩子忍受不了，很快就退出了，但王濛坚持到了最后。当她的父母前来探望，看到训练有多艰难时，他们的心都快碎了。王濛对此只是笑着说道："我很享受在冰上的感觉。我似乎是为滑冰而生的。"

1998年，王濛进入黑龙江省体校并成为一名专业运动员。三年后，她入选了国家队。2001年，王濛在首次参加世青赛时就收获了500米金牌、1500米银牌以及全能银牌，成为中国的首位世青赛冠军。

王濛在2006年都灵冬奥会上完成了自己的奥运会首秀。在她的500米决赛之前，中国队在多个项目中都错失了夺得首枚金牌的机会。王濛站在起点，眼中满怀着夺冠的信心。"她肯定能夺得金牌，"看台上的一位中国观众大喊道。"那是冠军的眼神！"仅仅用了44.345秒，王濛便打消了观众的所有疑虑，证明了那位观众说得确实没错。她在帕拉维拉体育馆为中国代表团收获了都灵冬奥会上的首枚金牌。

王濛第一次参加奥运会时只有21岁。以自信和坚强著称的王濛坦言，奥运会让她感觉十分紧张。"我到现在都还十分紧张，"她说道，"虽然我在赛前说过自己没感觉到压力，一点也不紧张。但这毕竟是奥运会，它跟世界杯和世锦赛还是有所不同的。"

"今天决赛前教练一直告诉我：要相信自己，你就是最棒的。"王濛接着说道，"听了他的话之后，我信心满满地走上了赛场。"

站在起点的王濛既冷静又自信。她先发制人，很快取得了领先。"我的身边什么都没有，"王濛说道，"只有雪白无垠的冰道。我的心里只有一个想法——我要第一个完成比赛。"

明星选手艾芙金妮亚·拉达诺娃紧紧跟在王濛身后，她数次想超越王濛，但都以失败告终。"得到银牌我并不遗憾，王濛实在是太出色了，我一点机会都没有，她的未来不可限量。"这位来自保加利亚的运动员说道。

颁奖仪式上，王濛在自己的名字被念到之前就跨上了领奖台。"当我站在领奖台上，我才意识到他们还没说我的名字呢，"王濛说道。

接力比赛中王濛和队友相拥
在一起庆祝夺冠

"自己现在是奥运会冠军了？我简直不敢相信，"她边从领奖台走下来边说道。

都灵冬奥会后，王濛在短道速滑赛场上继续着自己的统治。四年后的温哥华冬奥会，她再添三金，从而四次成为奥运会冠军，还在500米比赛中创造了新的奥运会纪录。

3000米接力是中国女子短道速滑队在过去五届冬奥会上一直寻求突破的项目，由于各种原因，中国队在此前从未获得过金牌。2月24日晚，中国选手与韩国、加拿大、美国的选手一起站在了太平洋体育馆的冰面上，为接下来的3000米接力做着准备。在明星选手王濛和周洋的带领下，中国队和韩国队在比赛前半段交替领先。当比赛还剩下最后五圈时，韩国选手金敏晶冲撞中国选手孙琳琳，导致后者差点摔倒。志在夺得五连冠的韩国队借此扩大领先优势，并率先冲过了终点线。

韩国选手已经挥舞起国旗开始庆祝，但中国队的女孩们手拉着手在场上来回滑行。中国队总教练李琰投诉对手犯规，她们满怀期待地望着裁判。漫长的五分钟过去了，裁判宣布韩国队由于犯规成绩无效，中国队以4分6秒61的成绩获得了金牌，并创造了奥运会纪录和世界纪录。

由奥运会冠军王濛、周洋和年轻小将孙琳琳、张会组成的中国女子短道速滑队实现了中国短道速滑运动员一直以来的梦想，也打破了韩国在女子短道速滑项目上长达16年的垄断。在随后的女子1000米决赛中，王濛击败队友周洋获得了又1枚金牌。同一届奥运会获得3枚金牌，王濛登上了短道速滑项目的巅峰。

当年轻的王濛在四年前初获奥运会金牌时，她感受到的只有兴奋。但四年后，4枚金牌在手，王濛说自己不仅感到兴奋，还收获了回忆和感激。

"回望过去四年，有喜悦，也有泪水。我们奋力做到最好，最终也获得了回报。"王濛总结道。

王者归来

冰上伉俪申雪/赵宏博在他们参加的第四次冬奥会上，以总分216.57分打破国际滑联双人滑总分纪录，夺得中国花样滑冰历史上的首枚冬奥会金牌，同时也终结了苏联或俄罗斯选手对这个项目长达46年的垄断。

申雪与赵宏博是一对合作了18年的双人滑传奇搭档。他们曾在2007年获得第三个世锦赛冠军后告别赛场，结为伉俪。两年后，为了填补缺少冬奥会金牌的人生遗憾，他们选择了回归。参加温哥华冬奥会时，申雪32岁，赵宏博37岁。他们在花样滑冰短节目中选择了皇后乐队《渴望永生》的音乐作为配乐，仿佛就在诉说他们的事业追求与爱情故事。《渴望永生》歌词的开始部分："我们已没有时间，我们已无处栖身，是什么构筑了我们的梦，却又将它从我们身边带走……"正是他们现实处境的写照。

在温哥华太平洋体育馆，共有20对选手在花样滑冰短节目比赛中展开争夺。第四次出战冬奥会的申雪/赵宏博组合发挥完美，以76.66分刷新国际滑联短节目历史最高分排名第一，主要对手德国组合萨维申科/索尔科维落后0.7分暂居第二。花样滑冰短节目得分在70分以上的共有五对选手，其中还有另外两对中国组合庞清/佟健、张丹/张昊。

中国队在第二天的自由滑比赛中使用了"合围"金牌的战术：申雪/赵宏博以稳为主，确保领先优势，庞清/佟健、张丹/张昊则以高难度动作发起冲击。最终，申雪/赵宏博以216.57分刷新国际滑联的总得分纪录，为中国代表团赢得了本届冬奥会的首枚金牌。庞清/佟健也成功完成高难度的抛四周跳，以141.81分刷新国际滑联自由滑得分纪录，将名次提升至第二位。当届世锦赛冠军、世界排名第一的德国组合萨维申科/索尔科维在压力下出现失误，最

终获得铜牌。申雪/赵宏博的金牌是中国人的第一枚冬奥会花样滑冰金牌，也是亚洲人的第一枚冬奥会双人滑金牌。

从1964年别洛乌索娃和普罗托波波夫摘得金牌开始，苏联或俄罗斯选手就对这个项目进行了长达46年的垄断。2002年本来是破冰时刻，加拿大人萨莱和佩雷蒂埃与俄罗斯组合并列获得了金牌，但是在2006年俄罗斯人重新夺回了对这个项目的控制，直到申雪/赵宏博的夺冠才打破了这一垄断。

川口优子/斯米尔诺夫是在花样滑冰短节目中唯一超过70分的俄罗斯组合，为了战胜中国组合，他们决定在自由滑比赛中使用沙霍夫抛四周跳——这是迄今为止双人滑中难度最高的抛跳动作。他们在赛前训练中也成功完成了这一动作。但在比赛中，川口优子在抛四周跳时仅完成了三周就落冰了，并且步伐有点跟跄，手扶冰面。这一失误让这对俄罗斯组合延续垄断历史的努力成为泡影，他们最终仅名列第四名，无缘奖牌。

四年前在都灵冬奥会的冰场上，俄罗斯组合塔季扬娜·托特米扬尼娜/马克西姆·马里宁曾阻击了中国选手包揽双人滑前三名的可能，中国女选手张丹在自由滑环节展示高难度的抛四周跳时摔倒，她和搭档张昊最终获得银牌。另两对中国组合申雪/赵宏博、庞清/佟健分别获得第三、第四名。令人惊讶的是，以上三对世界级的中国组合都来自同一个城市哈尔滨，接受同一个教练姚滨的指导。姚滨是中国花样滑冰的功勋教练，他曾参加过1984年

萨拉热窝冬奥会双人滑比赛，随后结束运动员生涯，回到家乡哈尔滨市担任花样滑冰队教练。两年后，他成为国家队教练，此后长时间担任国家队总教练和双人滑主教练。他是中国冬季运动项目罕见的享有世界声誉的教练，对世界花样滑冰作出了巨大贡献。

申雪出生于1978年11月13日，赵宏博出生于1973年9月22日。1992年，在姚滨教练的安排下，他们正式结成双人滑搭档。当时，申雪还在练习单人项目，而赵宏博因为前一位搭档退役，正在寻找新的搭档。两人组合后，曾四次参加冬奥会。第一次是在

日本长野，他们获得了第五名。之后，他们在2002年盐湖城冬奥会上获得铜牌。同年，他们首次获得了世锦赛冠军。2003年，尽管申雪在训练后内点冰四周跳时受伤，脚踝和足部伤情较重，但这对组合依然成功蝉联了世锦赛冠军。两年之后，赵宏博的跟腱受伤，他们几乎缺席了整个2005—2006年赛季，直到2006年都灵冬奥会开幕前几周才恢复训练。在仓促的准备之下，他们又一次获得了铜牌。2007年，他们第三次获得世锦赛冠军，并打破了总得分世界纪录。随后，他们选择离开赛场。2007年5月28日，他们在北京举行了婚礼，从赛场组合升级为冰上伉俪。

冬奥会金牌的吸引力实在过于强大。2009年，他们放弃了在美国和加拿大进行的"冰上之星"巡回赛，在一片质疑声中回归国家队。在他们第四次参加的冬奥会上，这对冰上伉俪终于收获了梦寐以求的金牌。此时，两个人年龄相加差不多70岁，赵宏博也因此成为双人滑史上年龄最大的冠军选手。是时候结束职业生涯了，他们的荣誉柜存放着3枚冬奥会奖牌（1金2铜）、7枚世锦赛奖牌（3金3银1铜）、9枚世界花样滑冰大奖赛总决赛奖牌（6金1银2铜）。

2013年9月3日，这对冰上伉俪生下了女儿赵雪儿，人生从此更加圆满。他们不可能真正离开冰场，赵宏博在担任国家队双人滑教练多年后，于2017年接替恩师姚滨出任中国队总教练，他的妻子申雪也于一年后担任中国花样滑冰协会主席。他们的共同愿望是培养出新一代花样滑冰冬奥冠军。

申雪和赵宏博这对冰上情侣在第四次冬奥征程中终于站上了最高领奖台

雪车项目的黄金搭档

德国雪车组合安德雷·兰格和凯文·库斯克在温哥华冬奥会上赢得了他们的第四枚金牌，也是他们的第五枚奥运奖牌。

双人雪车搭档安德雷·兰格（左）和凯文·库斯克（右）冲着镜头展示他们的金牌

1993年，19岁的安德雷·兰格开启了雪车生涯，在此之前他已经是一名高水平的雪橇选手，雪橇运动赋予了他灵敏的判断力以及对赛道的精准把控。在组合中，兰格的角色是舵手，他需要首先跳入车内，并在整个赛程中，通过操作连接在滑动装置上的方向盘控制雪车前进。雪车的滑行速度为每小时90—100公里，最高时速可达150公里。

兰格的搭档凯文·库斯克起初是一位短跑运动员。在1998年世界青年锦标赛上，他代表德国队获得4×100米接力赛铜牌。田径项目经历让库斯克具备超强的爆发力和非凡的速度。同样在1999年，20岁的库斯克加入了雪车项目，并顺理成章地担任推手，或者说刹车手的角色。在比赛中，他负责推动雪车，向前飞奔约50米后才跳入车内，并在上车之前收起推车棒。在双人雪车项目中，刹车手的表现决定了雪车的出发速度，也是由他完成最后的制动。

两位选手均出生于民主德国，兰格于1973年6月28日出生在图林根州的伊尔梅瑙，库斯克于1979年1月4日出生在与柏林相邻的波茨坦。此外，这两位都是身材魁梧的选手，兰格1.88米，体重

100千克，库斯克身高达1.96米，体重115千克。年纪稍长的兰格在国际比赛上起步较早，1998年赛季末，他曾在卡尔加里举行的雪车世界杯大赛上获得四人雪车冠军，那也是他第一次参加世界杯比赛。之后，他与库斯克组成搭档，开启了非凡的雪车竞技之旅。

无论是参加双人项目，还是与另外两名推手共同参加四人项目，他们的成绩都在逐年上升。2002年在盐湖城举行的冬奥会是他们参加的首届冬奥会，他们与卡斯滕·登巴赫和恩里科·屈恩组成了德国四人雪车队伍，并战胜了两支美国队伍，获得冬奥会金牌。而当年，库斯克在雪车项目上仅有三年经验。此后，这对

组合可谓获奖不断，尤其是在大型国际赛事上。相比于世界杯赛，兰格更愿意将精力专注在四年一度的冬奥会上，但他依然四次获得了世界杯冠军。

在2006年的都灵冬奥会上，一些对手对德国雪车装备是否合规产生了质疑，要求相关国际机构进行彻底审查。最终的审查结果消除了所有质疑。安德雷·兰格和凯文·库斯克在都灵冬奥会的赛场上所向披靡，他们共进行了八轮比赛（双人项目和四人项目），五轮排名第一，两轮排名第二。他们在双人项目的第二次滑行中遗憾出现失误，排在第四位。最终，他们获得了双人与四人雪车项目的双料冠军，在经历了两届冬奥会后，共收获3枚冬奥会金牌。

2010年，温哥华冬奥会开幕，彼时的安德雷·兰格已经是受到德国全民尊敬的运动员，在开幕式上担任德国代表队旗手。在四人项目的比赛中，美国选手领先，兰格和他的队友们凭借0.01秒的优势，战胜加拿大队获得一枚银牌。这是兰格第一次错过金牌。在双人项目中，他与库斯克再次联手，他们在第一轮比赛中排在第二位，在接下来的三轮中均获得最好成绩，牢牢锁定胜局，获得了他们的第四枚冬奥会金牌。在他们之前，从来没有雪车组合取得过这样的成绩。

带着与库斯克共同创造的辉煌纪录，安德雷·兰格在温哥华冬奥会后告别了赛场。他曾获得5枚冬奥会奖牌（4枚金牌）、14枚世锦赛奖牌（8枚金牌）以及45次世界杯冠军。凯文·库斯克继续着他的职业生涯，在2018年平昌冬奥会上获得一枚银牌。至此，库斯克成为冬奥会雪车项目中夺得奖牌最多的选手，共获得6枚奖牌。

安德雷·兰格（右一）和队友一起参加四人雪车比赛

第22届冬奥会
2014年索契

2014年索契冬奥会会徽

地点 索契（俄罗斯）

开幕式 2014年2月7日（2月6日开赛）

闭幕式 2014年2月23日

开幕式致辞人 弗拉基米尔·普京（俄罗斯联邦总统）

运动员宣誓代表 鲁斯兰·扎哈罗夫（俄罗斯速度滑冰运动员）

裁判员宣誓代表 小维亚切斯拉夫·韦杰宁（俄罗斯）

教练员宣誓代表 阿纳斯塔西娅·波普科娃（俄罗斯高山滑雪教练）

奥运圣火点火人 弗拉季斯拉夫·特雷蒂亚克和伊琳娜·罗德尼娜（俄罗斯冰球
和花滑双人滑运动员）

吉祥物 雪豹"巴斯克"、兔子"扎伊卡"和北极熊"米什卡"

参赛国家和地区数量 88

参赛人数 2780（1659名男运动员和1121名女运动员）

大项数量 7（雪车、雪橇、冰壶、冰球、滑冰、滑雪、冬季两项）

分项数量 15（雪车、钢架雪车、雪橇、冰壶、冰球、速度滑冰、短道速滑、花
样滑冰、高山滑雪、越野滑雪、跳台滑雪、北欧两项、自由式滑雪、
单板滑雪、冬季两项）

小项数量 98

2014年索契冬奥会奖牌

摘要

2013年9月28日，奥运圣火在奥林匹亚赫拉神庙前完成采集，10月7日抵达莫斯科，开始了冬奥史上耗时最长的火炬接力，共持续了123天。

2014年2月7日星期五，两位曾获得三枚冬奥会金牌的俄罗斯选手伊琳娜·罗德尼娜（花样滑冰双人滑选手）和弗拉季斯拉夫·特雷蒂亚克（冰球选手）在开幕式上引燃了主火炬塔。

在单板滑雪项目上，日本选手平野步梦获得U形场地技巧银牌，获奖当天他只有15岁73天，成为最年轻的冬奥会奖牌获得者。

俄罗斯雪橇运动员阿尔贝特·杰姆琴科和日本跳台滑雪选手葛西纪明在参赛时都已超过40岁，索契冬奥会是他们参加的第七届冬奥会，他们都在索契摘得了两枚奖牌。

在高山滑雪大回转项目中，18岁345天的美国女将米凯拉·席弗琳和34岁10个月的奥地利选手马里奥·马特分获女子和男子冠军，同时他们也是该项目中最年轻和最年长的选手。

2017年11月国际奥委会收回了俄罗斯队的11枚奖牌（4金6银1铜）。2018年2月，国际体育仲裁法庭对39名禁赛的俄罗斯运动员的上诉作出裁定，恢复了他们的部分奖牌。

2014年索契冬奥会总耗资约500亿美元，为历届奥运会（包含夏奥会和冬奥会）之最。

奖牌榜

排名	国家	金牌	银牌	铜牌	合计
1	俄罗斯	11	10	9	30
2	挪威	11	5	10	26
3	加拿大	10	10	5	25
4	美国	9	9	10	28
5	荷兰	8	7	9	24
6	德国	8	6	5	19
7	瑞士	7	2	2	11
8	白俄罗斯	5	0	1	6
9	奥地利	4	8	5	17
10	法国	4	4	7	15

概况

综述

艰难的比赛后续

开幕式上充满俄罗斯风格的气球冉冉升起

2020年12月初，国际兴奋剂检测机构宣布，将在2021年年中对2014年索契奥运会上采集的半数以上样本进行重新审查。国际检测机构是一家成立于2018年的年轻机构，在过去两年间负责管理国际奥委会以及多个联盟组织的反兴奋剂项目，通过使用"先进的技术"手段，检测在当时未被发现的违规使用兴奋剂问题。其调查的重点主要是类固醇和激素类药物，而且不仅仅针对俄罗斯选手，检查范围包括"所有国家、所有大项"的运动员，在检测出阳性样本后，该机构可自行启动制裁程序。

这意味着，在2014年2月23日索契奥运会闭幕七年之后，所有项目的所有奖项归属仍然不确定，或者说仍然存有疑问。索契冬奥会是史上不确定性最大的一届奥运会和国际大赛。而目前，检测只进行至第三轮。按照国际奥委会反兴奋剂规则，第一轮检测应该在奥运会开始前和比赛中进行。索契冬奥会的检测工作则是在2014年1月30日至2月23日之间进行。一共进行了2667次测试（比2010年温哥华冬奥会多518次），包括2190次尿检和477次血检。第一轮检测筛查出了一些"不小心"或"故意"使用兴奋剂的选手，比如瑞典选手尼克拉斯·巴克斯特罗姆，因为服用了减充血剂伪麻黄碱而失去了参加冰球决赛的资格。

2014年12月，德国电视一台播放了一部纪录片，指出俄罗斯策划了一项兴奋剂计划，以提升本国选手的表现。随后，美国《纽约时报》于2016年5月刊登了莫斯科反兴奋剂实验室前负责人罗琴科夫博士的指控，称索契冬奥会期间，在俄罗斯特工部门的帮助下，该实验室建立了一个清洁尿液和样本尿液的交换机制。随后，第二轮检测正式启动。2016年7月，世界反兴奋剂机构发布了一份长达100页的报告，证实了此前由媒体提供的指控。随后，国际奥委会成立了专门委员会，对上述手段进行了可行性认证，并约谈了所有涉事的俄罗斯运动员。相关制裁于2017年底才全部结束，43名参加索契冬奥会比赛的俄罗斯运动员被罚取消参赛资格，并处以终身禁赛，累计收回13枚冬奥会奖牌。其中，越野滑雪选手亚历山大·列赫科夫、钢架雪车选手亚历山大·特列季亚科夫和双人雪车组合亚历山大·祖布科夫、亚历山大·沃耶沃达失去了金牌。

令人惊讶的是，2018年2月，国际体育仲裁法庭解除了对28名选手的制裁，原因是"没有足够证据可证明他们使用过兴奋剂"。这28名选手也恢复了自己在索契冬奥会取得的成绩，俄罗斯最终凭借11金10银9铜共30枚奖牌的成绩重回奖牌榜首位，排在挪威和加拿大之前。但集体制裁依然有效，2017年12月5日，国际奥委会执委会暂停了俄罗斯奥委会的参赛资格，禁止俄罗斯代表团参加2018年平昌冬奥会。符合条件的俄运动员可以以"来自俄罗斯的奥林匹克运动员"的名义参加个人或集体项目比赛，如他们获得金牌，则在颁奖时奏国际奥委会会歌而非俄罗斯国歌。

在索契冬奥会比赛期间，俄罗斯人显然丝毫未曾预想到未来的一系列事件，在开幕式表演、现场比赛以及场馆等所有方面，俄罗斯都履行了承诺，呈现了一届无与伦比的精彩冬奥会。俄罗斯总统弗拉基米尔·普京在两周的时间里，不遗余力地将索契这座沉睡的、设备简陋（甚至可以说一无所有）的城市变成了世界的中心。2014年冬奥会是史上最杰出、花费最高的奥运会，总投资约500亿美元。为迎接冬奥会，索契建设了一座新的国际机场、一个海港、两个火车站，修建了202公里的铁路、54座铁路桥、365公里的公路、102座公路桥、22条隧道、3座火力发电厂、1座水力发电厂和480公里的天然气管道。在体育设施方面，索契新建了一座奥运村和14座完全为冬奥会而建的体育馆。

五座全新的冰场坐落于索契地区黑海沿岸的伊梅雷廷斯卡娅湾，分别是进行冰球比赛的波绍伊体育馆和梅里滑冰场（又称"沙伊巴竞技场"）、速滑中心阿德勒竞技场、花样滑冰中心冰山滑冰宫（也是短道速滑比赛的场地）及冰立方冰壶中心。开闭幕式在菲施特奥林匹克体育场进行，主奥运村、国际广播中心和主媒体村均位于奥林匹克公园内，上述建筑构成了沿海综合体，距离第二综合体卡拉斯拉雅波利亚纳仅半小时车程。在第二综合体中，包含滑雪比赛场地、第二奥运村以及第二媒体村。

索契是黑海之畔的海滨度假胜地，亚热带气候也给冬奥会带来了缺雪的风险，组委会在16万平方米的隔热设施之下，储存了足够的积雪以满足比赛需求。为迎接冬奥会开幕，一切都是崭新的、美好的，万事俱备，万无一失，但又显得有些过度。这一切的最终目的是为了彰显国力。俄罗斯是全球地理面积最大的国家，同时也是年轻的国度，自1991年12月苏联解体后，新俄罗斯的历史并不长。俄罗斯曾明确表达要成为超级大国的雄心壮志，不仅在体育方面，在经济和政治方面也是如此。在最终的奖牌榜上，俄罗斯稳坐首位。但很快我们就看到了所谓"过度"意味着什么。

不断有选手被怀疑、被取消资格，再因为缺乏足够证据而重新加入比赛，如此种种之后，人们很难再对赛场的精彩瞬间产生热情，因为人们有足够的理由质疑这些出色的表现，

三名宇航员在升空前展示了索契冬奥会火炬，这也是人类第一次把奥运火炬传递延伸到地球之外的空间

究竟是源于才华能力还是药物驱动。例如，在雪橇比赛中，德国选手包揽了全部小项的金牌，俄罗斯选手阿尔贝特·杰姆琴科排在德国选手菲利克斯·洛赫之后，获得了一枚银牌（这枚银牌随后被收回，再之后又重新回到杰姆琴科手中），而获得铜牌的意大利选手阿尔明·佐杰勒已经是第六次参加冬奥会，也是第六次登上领奖台，创造了冬奥史上独一无二的壮举。相比之下，人们更喜欢佐杰勒的故事。同样，俄罗斯选手亚历山大·特列季亚科夫在钢架雪车项目中获得冠军，他的金牌虽然在几经周折后失而复得，但人们更加关注女子项目中英国选手伊丽莎白·亚诺尔德的夺冠，她奠定了英国在单板滑雪项目中的不败地位。

再有，俄罗斯队虽然在越野滑雪50公里项目上包揽金银铜牌，但过程却让人看得云里雾里：亚历山大·列赫科夫获得冠军，马克西姆·维列格宁获得亚军，伊利亚·切尔诺乌索夫获得季军。但在2017年11月，

韩裔俄罗斯选手安贤洙高举俄罗斯国旗庆祝夺冠

冠亚军双双因兴奋剂丑闻被收回了奖牌，又同在2018年2月重新获得了奖牌。在同一个项目上，获得15公里双追逐、30公里和团体短距离三个项目金牌的挪威选手玛丽特·比约根收获了更多的尊敬。她在2002年收获了第一枚冬奥会奖牌，2006年再入一枚，在2010年温哥华冬奥会上，她累计获得5枚奖牌，其中包括3枚金牌。在索契赛场上，33岁的比约根将自己的奖牌总数更新为10枚，其中包括6枚金牌。四年之后，她在平昌冬奥会上再创佳绩，成为冬奥会历史上获得奖牌最多的运动员。

在冬季两项比赛中，白俄罗斯选手达里娅·多姆拉切娃赢得了个人15公里、10公里追逐和12.5公里集体出发三个项目的金牌，在她之前，没有任何冬季两项选手取得过这样的成绩。她的风头几乎要超过了获得个人短距离和混合接力赛两枚金牌的挪威选手奥利·埃纳尔·比约恩达伦。两年之后，这两位传奇选手喜结连理，迈入了婚姻的殿堂。比约恩达伦累计获得13枚冬奥会奖牌，在1998年到2014年间，他共获得了8枚金牌、4枚银牌和1枚铜牌。这对夫妇现已加入中国队教练组，帮助中国冬季两项选手备战北京冬奥会。

第三位三金选手来自速度项目。原籍韩国的安贤洙加入了俄罗斯国籍后，更名为维克多·安。在2006年都灵冬奥会上，他曾为韩国队获得了3金1铜。在索契，他代表俄罗斯队，在500米、1000米以及接力赛中获得冠军，并在1500米中获得第三名，累计在冬奥会上获得6枚金牌和2枚铜牌。时年28

短道速滑比赛中，前三名运动员因为碰撞相继摔倒，排在第四位的中国选手李坚柔（右一）最终夺冠

岁的他梦想着2018年在故乡韩国平昌结束自己的职业生涯。但受到索契冬奥会兴奋剂事件波及，已是俄罗斯队一员的他无法参加平昌冬奥会。

索契冬奥会短道速滑项目的最大赢家非中国队莫属，中国选手们在冰山滑冰宫斩获了6枚奖牌。在女子项目中，李坚柔和周洋分别在500米和1500米中夺冠（重现了温哥华冬奥会的情景），范可新在1000米项目中获得银牌。男子项目中，武大靖和韩天宇分别获得500米和1500米银牌，随后，两位选手又与石竟男、陈德全合作，获得接力赛铜牌。

李坚柔的夺冠经历充满戏剧性，2月13日，因加拿大选手克里斯蒂和意大利选手方塔娜发生碰撞，同时还碰到领滑的韩国选手朴升智，三人均摔出赛道，未受影响的李坚柔最终以45秒26的成绩夺得中国代表团在索契冬奥会的首枚金牌，也成为继杨扬（2002年）、王濛（2006年、2010年）之后第三位短道速滑女子500米奥运冠军。两天后的1500米决赛，李坚柔同样被韩国选手金雅朗犯规撞倒而摔出赛道无缘领奖台。意外没完没了，在1000米半决赛中，李坚柔因与加拿大选手克里斯蒂发生碰撞被判犯规，无缘决赛。

速度滑冰的赛场长期由荷兰选手主导。在索契，荷兰队获得了速度滑冰项目全部32枚奖牌中的23

枚，在四个项目上包揽了金银铜牌。在冬奥历史上，从来没有一支队伍能取得如此惊人的成绩。中国选手张虹是阻挡"橙色风暴"的英雄之一，她以1分14秒2的成绩，击败了荷兰名将艾琳·维斯特（1分14秒69），获得了1000米项目金牌。张虹的世界排名并不高，而且是首次参加冬奥会，但她抓住了机会一战成名，成为中国第一个在速度滑冰项目中获得金牌的选手。维斯特共获得五枚奖牌，包括3000米和团体追逐赛的金牌，以及1000米、1500米和5000米的银牌，成为索契冬奥会收获奖牌最多的选手。

人口仅有3500万人的加拿大获得了冬奥会仅有的两个团体大项的全部四枚金牌，令人惊叹不已。在冰壶赛场上，加拿大男队在决赛中以9-3击败英国队，女队以6-3击败瑞典队，双双夺得冠军。而在女子冰球决赛中，美国队在终场前三分钟仍以2-0领先，在比赛仅剩55秒时，加拿大队凭借玛丽-菲利普·波林的进球将比分扳平。在加时赛中，波林梅开二度，帮助加拿大队以3-2绝杀美国队，这也是她们连续第四次获得冬奥会冰球金牌。男子冰球决赛万众瞩目，由上届奥运会冠军加拿大队对阵世锦赛卫冕冠军、2006年冬奥会冠军瑞典队。在索契，加拿大冰球队只丢了3个球。半决赛对阵美国队，决赛对阵瑞典队，在这两场关键比赛中，加拿大队均未丢球。最终，加拿大队在决赛中凭借乔纳森·托伊斯、西德尼·克罗斯比和克里斯·库尼茨的进球，以3-0战胜了瑞典队。

而在其他一些项目中，比赛结果惊喜频出。在花样滑冰比赛中，日本选手羽生结弦首次获得男子单人滑冠军。他甚至在短节目中获得了101.45分的惊人成绩，成为首位得

瑞恩·哈登（左）、小艾瑞克·哈登（中）和瑞恩·福莱组成的加拿大队在冰壶决赛中战胜英国队夺冠

分超过100分的选手。此外，美国组合梅里尔·戴维斯和查利·怀特首次获得冰上舞蹈项目的冠军，俄罗斯女将阿德琳娜·索特尼科娃为俄罗斯队斩获了女子单人滑的首枚金牌。安迪琳娜·斯托尼科娃的成绩堪称空前绝后，在她之前，无论是苏联还是俄罗斯，均未在冬奥会、世锦赛或欧锦赛上夺冠；在她之后，也尚未有第二人能与她并肩。德国选手卡莉娜·沃格特在跳台滑雪标准台（HS106）项目中，两轮动作分别取得了103米和97.5米的成绩，获得首枚女子跳台滑雪金牌。男子项目中，波兰选手卡米尔·施托奇在标准台的两跳中取得了105.5米和103.5米的成绩，获得冠军；随后又获得了大跳台（HS140）项目冠军。索契冬奥会是一场美丽的体育盛会，只是赛后的种种事件颇为艰难，也让人唏嘘。

创造历史的三金女王

白俄罗斯选手达里娅·多姆拉切娃在索契冬奥会上共摘得3枚金牌，成为冬奥历史上最闪亮的冬季两项女将。

多姆拉切娃站在冠军领奖台上欢庆胜利

达里娅·多姆拉切娃的丈夫奥利·埃纳尔·比约恩达伦是挪威的冬季两项名将，也是奥运会历史上最伟大、最成功的运动员。这对冰雪伉俪曾累计获得近20枚冬奥会奖牌。比约恩达伦在2018年结束了自己的职业生涯，他曾累计获得13枚奥运奖牌（其中包括8枚冬奥会金牌），以及45枚世界大赛奖牌，其中20枚金牌。多姆拉切娃出生于白俄罗斯，是冬奥历史上获得奖牌最多的冬季两项女选手，她共获得6枚奥运奖牌，其中4枚是金牌。她也曾两度加冕世锦赛冠军，共获得7枚世锦赛奖牌，于2018年6月25日退役。

与比约恩达伦相比，多姆拉切娃的奖牌总数稍有逊色，主要原因在于白俄罗斯并非冬季两项强国，多姆拉切娃几乎从未在团体赛中获奖。当然，夫妻之间不会计较各自的成就，2016年7月，他们步入了婚姻的殿堂，同年10月1日，他们的女儿出生，取名为齐妮娅。2019年9月，这对夫妇宣布加入中国冬季两项国家队，担任主教练和女队教练，帮助中国队备战2022年北京冬奥会。

1986年8月3日，达里娅·多姆拉切娃出生在苏联白俄罗斯的明斯克。她的父母是建筑师，在她4岁时，双双参加了西伯利亚尼亚根新城的建设工作。在那里，多姆拉切娃从6岁开始学习滑雪，1999年进入当地的冬季两项学校。很快，她就只与男生一起竞赛，因为同校的女选手对她而言毫无竞争力，当然，男选手

多姆拉切娃正在参加女子冬季两项12.5公里集体出发比赛

也很难战胜她。

　　2003年，她回到了现今的白俄罗斯首都明斯克生活。两年后，她获得了世青赛短距离和追逐赛冠军。2006年，20岁的她完成了世界杯首秀，但她的进步缓慢，直到2008—2009年赛季才登上领奖台。2010年温哥华冬奥会，略显青涩的她获得了15公里个人项目的铜牌。2012年，她在鲁波尔丁举行的世锦赛中获得冠军，随后在2013年的布拉格新城世锦赛中获得集体出发冠军。随着索契冬奥会的临近，她已经做好了冲击金牌的准备。

　　在短距离项目上，她落后斯洛伐克选手阿纳斯塔西娅·库兹米娜31秒08，排在第九位，在追逐项目开始后不到一分钟，她已经将排名提升至第四位。在完成第一次射击后，她已经非常接近自己的冬奥会金牌梦，最终她以37秒的优势领先于挪威选手获得金牌。三天后，她在15公里个人项目的表现更加令人惊叹。她的领先优势非常之大，即便她在第二次射击时失误脱靶，增加了一分钟的罚时，也依然保持在第一的位置，并以1秒15的优势战胜了瑞士选手塞利娜·加斯帕兰，获得冠军。之后，她又获得了集体出发项目的冠军，获得了个人的第三枚冬奥会金牌，也创下了空前的冬奥会纪录。她与俄罗斯短道速滑选手维克多·安和挪威女子越野滑雪选手玛丽特·比约根一样，在索契冬奥会上获得了三枚金牌。一年后，她首次获得了世界杯冠军，再次证明自己是世界最佳冬季两项女子选手。

单从职业生涯的角度出发，她之后的经历变得有些曲折：2015年7月，她患上了单核细胞增多症，婚姻和生育也让她不得不先将事业放置在一边。直到2017年1月，她才恢复了训练，并在2018

年平昌冬奥会上再次大放异彩。她的丈夫加入了白俄罗斯队的教练组，在集体出发项目中，多姆拉切娃以19秒负于宿敌阿纳斯塔西娅·库兹米娜，获得银牌。但她在接力赛中的表现更加出色，在她接棒时，白俄罗斯位居第四，仍排在波兰、法国和意大利之后。随着多姆拉切娃完成完美卧射，白俄罗斯取得了领先，她也随之收入了第四枚冬奥会金牌，创造了新的纪录。赛后，她的获奖感言云淡风轻："这说明我选择滑雪运动是正确的，开始练习冬季两项也是个正确的决定。"

5000米速滑赛场的王者

荷兰速滑选手斯文·克拉默在温哥华冬奥会上勇夺男子5000米金牌，之后，他又在索契和平昌冬奥会上蝉联了该项目冠军。

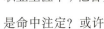

1986年4月23日，斯文·克拉默出生在荷兰的滑雪胜地海伦芬，临近著名的蒂亚夫滑冰馆。他的人生注定会与滑冰产生联系，尤其他的父亲还是位职业速滑运动员。20世纪80年代时，重建后的蒂亚夫滑冰场变为室内滑冰馆，曾举办过20多场世锦赛和众多的世界杯赛事，多位选手曾在此打破世界纪录。他的父亲耶普·克拉默曾在荷兰锦标赛上获得了8枚奖牌，并参加了1980年和1984年两届冬奥会，斯文曾表示："父亲从小就鼓励我练习滑冰，母亲也是如此。"

11岁时，斯文就曾郑重地说："我想成为世界上最好的滑冰运动员。"而18岁时他已成为小有名气的选手，获得了荷兰青年组计时赛亚军，以及荷兰锦标赛成人组全能冠军。2005年，欧锦赛在海伦芬举行，主场作战的斯文获得银牌，同年11月，他在盐湖城5000米比赛中创造了个人第一个世界纪录：6分8秒78。整个职业生涯中，他曾多次刷新自己创下的世界纪录。他的成功是否是命中注定？或许是的。多年后，当被问及成功秘诀时，他笑着

说："我的秘诀很简单，就是我喜欢我做的事情，我太喜欢这项运动了！"

然而，斯文的奥运之旅并非一帆风顺，甚至像被诅咒了一般。在2006年都灵冬奥会上，他完成了自己的奥运首秀。在5000米比赛中，不到20岁的他获得了第一枚银牌。在团体追逐赛中，荷兰队本是夺冠的最大热门，但他却在半决赛中失误摔倒，连累队友一同无缘决赛。最终，荷兰队在三四名决赛中胜出，获得铜牌。2010年温哥华冬奥会，斯文的厄运还在继续。他虽率先冲出了10000米的终点线，但喜悦之情未能持续多久，他因为一个低级错误随后被取消了成绩。由于教练发出的指令错误，他在比赛中段后不久就滑错了赛道。在团体追逐赛中也传来了令人失望的消息，荷兰队以0.3秒之差败于美国队，再次无缘决赛，仅获得铜牌。

所幸，在两个坏消息发生之前，斯文在自己最擅长的5000米项目上获得了冠军，并创造了新的奥运纪录。在2014年索契冬奥会上，他不仅蝉联了5000米冠军，也再次打破了自己保持的世界

斯文·克拉默在男子5000米
速滑比赛中过弯

纪录。遗憾的是，他未能在10000米项目中夺回金牌。荷兰选手约里特·伯格斯马夺冠，斯文居于其后，获得银牌。在团体追逐项目决赛中，斯文与队友扬·布洛克伊森和科恩·韦尔维耶发挥出色，以11秒的优势超越了波兰队，最终获得该项目冠军。至此，斯文曾七次登上冬奥会领奖台，收获了三枚金牌。

但这还不是他的全部成绩。在5000米项目上他从未失手，2018年他又在平昌冬奥会上成功卫冕，成为历史上第一位连续三次获得同一小项冠军的速滑选手。在团体追逐赛中，他代表荷兰队再获一枚铜牌，这是他在冬奥会上获得的第九枚奖牌，成为冬奥历史上夺牌数最多的速滑选手。在世锦赛中斯文取得了不可思议的佳绩，他共获得12枚全能赛奖牌，其中包括9枚金牌，他累计获得了26枚单项奖牌，其中21枚是金牌。斯文实现了11岁时的梦想，成为历史上最好的速滑选手。

"食人族"佐杰勒

40岁的意大利雪橇选手阿尔明·佐杰勒连续六次获得冬奥会雪橇男子个人冠军，创下了无与伦比的纪录。

阿尔明·佐杰勒曾在职业生涯中与年长他8岁的雪橇传奇人物乔治·哈克尔相遇，在1998年长野冬奥会上，哈克尔曾战胜佐杰勒。尽管佐杰勒在盐湖城完成了"复仇"，但他对哈克尔仍然赞赏不已，哈克尔也是当时唯一一位连续五届冬奥会均有奖牌收获的运动员。佐杰勒对哈克尔究竟是欣赏，还是羡慕呢？是否正因为羡慕，他才不断挑战极限，以争夺历史上最伟大雪橇选手的头衔？哈克尔曾在1992年、1994年和1998年三次获得冬奥会冠军，在14

年间共获得五枚奖牌。而佐杰勒参加了六届冬奥会，共获得六枚奖牌。相比之下哈克尔要更加幸运，因为在1992年和1994年两年时间内就举办了两届冬奥会，而佐杰勒参加的六届冬奥会持续了20余年。

1974年1月4日，佐杰勒出生在意大利南蒂罗尔州梅拉诺。在1994年利勒哈默尔冬奥会上，年仅20岁的佐杰勒获得了男子单人雪橇铜牌，仅次于两位雪橇名将乔治·哈克尔和马库斯·普罗克。

**完成雪橇比赛后的佐杰勒
正在减速**

他获得了个人项目第三名，首次登上了国际大赛的领奖台。在利勒哈默尔，他站在了领奖台的同一位置。

在成为运动员之前，佐杰勒曾是意大利米兰的一名警察，他单纯、沉稳，尊重他人也颇受人尊敬。1998年长野冬奥会，他仅次于乔治·哈克尔，获得银牌。时间来到了21世纪，在2002年盐湖城冬奥会上，乔治·哈克尔和马库斯·普罗克已不复昔日风采，分获银牌与铜牌，而佐杰勒站上了最高领奖台。2006年在都灵，主场作战的佐杰勒虽然经历了一些惊险时刻，最终仍成功蝉联冠军。他对塞萨纳－帕里奥体育馆的赛道了如指掌，轻松赢下了前两轮的比赛。次日，由于受到舆论压力的影响，他在第三轮中排名第二，在最后一轮中只获得第五。然而最终，他以0.11秒的优势成功卫冕。

所向披靡的佐杰勒获得了"食人族"的外号，当时间来到2010年的温哥华冬奥会时，常年超负荷训练积累的伤病开始惩罚这个对胜利充满渴望的中年人。那年的阿尔明·佐杰勒已经36岁，在赛场上输给了两位更有活力的德国选手菲利克斯·洛赫和大卫·穆勒。但他依然获得了一枚铜牌，他和哈克尔一样，连续参加五届冬奥会均有奖牌收获。2014年，佐杰勒被选为意大利代表团的旗手参加了索契冬奥会的开幕式。在赛场上，菲利克斯·洛赫力压俄罗斯选手阿尔贝特·杰姆琴科，蝉联了冠军，而佐杰勒在时隔20年后再次夺得一枚铜牌。

赛后，年届四十的佐杰勒宣布这是自己最后一次参加冬奥会，无人对此表示惊讶。整个职业生涯中，他曾在1995—2011年六次获得世锦赛冠军，在1998—2011年十次获得世界杯冠军。这是现象级的传奇人物和传奇成就。

哈克尔与普罗克都曾经获得冬奥冠军。当时的佐杰勒是个身强力壮的小伙子，身高1.81米，体重85公斤，最重要的是他已经有了一些大赛经验。他在11岁时就首次参加在天然赛道上举行的国际比赛，之后在教练谢韦林·翁特霍尔茨纳的鼓励下，14岁的他首次参加人工赛道比赛，16岁时已经获得了第一个世界杯青年组冠军。1992年12月6日，在拉脱维亚的西古尔达举行的世界杯上，

第23届冬奥会
2018年平昌

PyeongChang 2018™

2018年平昌冬奥会会徽

概况

地点 平昌（韩国）

开幕式 2018年2月9日（2月8日开赛）

闭幕式 2018年2月25日

开幕式致辞人 文在寅（韩国总统）

运动员宣誓代表 牟太钒（韩国速度滑冰运动员）

裁判员宣誓代表 金宇植（韩国）

教练员宣誓代表 朴基浩（韩国越野滑雪教练）

奥运圣火点火人 金妍儿（韩国花样滑冰运动员）

吉祥物 白虎"守护郎"

参赛国家和地区数量 92

参赛人数 2833（1664名男运动员和1169名女运动员）

大项数量 7（雪车、雪橇、冰壶、冰球、滑冰、滑雪、冬季两项）

分项数量 15（雪车、钢架雪车、雪橇、冰壶、冰球、速度滑冰、短道速滑、花样滑冰、高山滑雪、越野滑雪、跳台滑雪、北欧两项、自由式滑雪、单板滑雪、冬季两项）

小项数量 102

2018年平昌冬奥会奖牌

摘要

平昌冬奥会是在韩国举办的首届冬奥会和第二届奥运会，1988年汉城夏季奥运会在韩国举行。继1972年札幌冬奥会和1988年长野冬奥会之后，冬奥会举办地再次花落亚洲。

俄罗斯奥委会因兴奋剂事件被国际奥委会取消了平昌冬奥会的参赛资格，169名俄罗斯运动员以"来自俄罗斯的奥林匹克运动员"的名义参加比赛。

挪威越野滑雪运动员玛丽特·比约根获得了5枚奖牌。她也是冬奥历史上夺牌数最多的运动员，共获得15枚奖牌，其中包括8枚金牌。

平昌冬奥会共有两名选手获得了3枚金牌，分别是挪威越野滑雪选手约翰内斯·赫斯弗洛特·克莱博和法国冬季两项选手马丁·福卡德。福卡德在职业生涯中共获得5枚冬奥会金牌及2枚银牌。

2018年2月17日，花样滑冰男子单人滑比赛结束，日本选手羽生结弦夺冠，获得了冬奥历史上第1000枚金牌。

2011年，平昌冬奥会的预估投入为64亿欧元，但实际投入高达105亿欧元。虽远不及2014年索契冬奥会花费的175亿欧元，但比温哥华冬奥会的23亿欧元还是高出了许多。

奖牌榜

排名	国家	金牌	银牌	铜牌	合计
1	挪威	14	14	11	39
2	德国	14	10	7	31
3	加拿大	11	8	10	29
4	美国	9	8	6	23
5	荷兰	8	6	6	20
6	瑞典	7	6	1	14
7	韩国	5	8	4	17
8	瑞士	5	6	4	15
9	法国	5	4	6	15
10	奥地利	5	3	6	14

概况

英雄辈出的时代

获得奥运金牌绝非易事：除了卓越的竞技才能，还需要多年的努力、辛苦、牺牲以及自律。失败是成功之母，想要成功就必须经历失败，并从那些痛苦的失败中吸取教训。耐心也是必不可少的，时机也非常重要，选手必须在合适的时间做好参赛准备。因为奥运会不同于世界锦标赛，每四年才会举行一次，这也是为什么奥运会金牌更加珍贵。并不是每个人都有机会站上最高领奖台，而能两次登上最高领奖台则是难上加难。至于在同一届冬奥会的不同项目中夺冠，或者在同一项目中连续两届蝉联冠军，则几乎是"不可能的任务"。

在平昌冬奥会的赛场上，捷克选手埃斯泰·莱德茨卡的表现独树一帜，堪称前所未有。2018年2月17日，埃斯泰·莱德茨卡踏上了旌善郡的赛场，准备参加高山滑雪超级大回转比赛。在此之前她的表现并不突出，2016年2月，她在加尔米施－帕滕基兴举行的高山滑雪世界杯上首次亮相，取得了第24名。

韩国花样滑冰名将金妍儿点燃平昌冬奥会主火炬

此后，她的最好成绩也仅为第19名。她在平昌冬奥会上拿到了并不有利的第26号，在25名选手完赛之后，通常赛道上布满滑行痕迹，看上去甚至有些令人绝望。

　　莱德茨卡并不在意，她来此参赛只是为了自己的爱好。出于友情，美国选手米凯拉·席弗琳把自己的阿托米克滑雪板借给了莱德茨卡，她试用后感觉良好。在比赛中，莱德茨卡完成得十分流畅、精准且速度很快，接近极限值，最终以1分21秒11的成绩完成比赛。赛后，她抬头看了看记分牌，然后彻底愣住了，完全不敢相信自己的眼睛。记分牌上显示：安娜·法伊特（奥地利），1分21秒12；蒂娜·维瑞兹（列支敦士登），1分21秒22；蕾拉·古特（瑞士），1分21秒23……她需要时间去理解，或者说去接受事实。0.01秒，凭借这短暂的一瞬之差，埃斯泰·莱德茨卡站上了最高领奖台，不仅如此，她还以0.12秒的优势击败了索契冬奥会的冠军。故事在这个伟大的、令人感动的时刻结束就已经足够美好。奥地利选手马塞尔·希尔舍曾获得大回转和全能项目双料冠军，米凯拉·席弗琳在两届冬奥会中先后获得回转和大回转项目冠军。与莱德茨卡的经历相比，类似故事并不会带来更多的情感震撼。

　　埃斯泰·莱德茨卡的不同之处还在于，尽管她在超级大回转的赛场击败了其他所有世界顶尖选手，但她并不是一位"真正"的高山滑雪运动员。或者说，她不仅是高山滑雪运动员，也是一名单板滑雪选手。1995年3月23日，莱德茨卡出生在捷克布拉格。22岁时，她已经获得了2枚高山滑雪世锦赛（双板）金牌和1枚世锦赛银牌（2015年和2017年），并两次获得单板世界杯平行回转总排名冠军（2016年和2017年），一次获得平行大回转项目总排名冠军（2016年）。2018年和2019年，她又两次夺得这两个

莱德茨卡用借来的滑雪板把自己的"业余爱好"超级大回转玩成了奥运冠军（左图），而她真正的强项是单板滑雪（右图）

综述

项目的世界杯冠军。2018年2月24日，刚从世界杯夺冠的喜悦中恢复过来的莱德茨卡赢得了单板滑雪决赛资格，毫无疑问，她是决赛夺冠热门。在普光凤凰滑雪公园的赛场上，莱德茨卡顺利夺冠。与在高山滑雪项目上以极微弱优势领先不同，她以0.46秒战胜了获得亚军的德国选手塞利娜·约格，而她夺冠后的表现也要沉着得多。在一周内，在同一届冬奥会上，一位选手先后在两个不同分项上，用两种完全不同的装备夺得了冠军。凭借这一项成就，埃斯泰·莱德茨卡收获了无数赞扬。在这之前，俄罗斯选手安菲萨·列兹佐娃曾在1988年获得越野滑雪金牌（接力赛），1992年获得冬季两项（短距离项目）金牌，但她并不是在同一届冬奥会上获得两个奖项。而埃斯泰·莱德茨卡是同时进行两个项目的训练，这一点曾经让她身边所有人都感到绝望。从她14岁开始，他们就一直要求她在高山滑雪或单板滑雪中作出选择，进行专攻，否则她在任何一个项目上都无法达到顶尖水平。现在，她用成绩证明自己的坚持是正确的。

从体育本身的角度出发，平昌冬奥会的赛场上还诞生了多位和埃斯泰·莱德茨卡一样的传奇冠军，他们的表现和成就令人印象深刻。同样在单板滑雪项目中，美国人肖恩·怀特在平昌迎来了职业生涯的巅峰。他曾获得都灵和温哥华冬奥会的U形场地技巧冠军，但在索契冬奥会上，他发挥失误仅获第四名，还严重负伤。休养之后，他踏上了争夺平昌冬奥会参赛资格的末班车。在平昌，他一路保持着领先优势，在决赛最后一跳中成功完成了全部高难度动作，包括back to back 1440，获得个人第三枚冬奥会金牌，成为史上最杰出的单板滑雪选手。

同样是32岁的瑞士选手达里奥·科洛尼亚则在越野滑雪上取得了前所未有的成绩，在同一项目中累计获得3枚金牌。他曾在2010年获得过越野滑雪15公里自由式的冠军，随后在2014年获得了传统式／自由式混合的双追逐冠军。在平昌，他再次获得自由式冠军，冬奥会历史上不乏伟大的越野滑雪运动员，但没有一个人像他一样，能够蝉联冠军。再加上2014年获得的双追逐赛金牌，他在整个职业生涯中总共获得了4枚冬奥会金牌，也收获了人们的尊敬。但他并不是平昌冬奥会夺牌最多的越野滑雪选手，这一荣誉向来属于挪威选手。约翰内斯·赫斯弗洛特·克莱博在多个小项中发挥出色，获得了个人短距离、团体短距离和四人接力赛金牌。另一位在平昌获得三金的选手是索契冬奥会双金得主、法国人马丁·福卡德，他获得了冬季两项追逐赛、集体出发以及混合接力赛冠军。福卡德也是全球唯一一位连续七次（2012—2018年）获得世界杯冠军的冬季两项选手。

越野滑雪场上升起的另一颗明星是挪威选手玛丽特·比约根，尽管她已38岁但风采依旧。她夺得了个人30公里和接力赛金牌、15公里双追逐赛银牌、个人10公里和团体短距离铜牌，为自己增加了5枚冬奥会奖牌。在2002—2018年共五届冬奥会中，她累计获得15枚奖牌，是冬奥会历史上获得奖牌最多的运动员。她共持有8枚冬奥会金牌，她的同胞奥利·埃纳尔·比约恩达伦和博约恩·戴利分别在冬

美国女子冰球队在决赛中击碎了加拿大队五连冠的梦想，赛后队员们兴奋的在场中合影

季两项和越野滑雪项目中保持着相同纪录。

　　平昌冬奥会男子项目中诞生了多位"三冠王"，荷兰选手斯文·克拉默是当之无愧的史上最优秀的速滑选手，他在继温哥华和索契冬奥会上两次获得5000米冠军后，在平昌再度捍卫了这一荣耀。12年前，在2006年都灵冬奥会上，他"仅"获得了银牌。在平昌，他还获得了团体追逐赛铜牌，他累计共获得9枚冬奥会奖牌，其中包括4枚金牌。如果说克拉默是赛场上的猛兽，那么，我们应当如何形容荷兰女将艾琳·维斯特的表现呢？她曾在2006年都灵冬奥会上获得2枚奖牌，在2010年温哥华冬奥会上获得1枚金牌，又在2014年索契冬奥会上获得5枚奖牌。在江陵奥林匹克赛场上，她为自己的成绩单又增加了两金一银，分别是1500米金牌、3000米银牌和团体追逐赛金牌。至此，她的奥运奖牌总数为11枚，其中包括5枚金牌。在这个项目上，无论男女运动员，都不曾取得过这样的成绩，而且当时的她才32岁。

加拿大选手约翰·莫里斯
（后）正在和队友凯特琳·劳
斯（前）配合投掷冰壶

加拿大选手约翰·莫里斯在2010年温哥华冬奥会上与冰壶队队友们共同获得金牌。2018年平昌冬奥会首次开设冰壶混双项目，莫里斯与索契冬奥会女子冰壶冠军得主凯特琳·劳斯联手，获得混双项目首金。约翰·莫里斯也因此成为该项目第一位男子双料冠军。在女子团体赛场上，凯特琳·劳斯与四名瑞典女将再次相遇。但不得不说，在冰壶项目上，不仅仅是韩国民众，几乎所有观众的目光都被拥有超凡魅力的瑞典女队吸引，她们气定神闲，一路杀入决赛并取得了最终胜利。

另一位加拿大花样滑冰选手斯科特·莫伊尔同样深谙女性的价值。莫伊尔自幼就与特莎·弗丘合作，他们曾在2010年温哥华冬奥会上夺冠，成为有史以来最年轻的冬奥会冰舞冠军，但在索契他们未能实现蝉联。来到平昌，他们又回到了冬奥舞台，在短短几分钟内，用一段精彩绝伦的自由滑表演夺回了失去的金牌。他们的表演是体育、艺术和情感的完美结合，也是珍贵的唯美时刻。花样滑冰项目中，日本选手羽生结弦在男子项目上的表现可圈可点。19岁的他已经登上过索契冬奥会的最高领奖台，并被认为是有史以来最优秀的花样滑冰选手之一。但在2017年底，严重的脚踝伤势迫使他停止训练，整整休养了三个月。当他在八名保镖的护送下出现在平昌时，他接受了150名记者的提问。他透露自己在四周前才恢复训练。为减轻压力，他未参加团体赛，用一支完美的短节目给观众呈现了无数惊喜和赞叹。最终，他以111.68分的成绩排名第一，距离自己保持的世界纪录只有1分的差距，而他的纪录也从未有人能够超越。他的短节目时长以及极高的完成质量是他蝉联冠军的关键。自迪克·巴顿在1952年蝉联花滑冠军以来，66年间从未有人完成同样的壮举。更令他高兴的是，他的两位好友，日本选手宇野昌磨和西班牙选手雅维耶·费尔南德斯分别获得了银牌和铜牌。他的这枚金牌还具有重要的象征意义：1924年1月26日美国速滑运动员查尔斯·朱特劳在500米比赛中获得了第1枚冬奥会金牌，而羽生结弦获得的是冬奥历史上第1000枚金牌。

平昌冬奥组委原本期待打造一届平和、轻松的冬奥会，但最终未能避免被批评的命运。与1988年汉城奥运会一样，安全是首要问题，特别是在韩朝关系持续紧张的背景下。在平昌冬奥会上，韩国与朝鲜共同参加开幕式，又以联队名义参与女子冰球比赛，显示了双方关系回暖的趋势，这让其他国家的参与者感到心安。组委会为了建造两座新的滑雪场，砍掉了加里旺山保护林中的6万棵树，此举受到了环保人士的大力谴责。冬奥会的组织和财务贪污等问题也招致批评，平昌冬奥组委主席还因此被解职。预算的大幅超支也是引发批评的一大因素，超支往往源于财务成本控制不力。当然，韩国一直是擅长利用东道主优势提升本国运动员成绩的国家。1988年汉城夏奥会他们总共获得了14枚金牌，排在奖牌榜第四位。这次也不例外，韩国代表团获得了5金8银4铜共17枚奖牌，在奖牌榜上名列第七位。

与韩国相比，中国代表团取得的成绩明显低于预期。为了

综
述

武大靖（右一）为中国赢得本届冬奥会唯一的一枚金牌

给四年后的北京冬奥会造势，中国派出了由82名选手组成的庞大阵容，参与到55个小项的比赛中，最终只收获1金6银2铜共9枚奖牌。近五届冬奥会，中国与韩国在短道速滑项目上都视对方为头号对手，在冬奥赛场联手奉献了一系列短兵相接的精彩对决。2002年盐湖城，中韩各获得2金2银，中国队仅在铜牌数上略胜一筹。2006年都灵，韩国队以6枚金牌完胜。2010年温哥华，中国女队包揽4枚金牌扳回一城。2014年索契，女子500米决赛的一场意外碰撞事故导致领滑的韩国选手摔出赛道，中国选手李坚柔意外获得金牌，这一进一出帮助中国队继续保持优势。现在来到平昌，韩国选手赢得了8枚短道速滑金牌中的3枚，关键时刻，中国选手武大靖在两名韩国选手的包挟中夺回了1枚宝贵的金牌。

她创造了冬奥会奖牌纪录

38岁的挪威越野滑雪女将玛丽特·比约根在平昌冬奥会上共夺得5枚奖牌，她在职业生涯中累计收获了8枚冬奥会金牌，共15枚冬奥会奖牌。平昌冬奥会后，她成为冬奥历史上获得奖牌最多的运动员。

玛丽特·比约根是冬奥会历史上获得奖牌最多的运动员，超越了许多位优秀的冬奥冠军，比如挪威冬季两项选手奥利·埃纳尔·比约恩达伦（在1998—2014年共获得13枚奖牌）和越野滑雪选手比约恩·戴利（1992—1998年共获得12枚奖牌）。

玛丽特·比约根于1980年3月21日出生在挪威特隆赫姆附近的罗涅斯，在整个职业生涯中获得了15枚冬奥会奖牌，包括8枚金牌、4枚银牌和3枚铜牌。2002年盐湖城运动会后，她对金牌充满了渴望。当时她才22岁，距离领奖台还有些距离，在盐湖城，她只获得了10公里的第50名和30公里的第14名。但她并没有空手而归，她代表挪威队在4×5公里接力赛中获得银牌。四年后来到都灵，她的收获没有显著增加，同样只收获了一枚银牌，这枚奖牌来自个人10公里项目。此前她曾在2005年和2006年世界杯上大获全胜，在2005年德国奥伯斯多夫世锦赛上共获得5枚奖牌，其中包括3枚金牌，这些也足以证明她已是世界上最优秀的越野滑雪选手。但是，剧烈的胃痛很大程度上影响了她争夺奖牌的效率。

在2010年温哥华冬奥会上，虽然玛丽特·比约根的水平已略有下降，但她仍然拼尽全力。此时的她已接近30岁，但她从未如此坚定。在惠斯勒奥林匹克公园的赛场上，她参加的每一个项目都有奖牌收获，她首先在10公里自由式项目上获得铜牌，随后又在短距离、15公里双追逐赛和4×5公里接力赛三个项目上获得金牌，最后在30公里集体出发项目上，她以0.3秒的微弱差距遗憾负于波兰选手朱斯蒂娜·科瓦尔奇克，获得一枚银牌。凭借这5枚奖牌（其中3枚是金牌），她成为2010年冬奥会获奖最多的运动员。在她的祖国挪威，她已经是一个明星，她还获得了挪威滑雪运动员的最高奖项"霍尔门科伦山奖章"。

四年之后，温哥华冬奥赛场的女王决心在索契再放光彩。在这四年里，玛丽特·比约根的表现依然出色，除了2012年世界杯冠军外，她还在2011—2013年的世锦赛上共获得10枚奖牌，包括8枚金牌。索契冬奥会共诞生了三名获得三枚金牌的优秀选手，除了玛丽特·比约根外，还有俄罗斯短道速滑选手维克多·安和白俄罗斯冬季两项选手。玛丽特·比约根在短距离（第11名）、10公里（第5名）和接力赛（挪威队获得第5名）三个项目中的表现并不尽如人意，但在15公里双追逐赛项目上蝉联了冠军，并在30公里和团体短距离项目上获得金牌。索契冬奥会结束后，她再次获得世界杯冠军，续写着不老传奇。

在平昌冬奥会上，人们再次看到了玛丽特·比约根的身影。她在30公里和4×5公里接力赛中蝉联了冠军，在15公里双追逐赛中获得银牌，又在10公里短距离和团体短距离比赛中获得铜牌。平昌冬奥会结束后，38岁的她宣布告别国际大赛，此时她已共获得15枚奥运奖牌和26枚世锦赛奖牌（包括18枚金牌）。传说她在还不会走路的时候就学会了滑雪，如今听来倒并不奇怪。

玛丽特·比约根在赢得
女子30公里集体出发比
赛后，手持挪威国旗被
队友高高举起

一对完美的舞者

特莎·弗丘和斯科特·莫伊尔用冬奥会金牌为22年的搭档生涯画上了圆满的句号。

特莎·弗丘和斯科特·莫伊尔以前所未有的舞姿、复杂的步法和创新的托举动作赢得金牌

2019年夏天，一则消息在加拿大引发了强烈反响。冰上舞蹈选手斯科特·莫伊尔宣布与其首位搭档杰姬·马斯卡林订婚。在此之前，莫伊尔从来没有提到过她，也没有提到过他们的关系，相反，他与"真正"的冰上战友特莎·弗丘的绯闻倒是传得沸沸扬扬。甚至有人捏造说他们已经隐婚，还有了一个孩子。绯闻听上去也很真实。

斯科特·莫伊尔和特莎·弗丘即将结束搭档生涯，这是一段完美、充满激情和感动，或者说充满暧昧的故事。在成为搭档的22年间，他们在冰面之上留下了许多默契和柔情的瞬间。2018年2月20日，在平昌冬奥会的冰舞赛场上，他们选择了《红磨坊》的音乐作为配乐，仿佛就在诉说他们的"爱情"故事。无论特莎·弗丘如何强调他们只是朋友，但他们在一系列完美表现中所体现的情感，让观众很难想象他们仅仅只是朋友。

特莎和斯科特分别于1989年5月17日和1987年9月2日出生在加拿大安大略省的伦敦，从小就在同一个俱乐部训练。斯科特从3岁开始学习滑冰，特莎从6岁开始学习。不久之后他们就结为搭档，那一年，特莎8岁，斯科特10岁。一年后，他们参加了第一次比赛。又过了几个月，他们在1999年1月于安大略省伍德斯托克举行的省级决赛中获得了首个冠军称号。再之后，他们获得了世青赛冠军。2008年，他们获得了第一枚世锦赛银牌，在未来几年中，他们又连续获得了6枚银牌。

时间来到2010年，温哥华冬奥会的脚步越来越近。这是在他们的祖国加拿大举办的冬奥会，但他们几乎不可能登上领奖台：腿部的伤痛困扰着特莎，她连走路都很艰难。她咬紧牙关，在斯科特的搀扶下走上赛场，奇迹随之出现。他们在规定动作中排名第二，但他们的创编舞从弗拉明戈舞中汲取灵感，获得第一。他们的夺冠也是历史性的时刻：他们是首对第一次参加冬奥会就获得

金牌的组合，是史上最年轻的冠军组合（当时两人分别只有20岁和22岁），也是自1976年来，首对获得该项目金牌的北美组合，此前一直由欧洲选手占据冠军之座。温哥华冬奥会之后，他们很快又获得了首枚世锦赛金牌。而后，特莎被诊断出患有慢性骨筋膜间隔综合征，在10月份接受了手术。

四年之后的他们仍然处于巅峰水平，但在索契冬奥会上输给了美国组合梅丽尔·戴维斯和查利·怀特。他们只获得一枚银牌，但在新增加的团体项目中，他们再次夺得了一枚奖牌。在表演结束时，斯科特·莫伊尔亲吻了奥运五环，仿佛在向奥运会说"再见"。随后，他们宣布将在下个赛季结束后退役。是源于失落？还是伤病？还是已经产生了厌倦？但事实上，他们在休息了两年半之后，再次被冬奥会的魅力吸引，回到了赛场。

弗丘和莫伊尔改变了习惯，在蒙特利尔与玛丽·弗兰采·迪布勒伊和帕特里斯·洛宗一起进行全天候训练。他们在2016—2017年赛季的成绩证明了其选择是正确的：他们赢得了多项胜利，包括他们的第三枚世锦赛金牌。他们是一体的，加拿大奥委会还任命他们作为2018年平昌冬奥会开幕式上加拿大代表团的"旗手"。两位旗手在几天之后的冰舞赛场上，呈现了一如既往的优秀表现。短节目结束后，与弗丘和莫伊尔师出同门的法国组合加布里埃拉·帕帕扎基斯和纪尧姆·西泽龙的自由舞艳惊四座，他们必须发挥完美，才能赢得这枚金牌。他们以前所未有的舞姿、复杂的步法和创新的托举动作，彻底点燃了整个赛场。在温哥华冬奥会八年之后，在他们最后一届冬奥会上，成功获得珍贵的金牌。团体赛中，他们获得了第三枚金牌。这对组合的冬奥会总成绩定格在了3金2银。他们是冬奥会历史上获奖最多的花样滑冰运动员。他们究竟是组合，还是情侣？或许都不是，他们只是……只是一对完美的舞者。

刷新纪录的维斯特

荷兰速度滑冰运动员艾琳·维斯特在平昌冬奥会上获得了自己的第5枚冬奥会金牌，也是第11枚冬奥会奖牌。她期待着在北京冬奥会上再创辉煌。

2006年2月12日，在都灵奥沃尔·林格托体育馆里，一位不到20岁的荷兰年轻选手完成个人冬奥首秀，并获得冠军。1986年4月1日，艾琳·维斯特出生在荷兰北布拉邦特省的高依里。在都灵冬奥会的前一年，她在芬兰塞纳约基举行的世界青年全能锦标赛上获得1000米和1500米项目的冠军。最重要的是，在同年12月的冬奥会选拔赛，即荷兰锦标赛（鉴于荷兰在此项目上的整体水平，荷兰锦标赛的水准也是世界级的）上，她获得了1000米、1500米和3000米的冠军。自那时起，她就在憧憬登上冬奥会领奖台的那一刻。在3000米比赛进行至第十圈时，她以明显优势超过对手，滑出了4分02秒43的成绩，刷新了纪录。"2006年的那场胜利令人难以置信，"她回忆说，"我以前从来没有赢得任何一场冬奥比赛，即使今天回看，我也不敢相信自己做到了。那是一种奇妙的感觉！"夺冠当日，艾琳·维斯特成为荷兰历史上最年轻的奥运冠军。此外，她还获得了1500米铜牌和1000米项目第四名，冬奥之年，她被评选为荷兰年度最佳女运动员。

2018年2月12日，江陵冰上运动场即将上演激烈比拼。已经31岁的艾琳·维斯特身高1.68米，体重63公斤。两天前，她在3000米项目上获得了亚军。击败卫冕冠军的是她的同胞卡莱恩·阿赫特雷克特，两人的差距仅有0.08秒。艾琳注意到，她的下一场比赛，即1500米比赛的日期与12年前她在都灵夺得金牌的日期完全一样。她认为这是一个信号，一个好兆头，也给了她更

多的信心。悬念从比赛开始一直持续到结束，最终艾琳·维斯特以0.2秒的优势击败日本选手高木美乔，这也是高木在本赛季第一次尝到被击败的滋味。夺冠后的艾琳·维斯特成为首位在冬奥会同一小项中获得四枚奖牌的女性。她和德国选手克劳迪娅·佩希施泰因一样，曾五次获得冬奥会金牌。在该项目的历史奖牌榜上，维斯特已经独占鳌头：她拥有10枚奖牌，第11枚奖牌诞生于几天之后的团体赛上。荷兰队在团体追逐赛中不敌日本队，获得银牌。

2月12日是艾琳·维斯特的大日子。2010年温哥华冬奥会，她同样是在2月12日获得了1500米冠军。2014年索契冬奥会，荷兰队共参加了32场比赛，获得了23枚奖牌，其中包括8枚金牌。艾琳·维斯特为荷兰队的全面爆发发挥了重要作用。她是索契奥运会上获得奖牌最多的选手，参加五个项目均获得了奖牌。在阿德勒的赛道上，她首先在3000米比赛中夺冠，随后在1000米、1500米和5000米比赛中连夺三枚银牌，最后与玛丽特·伦斯特拉和约里安·特·莫尔斯为荷兰队夺得团体追逐赛冠军，她们比排名第二的波兰队快了整整7秒。

在2018年平昌冬奥会结束后，艾琳·维斯特已经累计获得5枚冬奥会金牌、5枚银牌和1枚铜牌。她累计获得了12枚世界全能锦标赛奖牌，其中包括7枚金牌。同时，她在单项世界锦标赛上共获得14枚金牌，累计30次登上领奖台。在世界杯赛事中，她曾取得48场比赛的胜利，共获得103枚奖牌。

第24届冬奥会
2022年北京

BEIJING 2022™

2022年北京冬奥会会徽

概
况

地点 北京（中国）

开幕式 2022年2月4日

闭幕式 2022年2月20日

大项数量 7（雪车、雪橇、冰壶、冰球、滑冰、滑雪、冬季两项）

分项数量 15（雪车、钢架雪车、雪橇、冰壶、冰球、速度滑冰、短道速滑、花
样滑冰、高山滑雪、越野滑雪、跳台滑雪、北欧两项、自由式滑雪、
单板滑雪、冬季两项）

小项数量 109

新增小项 女子单人雪车、短道速滑混合团体接力、跳台滑雪混合团体、自由式
滑雪大跳台（男子、女子）、自由式滑雪空中技巧混合团体、单板滑
雪障碍追逐混合团体

2022年北京冬奥会奖牌

竞赛场馆

国家速滑馆

又称"冰丝带",位于北京奥林匹克森林公园西北侧,是在北京2008年夏季奥运会临时场馆原址上新建造的标志性速度滑冰比赛场馆,看台区设座席12000个。

竞赛项目 速度滑冰

国家游泳中心

又称"水立方",是北京2008年夏季奥运会游泳比赛场馆,现通过在泳池上方加装制冰设施,实现水与冰的互换。总建筑面积约8万平方米,看台区设座席4500个。

竞赛项目 冰壶、轮椅冰壶

国家体育馆

又称"折扇",位于国家游泳中心北侧,是北京2008年夏季奥运会比赛场馆,经过改造增加冬奥会冰球比赛功能。总建筑面积约9.8万平方米,看台区设座席约18000个。

竞赛项目 冰球(男子)、残奥冰球

五棵松体育中心

位于北京市长安街与西四环交汇处,是北京2008年夏季奥运会篮球比赛场馆,适合举办篮球、冰上比赛和大型演出活动。总建筑面积约6.3万平方米,看台区设座席9000个。

竞赛项目 冰球(女子)

首都体育馆

首都体育馆建于1968年,是中国最早兴建的大型室内综合体育馆,举办过多次世界高水平冰上项目比赛,也是北京2008年夏季奥运会排球比赛场馆。竞赛馆面积约4.54万平方米,场馆座席容量为13273个。

竞赛项目 短道速滑、花样滑冰

首钢滑雪大跳台

位于首钢园区内,其场地设计建设与首钢园区改造计划结合在一起。赛道长164米,最高处高60米。

竞赛项目 单板滑雪(大跳台)、自由式滑雪(大跳台)

国家雪车雪橇中心

位于延庆小海坨山南麓,是国内首条、亚洲第3条、世界第17条雪车雪橇赛道。全长1975米,落差超过120米,共设观众席约7500个。

竞赛项目 雪车、钢架雪车、雪橇

国家高山滑雪中心

位于延庆小海坨山,是国内最高等级的高山滑雪场地。拥有7条赛道(3条竞赛雪道,4条训练雪道),全长约9.2公里,其中高山滑降赛道全长约3公里,垂直落差约893米,共设席位数约4800个。

竞赛项目 高山滑雪、残奥高山滑雪

国家跳台滑雪中心

又称"雪如意",位于张家口赛区古杨树场馆群,是我国首座跳台滑雪场地,看台区设观众席6000个。

竞赛项目 跳台滑雪、北欧两项(跳台滑雪)

国家冬季两项中心

位于张家口赛区古杨树场馆群,由滑雪赛道、射击场、罚圈区和看台区组成,是我国设计标准最高的冬季两项比赛场地。赛道总长约8.7公里,场馆座席容量6024个,看台区设观众席4840个。

竞赛项目 冬季两项、残奥冬季两项、残奥越野滑雪

国家越野滑雪中心

位于张家口崇礼区奥林匹克公园,赛道东侧离明长城遗址最近处不到100米,是我国新建的越野滑雪场地。赛道总长约9.7公里,看台区设观众席6023个。

竞赛项目 越野滑雪、北欧两项(越野滑雪)

云顶滑雪公园

位于张家口崇礼区,比赛场地比较集中,以技巧和难度比赛项目为主,共6条赛道,每两条赛道设一个观众区,由西向东组成A-B-C三个场地。每个场地设座席约1800个,站席约1500个。

竞赛项目 单板滑雪、自由式滑雪、残奥单板滑雪

世界的"冬奥100"和中国的"冬奥100"

北京2022年，冬奥会将迎来第24届盛典。

提前纪念和庆祝冬奥会100周年也将成为本届冬奥会的主题。"冬奥100"具有特别的意义，除了冬奥会100周年外，还有世界的"冬奥100"——争取实现冬奥会参赛国家和地区超过100个的历史性突破，以及中国的"冬奥100"——实现中国代表团参赛人数和参与小项双过百的冬之梦想，这个梦想的基础是中国政府向国际奥委会作出的庄严承诺——举办一届精彩、非凡、卓越的冬奥盛会。

回溯历史，1980年中国体育代表团第一次参加冬奥会时，前往普莱西德湖的参赛国家和地区只有37个。2014年的索契冬奥会，有88个国家和地区参加，这是一项前所未有的纪录。2018年的平昌冬奥会，参赛国家和地区的数量提高到了92个。

和夏季奥运会项目比，冬季冰雪运动的开展有很大的局限性，往往受制于地理气候、场地器材和经济发展水平等因素。世界上任何一个冰雪运动欠发达的国家和地区，想要实现在冬奥大舞台亮相的梦想，必须提高本国、本地区的冰雪竞技水平，达到国际单项体育组织规定的最低要求。这些既是控制比赛规模、保证比赛按时完成的需要，也是保证赛事安全、确保比赛激烈精彩的需要。

目前国际奥委会全部成员有206个国家和地区，从国际单项体育组织官网公布的七个大项中，开展滑雪运动的国家和地区有132个，开展其他项目的国家数都在80个以下。要让北京冬奥会的参赛国家和地区突破100个，突破口主要是国际雪联，其中越野滑雪和高山滑雪又是关键项目。我们希望通过国际奥委会、国际单项体育联合会和举办国的努力，力争在北京2022年冬奥会的开幕式上，有超过100个国家和地区的代表团走进北京鸟巢体育场，让我们期待世界百年冬奥的"冬奥100"。

北京是如此与众不同，中国是如此引人注目，世界是如此的热情期盼。

中国的冰雪运动历史非常悠久。2005年，一幅阿尔泰山古阿勒泰人脚踏滑雪板、手持单杆滑雪狩猎的岩画，在中国新疆阿勒泰市被发现。专家认为，这是世界上目前发现的最早展现滑雪场面的考古资料，年代可以上溯到旧石器时代晚期。现代冰雪运动起源于欧洲，中国的现代冰雪运动起步比较晚，总体竞技水平与北欧和北美的一些国家还有一定的差距。

申办、筹办和举办冬奥会，起到了点燃中国普及冰雪运动火炬的作用。随着"北冰南展西扩东进"的

滑雪大跳台位于首钢园区，场地设计建设与首钢园区改造完美结合在一起（左图）

不断推进，我国大众冰雪运动正打破空间和时间限制，为更多人带来健康和欢乐，也为我国冰雪运动发展打下更为坚实的基础。滑冰、滑雪在中国已经越来越平民化、生活化。2018年，我国有609个滑冰场，到了2020年底，已增长到1187个；2018年，滑雪场有524个，2020年底达到了701个。

2022年北京冬奥会的成功申办，极大地激发了人民群众参与冰雪运动的热情，为我国冰雪运动的发展创造了难得的机遇，其筹办过程，更是充分诠释了"绿色、共享、开放、廉洁"的办奥理念。北京冬奥会在可持续发展方面的示范性作用影响深远，它带动的是整个社会的可持续发展意识。

除了充分利用2008年奥运会留置下来的已有场馆，北京冬奥会新场馆规划和建设有序进行。北京冬奥会计划使用12个竞赛场馆、3个训练馆和28个非竞赛场馆。这些场馆分布在北京、延庆和张家口3个赛区。其中，北京赛区将举行速度滑冰、短道速滑、花样滑冰、冰球、冰壶、单板滑雪（大跳台）、自由式滑雪（大跳台），以及残奥冰球、轮椅冰壶的比赛；延庆赛区将举行高山滑雪、雪橇、雪车、钢架雪车和残奥高山滑雪比赛；张家口赛区将举行跳台滑雪、越野滑雪、北欧两项、冬季两项和单板滑雪、自由式滑雪除大跳台以外的其他项目，以及残奥越野滑雪、残奥单板滑雪、残奥冬季两项的比赛。

所有北京冬奥会的场馆将全部实现清洁能源供电。张家口特殊的地理位置和自然条件决定了张家口具有巨大的风电开发潜力，张北柔性直流工程采用领先世界的柔性直流电网技术，把张家口的清洁能源输送到北京。借举办冬奥会的东风，"让张家口的风点亮北京的灯"这句口号变成了现实。

经过改造后的水立方变身冰立方，在这里将举办冰壶和轮椅冰壶的比赛

国家速滑馆内景

　　除了清洁能源的使用，北京在对水资源和空气质量的保障方面也是不遗余力。申办冬奥会成功后，北京和张家口携手建设生态清洁小流域，合作打造官厅水库、白河堡水库周边林带，通过大量植树造林，建设绿色屏障，涵养和保护水源。此外，北京还给出了实实在在的节水治水措施：强化本地节水，禁止超采地下水，有效处理黑臭水体，加强区域再生水资源利用，推进永定河治理与生态修复，深化落实河长治、湖长治，新建污水收集管线，升级改造污水处理厂，改造雨污合流管线。通过解决水环境治理中的重点、难点问题，北京将充分满足冬奥会的水资源需求，提升水环境质量。

　　2022年，北京将为所有奥运参与者提供高效、安全、可靠、环保的交通服务，推动公交优先，倡导绿色出行。2022年北京地铁通车里程将突破800千米，张家口有限淘汰老旧机动车辆，对新车实行世界上最严格的排放标准，北京市机动车保有量控制在650万辆，其中新能源汽车超过50万辆。举办2022年北京冬奥会的两座城市，北京和张家口，被一条铁路紧密相连 —— 京张线。1909年京张铁路在詹天佑的主持下建成，这是中国首条由中国人自行建设并投入营运的干线铁路。2019年12月30日，京张高铁开通，这是世界上第一条最高设计速度350千米／小时的高速铁路，也是我国智能化水平最高、全程自动化的高铁线。京张高铁成为中国现代科技和现代工业的标志。从京张铁路到京张高铁，中国铁路百年的发展也见证着世界冬奥百年的发展。

冬奥会的成功申办，促进了冰雪运动、冰雪旅游、冰雪装备等产业的融合发展，提高了大众特别是青少年对冰雪运动的认识与兴趣，我们对中国的"冬奥100"梦想充满信心。看到中国有条不紊地筹办冬奥会，中国人民积极发展、积极参与冰雪运动的盛况，国际奥委会主席巴赫说："随着三亿人参与冰雪运动，世界冰雪运动的历史将以北京冬奥会作为分界线。"

北京有幸迎来第24届冬奥会，这一盛会是中国的，更是世界的！

让我们齐心协力，共同创造精彩、非凡、卓越，共同创造百年冬奥的光荣与梦想！

让我们衷心祝福中国的"冬奥100"，让我们热情期盼世界的"冬奥100"！

综
述

京张高铁把北京赛区和张家口赛区紧密联系在一起

太子城站

延庆站

清河站

北京北站

京张高铁示意图

让我们激情相约在北京

杨 扬

人类文明的主线，往往是由若干大事件和无数小事件构成的。作为全世界最具影响力的奥运会，定期举办无疑是一个大事件。

2008年，中国为世界呈现了一届无与伦比的夏季奥运会。不同国家和地区、不同民族、不同文化背景的人们相聚北京，加深了了解，增进了友谊，实践了"绿色奥运、科技奥运、人文奥运"，留下了丰厚的文化体育财富。

2015年7月31日，北京携手张家口获得了第24届冬奥会的举办权。北京即将成为世界上首座既举办过夏季奥运会，又举办冬季奥运会的"双奥之城"。

举办一届精彩、非凡、卓越的冬奥盛会是中国政府向国际奥委会作出的庄严承诺。

从2015年申奥成功至今，中国政府、北京冬奥组委始终不遗余力用新的办奥标准兑现着自己的承诺。《奥林匹克2020议程》（以下简称《议程》）为北京冬奥会勾勒出清晰的目标，北京冬奥会是《议程》颁布后第一届从申办、筹办到举行全过程践行《议程》的奥运会。

在过去的四十年中，奥林匹克运动呈现爆发式发展，在市场化的推动下，奥运会在"高大上"的轨道上一路高歌猛进。最近几届夏季奥运会的参赛运动员均超过10000人，参赛国家及地区超过200个，此外还有十几万技术人员、媒体人员和服务人员，数百万

观众和旅游者。规模越来越大，场馆越来越多。但是，每当奥运会曲终人散，不少奥运设施闲置浪费，给主办城市带来了难以承受的负担。

近年来，国际奥委会均以可持续发展为目标，大力推进奥林匹克运动的改革。在国际奥委会第128次全会决定2022年冬奥会举办权归属北京时，北京成为《议程》的先行试验区。《议程》是在2014年12月提出的，北京的《申办报告》于2015年1月提交，这两个重要的时间节点看起来只相隔一个月，但北京的申办愿景和理念在一年前就已确定了。

"纯洁的冰雪，激情的约会"是北京早就确认的愿景，"纯洁"寓意北京将为冬奥会提供纯净的生态环境、干净的竞赛环境和美好和谐的社会环境。北京冬奥申委将"以运动员为中心、可持续发展、节俭办赛"确定为北京办好2022年冬奥会的三大理念，整个理念尤其是后面两条与《议程》的改革方向高度契合，受到了国际奥委会的称赞。

在《申办报告》的陈述中，北京承诺充分利用2008年奥运会留下的已有场馆，尽量缩减新建场馆的数量。对于新建场馆赛后该如何利用，在最初规划时就有了成形的想法，并让有经验的运营团队在规划建设的过程中参与进来，为赛后持续运营创造了条件。两个新建场馆——国家速滑馆和首钢滑雪大跳台，在冬奥会后都将成为新的城市地标。

国家速滑馆按照全天候智慧场馆设计，在不同季节、不同天气、不同要求下都能组织各类体育文化活动。同时也是在奥运会历史上首次使用最清洁低碳的制冷剂，能够把热量充分回收利用。无论是新建的国家速滑馆，还是后期改造的"冰立方"，北京冬奥会将史无前例实现清洁能源全面覆盖。

北京冬奥会后，国家速滑馆将成为集"体育赛事、群众健身、文化休闲、展览展示、社会公益"五位一体的多功能冰雪中心，面向公众开放。

首钢滑雪大跳台坐落在首钢园区内，以老钢厂留存的冷却塔为背景，造型借用"敦煌飞天"的传统元素。滑雪大跳台将成为世界首例永久保留和使用的滑雪大跳台场地。北京冬奥会之后，这里不仅可以继续承办国内外赛事，还会成为专业训练场地和青少年后备人才选拔基地，并作为向民众开放的冬奥会标志性旅游景点和休闲健身活动场所。

2020年5月，北京冬奥组委公开发布了《北京2022年冬奥会和冬残奥会可持续性计划》，这份计划全面系统地提出了北京冬奥会可持续性愿景、目标、三大工作领域，以及12项行动、37项任务、119项措施。北京冬奥组委深入落实绿色办奥理念，通过推动可持续承诺落实、加强场馆建设的生态保护、建立实施场馆可持续性管理机制、建立实施冬奥低碳管理机制、建立实施可持续性管理体系等多种措施，树立了新的标杆。

除了践行可持续发展的理念，北京冬奥组委还把推动奥林匹克教育当成冬奥会的重要组成部分。

在北京2022年冬奥会申办报告中，习近平主席在致国际奥委会主席巴赫和国际奥委会委员们的信中写道："中国人民愿意通过举办冬奥会，为人类文明进步作出新的贡献，北京将使奥林匹克大家庭的全体成员再次体验到奥林匹克精神的崇高和伟大。"现任国际奥委会主席巴赫在2019年为北京冬奥宣讲团的题词中写道："教育是奥林匹克运动未来发展的关键。"

北京冬奥组委组织编译出版了国际奥委会编写的《奥林匹克价值观教育》系列丛书中文版，并支持开发了供青少年阅读的《奥林匹克读本》系列丛书。北京冬奥组委希望通过系统而持续的奥林匹克教育，普及奥林匹克知识，感悟奥林匹克精神，传播奥林匹克文化，从而培养懂体育、爱体育、身心健康的新一代青少年，这是奥林匹克最有价值的遗产。

让奥林匹克点亮青年的梦想！

让冬季运动融入亿万民众！

让奥运盛会惠及发展进步！

让世界更加相知相融！

更快、更高、更强、更团结！

让我们一起拥抱这一人类文明的盛会，让我们激情相约在北京！